Knaur.

Knaur.

Über die Autorin:
Dietlind Tornieporth, Kulturwissenschaftlerin und Autorin, lebt und arbeitet in München, schreibt unter anderem für den *Focus*.

Dietlind Tornieporth

Die perfekte Verführerin

Wie Sie garantiert jeden Mann erobern

Knaur Taschenbuch Verlag

Besuchen Sie uns im Internet:
www.knaur.de

FSC
www.fsc.org
MIX
Papier aus verantwortungsvollen Quellen
FSC® C083411

Originalausgabe Mai 2009
Knaur Taschenbuch Verlag.
Ein Unternehmen der Droemerschen Verlagsanstalt
Th . Knaur Nachf. GmbH & Co. KG, München

Umschlaggestaltung: ZERO Werbeagentur, München
Umschlagabbildung: Tina Berning
Satz: Adobe InDesign im Verlag
Druck und Bindung: CPI – Clausen & Bosse, Leck
Printed in Germany
ISBN 978-3-426-78168-5

5 4 3

Inhaltsverzeichnis

Einleitung

Früher mal, mit 14 oder 15, habe ich einen Tanzkurs besucht. Wie alle Mädchen in meiner Klasse. Jede von uns stand ziemlich unsicher in dieser ersten Tanzstunde herum und versuchte, sich nicht auf die Jungs, sondern auf das Tanzen zu konzentrieren. Die Scheu auf beiden Seiten war groß. Die Neugier auch. Wir wollten nicht nur Tanzschritte lernen, sondern vor allem erfahren, wie das mit den Jungs funktioniert.

Der Tanzkurs damals war für uns eine Art ritueller Auftakt in die Welt des Flirts und der Annäherung zwischen Mann und Frau. Doch genau davon hatten wir bislang keine Ahnung. Und genauso fühlten sich die ersten Tanzstunden auch an – neugierige Aufgeregtheit gepaart mit verklemmter Unbeholfenheit, eine unangenehme Mischung. Doch eins war klar: Irgendwie mussten wir da durch, wenn wir je unser Wissen erweitern wollten.

Anfangs bin ich meinen Tanzpartnern fürchterlich auf die Füße getreten. Ich hatte ein Riesenproblem damit, den Jungs die Führung zu überlassen. Irgendwann habe ich allerdings festgestellt, dass ich einfach nur den richtigen Tanzpartner brauche, der mich sicher über das Parkett führt. So konnte ich mich völlig dem Rhythmus und der Musik überlassen. Und das Tanzen funktionierte plötzlich wie von selbst.

Der Flirt ist im Grunde ein klassischer Paartanz: das Umwerben eines anderen Menschen. Annäherung und Entfernung. Erotik und Scheu. Es geht dabei nicht nur um Tanzschritte. Es geht um Emotion und Leidenschaft. Das funktioniert jedoch nur, wenn wir mit unserem Tanzpartner den richtigen Rhythmus gefunden, wenn beide den Bewegungsablauf und das richtige Taktgefühl verinnerlicht haben. Manchmal brauchen wir dafür einen vertrauten Partner. Manchmal klappt es überraschend gut mit einem völlig Unbekannten. Der Moment ist entscheidend.

Heute mache ich mir keine Gedanken mehr, ob ich mich an die richtigen Tanzschritte halte. Bewegungsablauf und Taktgefühl sind mir in Fleisch und Blut übergegangen. Ich habe gelernt, den Tanz zu genießen. Und damit habe ich auch das Tanzen gelernt.

Heute weiß ich, wie faszinierend das Zusammenspiel mit dem richtigen Tanzpartner sein kann.

Heute weiß ich, wie unglaublich das Gefühl ist, sich völlig dem Rhythmus und der Musik zu überlassen.

Ich liebe das Gefühl, dass Männer sich darum reißen, Frauen über das Parkett zu führen.

Ich bin immer wieder fasziniert, wie unterschiedlich die Tanzpartner sein können. Jeder Mensch ist anders, jeder Mensch tanzt anders.

Und das herauszufinden, das genau ist das Schöne am Tanzen.

Die Kunst der Verführung

Dies ist kein Buch mit billigen Anmachtipps. Sie finden darin keine lockeren Flirt-Sprüche zum Auswendiglernen und auch keine verstaubten Tricks, die das Anbandeln erleichtern sollen – weder den vorgetäuschten Ohnmachtsanfall noch das achtlos fallen gelassene Taschentuch.

Dies ist ein Lehrbuch, oder genauer: eine tiefgründige Beschäftigung mit zwischenmenschlicher Kommunikation. Es enthält eine präzise Analyse der emotionalen Annäherung beider Geschlechter. Es zeichnet die Annäherung zwischen Mann und Frau Schritt für Schritt nach. Es ist nicht nur für Frauen geschrieben, die Männer kennenlernen und erobern wollen. Es wendet sich an alle, die strategisch besser kommunizieren wollen.

Das hier beschriebene Vorgehen ist aber auch ein sehr wirkungsvolles Instrument, das es mir ermöglicht, bei einem Mann meiner Wahl ganz behutsam einen Schalter nach dem anderen umzulegen, so dass er mir schließlich ins Netz geht. Einzelne Techniken funktionieren dabei wie ein Tritt aufs Gaspedal – wenn ich sie anwende, kann ich den Annäherungsprozess gezielt beschleunigen.

Dieses Buch ist wie ein Tanzkurs. Wer es gelesen hat, weiß im Prinzip alles, um wirklich tanzen zu können. Dennoch kann man das Tanzen erst auf dem Parkett lernen. Ich tanze nun schon, seit ich als Teenager meinen ersten Kurs besucht habe. Die paar Grundschritte waren nie das Problem. Die waren in wenigen Stunden zu erlernen. Doch es hat Jahre gebraucht, bis ich den richtigen Bewegungsablauf und das richtige Timing verinnerlicht hatte.

Es ist nicht leicht, Männer zu erobern und an sich zu binden. Wir brauchen nicht nur Charme und Esprit, sondern auch eine gehörige Portion Selbstbewusstsein, Einfallsreichtum und natürlich Mut. In vielen Fällen widerspricht das dazu nötige Vorgehen anerzogenen Verhaltensweisen und unserer sogenannten weiblichen Intuition. Wir müssen uns verändern, wenn wir bei den Männern Aufmerksamkeit und Begehren wecken wollen. Wir müssen die Initiative ergreifen, auch wenn wir uns manchmal in der Rolle der Aktiven nicht besonders wohl fühlen. Wir müssen uns mit den Spielregeln des Flirts vertraut machen, um diese für unsere Ziele nutzen zu können.

Doch all das können wir erlernen.

Warum noch ein Flirt-Ratgeber?

Frauen können jeden Mann verführen. Sie sind präzise Waffen der Versuchung. Ihr Design hat sich über Jahrtausende hinweg perfektioniert. Sie sind schöner. Sie sind smarter. Sie sind emotional intelligenter. Und dennoch hat ihnen bisher das richtige Betriebssystem gefehlt, um die Dominanz der Männer beim Thema Flirt zu brechen. Es ist an der Zeit, dass Frauen den Männern eine der letzten Bastionen ihrer Vorherrschaft streitig machen: flirten und verführen können Frauen im Grunde sogar viel besser. Was ihnen bislang jedoch gefehlt hat, ist die Kontrolle über die Prozesse der zwischenmenschlichen Kommunikation.

Zu lange haben Frauen den Fehler gemacht, sich auf eine männlich dominierte, passive Rolle beim Flirt-Prozess reduzieren zu lassen. Frauen wurden angebaggert, aufgerissen, rumgekriegt und flachgelegt. Das ist jetzt vorbei. Frauen, die dieses Buch gelesen haben, können sich in Zukunft aussuchen, welche Männer sie kennenlernen, mit welchen sie sich verabreden und mit welchen sie Sex haben wollen. Egal, ob es nun der Mann fürs Leben oder nur ein nettes Wochenende in Paris sein soll.

Es geht in diesem Buch aber nicht nur ums Flirten. Es geht um viel mehr. Es geht um die Beförderung der weiblichen Freiheit in einem viel umfassenderen Sinne. Es geht darum, dem weiblichen Begehren zu mehr Einfluss zu verhelfen. Erst wenn wir lernen, wie wir Männer erfolgreich erobern können, erst dann haben wir das machtvollste Instrument der Emanzipation in der Hand.

Der Erfolg bei Männern ist nur scheinbar ungerecht verteilt. Natürlich gibt es Frauen, denen die Männer regelrecht zu Füßen liegen. Und es gibt solche, die beim anderen Geschlecht kaum Beachtung finden und ein eher überschaubares Liebesleben pflegen. Es gibt im Grunde die wenigen Umschwärmten und die vielen Ignorierten.

Jede Frau kann von nun an selbst entscheiden, zu welcher Gruppe sie gehören möchte. Jede Frau kann sich die Kunst der Verführung zu eigen machen und sich den Mann ihrer Träume angeln. Sie kann in Zukunft selbst entscheiden, bei welchem Mann sie es bei einem harmlosen Flirt belässt und bei welchem mehr daraus werden soll. Es geht um das Prinzip Auswählen. Es geht darum, sich zu nehmen, was einem gefällt, und nicht darauf zu warten, bis der Traummann vor der Tür steht.

Wir haben es selbst in der Hand.

Ich halte nichts von Flirt-Ratgebern, die versprechen, mit ein paar billigen Tipps und Tricks die Annäherung an das andere Geschlecht zu erleichtern.

Ich halte nichts von Flirt-Ratgebern, die Frauen nahelegen, ihre Erwartungshaltung zurückzuschrauben, ihr Männerbild zu revidieren oder ihre Beziehungsmuster zu hinterfragen.

Ich halte auch nichts von Flirt-Ratgebern, die Frauen dazu anhalten, ihr Äußeres beim Friseur oder im Fitnessstudio dem Geschmack der Männer anzupassen.

Das hat noch nie funktioniert.

Ich bin der Meinung, dass Frauen ihre bisherige Herangehensweise komplett umkrempeln müssen, um sich den Mann ihrer Träume zu angeln. Darum gibt es dieses Buch. Es setzt da an, wo Frauen wirklich etwas verändern können: bei der weiblichen Software.

1 Frauen und die kleinen Fallstricke der Liebe

Das weibliche Betriebssystem ist beim Thema Flirt und Partnersuche noch immer falsch programmiert. Laut einer repräsentativen Umfrage im Auftrag des britischen Magazins *Grazie* denken Frauen durchschnittlich alle 15 Minuten daran, wie sie aussehen, wie ihr Körper im Blick der anderen, der Konkurrentinnen und vor allem der Männer erscheint. Der Umfrage zufolge sind nur zwei Prozent der Befragten mit ihrem Körper zufrieden. 87 Prozent der Befragten »hassen« ihre Oberschenkel. 65 Prozent der Frauen sind mit ihren Brüsten unzufrieden. Fast alle der 5000 Teilnehmerinnen haben schon mindestens eine Diät hinter sich. Eine Umfrage des Emnid-Instituts ergab außerdem, dass 25 Prozent der jungen Frauen bereits über eine Schönheitsoperation nachdenken. Begriffe wie »Problemzone« und die Rubrik »Bauch – Beine – Po« sind heute aus keiner Frauenzeitschrift mehr wegzudenken.

Von emanzipierter Weiblichkeit kann da nicht die Rede sein.

Die Pretty-Woman-Falle

Ein weit größeres Problem ist jedoch die Konditionierung der Frauen auf den Mythos des Traumprinzen. Jede Frau fiebert mit, ob Bridget Jones trotz ihrer ausgeprägten Leidenschaft für Schokolade doch noch in den Armen des adretten Mark Darcy landet. Kaum eine Frau kann ihre Tränen zurückhalten, wenn der überaus charmante und außerdem auch noch steinreiche Richard Gere schließlich um die Liebe des Callgirls Julia Roberts kämpft. Bei Helen Fielding und *Pretty Woman* ist die Welt noch in Ordnung. Da landen selbst übergewichtige Quasselstrippen, notorische Fettnäpfchensucherinnen und gescheiterte Existenzen irgendwann vor dem Traualtar. Der Plot ist immer derselbe – Traummann findet seine Märchenprinzessin. Zwar gibt es ein paar Hindernisse zu überwinden, doch im Prinzip ist klar: Er sucht, sie wartet und der Zufall führt beide schließlich zusammen. Natürlich ist es immer gleich die ganz große Liebe. Wie er sie findet? Ganz einfach. Beide sind füreinander bestimmt. Ein Happy End in hauchzartem Rosa. Da fängt selbst die sonst so nüchterne Karrierefrau hemmungslos an zu träumen.

Solche Filme bleiben natürlich nicht ohne Wirkung. Wenn man Frauen fragt, wie sie glauben, den Mann ihres Lebens zu finden, beschreiben sie in der Regel eine Situation, die Flirt-Profi Oliver Kuhn das »Traumprinz-Szenario« genannt hat. In dieser Vorstellung tritt der Mann immer zufällig und völlig überraschend in das Leben einer Frau. Die Situation ist gleichermaßen romantisch wie selbstverständlich. Doch leider nicht besonders alltäglich. Die Frau ist in diesem Szenario stets die Passive. Ihre Rolle besteht allein darin, gut auszusehen und zur rechten Zeit am rechten Ort zu sein. Mehr nicht.

An diesem klassischen Strickmuster hat sich bis heute nichts geändert. Selbst die modernen Großstadtheldinnen aus *Sex and the City* – Identifikationsfiguren der selbstbewussten und erfolgreichen Karriere-Single-Frau schlechthin – führen zwar ein aufregendes und unabhängiges Leben, finden ihr Glück dann aber doch erst in den Armen ihres Traummannes. Das Leben der Hauptprotagonistin Carrie Bradshaw dreht sich im Grunde nur um ihren Mr. Big. Zum Staffelfinale bekommt sie ihn endlich. Und die zu 86 Prozent weiblichen Zuschauer sind glücklich. Das ist durch und durch konventionell, wird aber in jedem Liebesroman, in jedem Hollywood-Streifen, in jeder Fernseh-Soap als Mythos neu interpretiert. Und begierig konsumiert. Vorzugsweise von Frauen.

Jetzt könnte man sagen, Frauen seien nun mal hoffnungslos romantisch. Das sei doch schön. Wozu ist ein Traum gut, wenn er nicht ein wenig unrealistisch ist?

Pretty Woman ist ein großartiger Film. Keine Frage. Julia Roberts ist hinreißend und Richard Gere zum Dahinschmelzen. Eine wunderbare Gelegenheit, bei Bedarf sein Hirn abzuschalten. Nur: Auch durch die dauernde Erneuerung wird der Traum vom Suchen und Finden der großen Liebe kein bisschen realer. Er ist und bleibt eine Fiktion – zumindest solange wir nicht anfangen, unseren Teil dazu beizutragen, den Traum auch Wirklichkeit werden zu lassen. Das Problem: Die Dauerpräsenz solcher Liebesschnulzen trübt unseren Blick auf die Realität. Wir entwerfen in unseren Köpfen ein Drehbuch der Liebe – allerdings mit denkbar schlecht verteilten Rollen: Er ist der Aktive, sie stets passiv und das eigene Glück auf Gedeih und Verderb dem Zufall überlassen.

So verführerisch Romantik auch sein mag: Das weibliche »Traumprinz-Szenario« ist nicht mehr und nicht weniger als ein kollektiver Traum – der allerdings umso attraktiver erscheint, je realer und trister die Welt um uns herum ist.

Auch ich falle jedes Mal wieder drauf rein. Gerade dann, wenn ich einen anstrengenden Tag hinter mir habe. Ärger im Büro, Streit mit den Kollegen, keine Mittagspause, auf dem Nachhauseweg hat es plötzlich angefangen, in Strömen zu regnen. Das Beste, was mir am Ende eines solchen Tags passieren kann, ist, dass im Fernsehen zum hundertsten Mal *Pretty Woman* läuft. Das geht einem so richtig ans Herz. Romantik hat bei mir immer dann Konjunktur, wenn ich abends alleine auf meinem Sofa sitze. Dann stelle ich mir plötzlich vor, wie Richard Gere vor mir auf die Knie fällt und mir seine heimliche Liebe gesteht … Gut, ich gehe nicht wirklich davon aus, dass es Richard Gere sein wird. Und trotzdem sitze ich auf einmal da und warte … und warte voller Sehnsucht … auf eine Welt, in der mein Traumprinz mich aus dem Alltag entführt und der Himmel plötzlich voller Geigen hängt.

Eine schöne Vorstellung.

Doch leider die völlig falsche Software, die da auf meinem weiblichen Betriebssystem läuft.

Den notwendigen Ausstieg erkennen

Beides, die übertriebene Selbstkritik der Frauen in Bezug auf ihr Äußeres und die passive Erwartung der romantischen Liebe, trägt dazu bei, dass Frauen auf der Suche nach einem Partner oft erfolglos bleiben. Viele Frauen sind ungewollt Single. Sie haben lange um gesellschaftliche Gleichstellung gekämpft. Heute sind sie Chefinnen. Sie haben Geld. Und sie haben Einfluss. Doch neben all den politischen und beruflichen Erfolgen haben viele von ihnen ihr privates Glück und ihre Zufriedenheit völlig außer Acht gelassen. Wenn es um ihr Liebesleben geht, dann ergeben sich noch immer viel zu viele Frauen ohnmächtig in ihr Schicksal.

Dabei gibt eine ganze Reihe von Dingen, die man beim Thema Flirt und Partnersuche besser machen kann. Und die haben nicht so wahnsinnig viel damit zu tun, ob man aussieht wie Claudia Schiffer oder Kate Moss. Sicher haben es manche Frauen aufgrund ihres Äußeren einfacher, Männer kennenzulernen. Aber das erleichtert ihnen allenfalls das erste Kennenlernen – die äußere Erscheinung ist nur der Köder, nicht der Haken. Und wenn es um die entscheidende Phase des Flirts geht, nämlich darum, Spannung und Attraktivität auch über einen längeren Zeitraum aufrechtzuerhalten, so dass aus einem harmlosen Geplänkel mehr werden kann, dann scheitern selbst die attraktivsten Frauen. Was ihnen fehlt, ist die richtige Strategie. Die allerdings kann man erlernen.

Ich habe all das Wissen gesammelt, das es derzeit zum Thema Verführung gibt. Ich habe die umfangreiche Ratgeberliteratur studiert und einschlägige Internetseiten durchforstet. Ich habe Flirt-Seminare und Rhetorikkurse besucht und mich von Flirt-Profis coachen lassen. Ich habe die verschiedensten Verführungstechniken getestet und für die Bedürfnisse der Frauen adaptiert. Ich habe aus all dem Wissen schließlich meine eigene Strategie entwickelt und nur die wirklich erfolgversprechenden Methoden in diesem Buch versammelt.

Meiner Meinung nach bringt es überhaupt nichts, irgendwelche

Flirt-Sprüche auswendig zu lernen oder nur noch in kurzen Röcken und knappen Tops durch die Gegend zu laufen. Männer suchen geistreiche und selbstbewusste Frauen. Keine, denen nach den ersten auswendig gelernten Floskeln die Puste ausgeht. Persönlichkeit und Charme sind gefragt. Frauen, die Zufriedenheit und Selbstsicherheit ausstrahlen, ohne dabei übertrieben ehrgeizig oder unnahbar zu wirken.

Der schlimmste Fehler, den Frauen beim Thema Flirt und Partnersuche machen können, ist der, *nichts* zu tun. Es gibt also eine ganze Menge, was ich tun kann, um erfolgreich zu sein. Nur wo fange ich an? Wie kann ich die Aufmerksamkeit der Männer auf mich lenken? Wie kann ich einen besseren Zugang zu ihnen finden? Wie kann ich den Verlauf des Flirts kontrollieren? Und wie kann ich einen Mann schließlich erobern und an mich binden?

Im Prinzip ist es ganz einfach: Wer eine fremde Sprache erlernen möchte, der muss einen Sprachkurs belegen. Wer seine Traumfigur erreichen will, der muss sich an einen entsprechenden Ernährungs- und Fitnessplan halten. Wer den Mann fürs Leben finden möchte, der muss die Kunst der idealen Kommunikation zwischen Mann und Frau erlernen, um sein Ziel zu erreichen.

Die Kunst der Verführung ist eine Methode, die Ihnen zu einem Leben voller neuer Möglichkeiten verhelfen wird. Sie werden Ihre sozialen und kommunikativen Fähigkeiten verbessern und so Sicherheit im Umgang mit dem anderen Geschlecht erreichen. Erst dann sind Sie für die Suche nach einem Partner gerüstet. Auf dem Weg dahin werden Sie die Erfahrung machen, dass Flirten vor allem Spaß macht und dass sich mit dem Spaß plötzlich eine Chance nach der anderen vor Ihnen auftut.

Und das Beste daran: Sie brauchen nicht mehr zu warten und zu hoffen, dass das Glück Ihnen hold ist. Sie können selbst aktiv werden, und damit stehen Ihnen alle Chancen offen.

Einen Richtungswechsel wagen

Die Verwandlung von der unscheinbaren Büromaus oder der kühlen Intellektuellen zur begehrenswerten Traumfrau ist nicht immer einfach. Es reicht nicht, sich ein neues Kleid oder eine neue Frisur zuzulegen. Wer Männer kennenlernen und erobern will, der muss bereit sein, Neues auszuprobieren, alte Gewohnheiten abzustreifen und erlernte Verhaltensmuster über Bord zu werfen.

Anfangs erging es mir mit den Männern wie wohl den meisten von uns. Manchmal hat es geklappt, manchmal nicht. Woran es im Einzelnen gelegen hat? Ich hatte keine Ahnung.

Irgendwann habe ich beschlossen, mein Glück und meine Zufriedenheit selbst in die Hand zu nehmen. Ich bin nächtelang durch Bars und Clubs gestreift und habe alle möglichen Varianten des Flirts ausprobiert. Ich habe mein Auftreten verändert. Ich habe meine Einstellung zum Flirt verändert. Ich habe mir eine lustvolle und spielerische Haltung zugelegt. Vor allem aber habe ich mich meiner neuen Mission mit Leib und Seele verschrieben.

»Vielleicht war's ja einfach nicht der Richtige« – mit dieser Ausrede gebe ich mich inzwischen nicht mehr zufrieden. Ich habe gelernt, den Flirt-Prozess aktiv zu steuern. Heute weiß ich, wie ich mein Netz auslegen und in aller Ruhe abwarten kann, bis ein Mann sich darin verfängt. Heute überlasse ich es nicht mehr dem Zufall, ob ich bei den Männern Erfolg habe oder nicht. Ich habe einen Plan und eine funktionierende Strategie.

Und ich lasse keine Gelegenheit zum Flirt mehr ungenutzt. Ganz einfach, weil die Welt dadurch ein bisschen schöner, bunter und sinnlicher geworden ist.

Manipulieren – eine weibliche Topdisziplin neu entdecken

Frauen haben alles, um Männer um den Verstand zu bringen. Sie sind nicht nur schön, intelligent und begehrenswert. Sie sind vor allem eines: präzise, kommunikative Superrechner. Frauen können mit wenigen Worten und einem enormen Spektrum subtiler körpersprachlicher Gesten Männer steuern und kontrollieren. Das Flirten ist eine ureigene weibliche Disziplin. Und Frauen sind darin den Männern haushoch überlegen.

Frauen können jeden Mann verführen. Doch viele verweigern sich diesem eigentlich so amüsanten Spiel zwischen Mann und Frau. Sie wollen geliebt werden, so wie sie sind. Sie wollen Männer für sich gewinnen. Aber natürlich ohne Tricks und ohne Manipulation. Frauen wollen keinesfalls in den Verdacht geraten, auf der Suche nach ihrem Mr. Right sich irgendwelcher Strategien zu bemächtigen.

Doch in diesem Punkt sollten Sie anfangen, umzudenken, denn erfolgreiches Flirten und Verführen hat nichts mit negativer Einflussnahme oder bewusster Täuschung zu tun.

Die Kunst der Verführung besteht vielmehr darin, den Flirt-Prozess gezielt zu steuern und dabei ein bestimmtes Vorgehen im Kopf zu haben. Ich werfe ein feingesponnenes Netz der Verführung aus und der Mann wird darin hängenbleiben. Das ist ein bedeutender Unterschied. Ich manipuliere niemanden gegen seinen Willen, sondern ich lenke die Aufmerksamkeit eines Mannes auf mich, so dass in ihm der Wunsch erwächst, mich kennenzulernen und Zeit mit mir zu verbringen. Und darin liegt die eigentliche Kunst.

Das Wort Manipulation ist durchweg negativ besetzt und suggeriert in der Regel irgendeinen Missbrauch. Zu Unrecht, denn der Begriff stammt ursprünglich vom lateinischen Wort für »Handgriff« oder »Kunstgriff«. Die negative Bedeutung des Wortes setzt jedoch voraus, dass sich die gezielte Einflussnahme nachteilig für denjenigen auswirkt, der manipuliert wird. Oder ihm gar Schaden zufügt. Ich manipuliere aber bereits, wenn ich jemanden auf mich aufmerksam mache, etwa indem ich ihm zuwinke oder ihn anlächle. Oder wenn ich jemanden zum Zuhören bewege und ihm dazu fest in die Augen schaue. Der Schaden hierbei – seien wir mal ehrlich – hält sich für andere doch ziemlich in Grenzen.

Wir müssen uns beim Flirten wieder auf die ursprüngliche Bedeutung des Wortes Manipulation besinnen. Ich will die notwendige »Kunstfertigkeit« erlangen, mit denen ich mich Männern erfolgreich nähern kann. Ich will einen Mann überzeugen und für mich gewinnen. Ich will eine bestimmte Vorstellung von mir bei ihm begründen und stabilisieren. Ich will den emotionalen Zustand eines Mannes verändern. Ich habe eine Absicht, ein bestimmtes Ziel, das ich erreichen möchte, wie in jedem normalen Gespräch auch. Dazu muss ich überzeugen – wie Journalisten, Politiker oder Prediger auch.

Und wie gewinne ich andere Menschen für mich?

Erfolgreiches Marketing etwa ist immer eine Frage der Kundenorientierung. Marketingstrategen erkennen ganz automatisch die Notwendigkeit, sich in die Gedankengänge, Vorstellungen und Reaktionen ihrer Kunden hineinzuversetzen. Wirkungskompetenz nennt man das. Im Marketing steht der Kunde an erster Stelle. Kann sich ein bestimmtes Produkt nicht erfolgreich auf dem Markt etablieren, wurde womöglich die Strategie am Kunden vorbei entwickelt. Ein naheliegender Zusammenhang.

Auch beim Flirten muss ich letztlich ein Angebot schaffen, das der Nachfrage entspricht. Doch dazu muss ich zunächst einmal herausfinden, was genau gesucht wird. Ich muss aus der Sicht der Zielgruppe agieren, um schließlich das bestmögliche Produkt präsentieren zu können. Das ist das ganze Geheimnis erfolgreichen Marketings.

Beim Flirt ist das kein bisschen anders. Erfolgreiche Frauen haben die Gabe, die Vorstellungen und Wünsche eines Mannes zu antizipieren. Nur so können sie sich als diejenigen präsentieren, die seiner Idealvorstellung von einer Traumfrau am nächsten kommt.

Und genau damit besitzen Frauen die Macht, den Flirt nach ihren Wünschen zu lenken.

Wenn wir von Manipulation sprechen, dann ist immer die Wahl der Mittel entscheidend. Mein Lachen ist in dem Fall mein Mittel zum Zweck. Ich manipuliere mit Worten, mit Gesten, mit meiner ganzen Erscheinung. Natürlich manipuliere ich. Wie sonst sollte ich wohl mein Ziel erreichen? Ich manipuliere, um zu verführen. Und das ist eine ganz besondere Kunst.

Doch um auch letzte Vorbehalte zu zerstreuen: Zum Manipulieren gehören bekanntlich immer zwei – natürlich auch der, der sich manipulieren lässt. Und ich habe noch keinen Mann getroffen, der sich über ein freundliches Lächeln beschwert hat.

Übung 1

»Manipulieren« Sie einmal bewusst. Gehen Sie morgens aus dem Haus und nehmen Sie Blickkontakt zu dem/der Erstbesten auf, der/die Ihnen über den Weg läuft. Lächeln Sie ihn/sie an, oder winken Sie ihm/ihr sogar zu. Zeigen Sie ganz einfach, dass Sie ein freundliches und offenes Wesen besitzen. Und achten Sie darauf, ob Sie auf die Stimmung des anderen Einfluss nehmen.

Jagdszenen

Frauen unterwegs – Teil 1

Käse fehlt, Brot auch. In 30 Minuten kommt Ines vorbei. Wir wollen ins Kino, vorher noch eine Kleinigkeit essen. Schnell runter in den Supermarkt, ungeschminkt, in der Jogginghose, die ungewaschenen Haare unter einer Mütze versteckt. Und ausgerechnet da steht neben mir plötzlich ein Typ mit einem wunderbar verträumten Blick und einer widerspenstigen Haarsträhne, die ihm ins Gesicht fällt. Kein Modeltyp, aber doch einer, der es mir auf Anhieb angetan hat. Er steht direkt vor mir an der Kasse. Einfach so. Aus heiterem Himmel.

Mir ist allerdings absolut nicht nach Flirten zumute. Die verbeulte Hose, in der ich gerade noch vor dem Fernseher saß, und meine Jacke, die eigentlich schon längst als Kleiderspende Richtung Osteuropa unterwegs sein sollte, sehen im Neonlicht des Supermarkts auch nicht gerade sexy aus. Ich würde gerne etwas sagen. Irgendetwas Charmantes, etwas Originelles. Sonst erfahre ich schließlich nie, ob er wirklich auch so nett ist, wie er aussieht. Aber ich bin mir sicher, dass ich im Augenblick überhaupt nichts Geistreiches von mir geben kann. Und das liegt ganz einfach daran, dass ich mich selbst in meiner Jogginghose gerade nicht besonders charmant und nicht besonders originell finde. Und vor allem alles andere als sexy.

Also sage ich mal wieder nichts und konzentriere mich stattdessen auf das Muster des Fußbodens.

Bei der Gelegenheit stelle ich mir vor, wie es gewesen wäre, wenn ich in der gleichen Situation zu Hause schnell meinen Mantel und die hohen Stiefel angezogen und eben noch meine Lippen nachgezogen hätte. Auf dem Weg zum Supermarkt hätte ich wohl trotz der Eile noch ein paar Worte mit der Nachbarin gewechselt. Der Mann vom Kiosk hätte mir vermutlich zugewinkt, weil ich ihn zuvor im Vorbeigehen kurz angelächelt habe. Die Leute hielten mich für freundlich, locker und charmant. Ich wäre es gewohnt, der Frau an der Kasse, dem Zeitungsmann oder dem Postboten kurz meine Aufmerksamkeit oder ein Lächeln zu schenken. Und genau das macht mich für andere attraktiv. Die Leute würden mich mögen und mir das auch zeigen.

So in meinem Selbstbewusstsein gestärkt, würde ich dann an der Supermarktkasse hinter diesem netten Kerl stehen und … es würde mir überhaupt nicht schwerfallen, ihn auf irgendeine charmante Art und Weise anzusprechen. Angesichts von Räucherlachs und einer Flasche Champagner in seinem Einkaufswagen würde ich vielleicht so etwas sagen wie: »Wann darf ich vorbeikommen?« Er würde vermutlich ein wenig überrascht gucken, dann aber amüsiert grinsen, und schon wären wir mittendrin im Flirt.

Vielleicht hätte ich aber einfach nur seinen Blick gesucht und ihm dann ein bezauberndes Lächeln geschenkt. Oder mir würde das Netz mit den Mandarinen aus meiner übervollen Einkaufstüte fallen, und ich würde darauf spekulieren, dass er es aufhebt und ich mich mit einem zuckersüßen Lächeln bedanken kann. Ganz egal, was, ich würde auf jeden Fall etwas unternehmen und den Augenblick nicht ungenutzt verstreichen lassen.

Dabei geht es nicht darum, immer perfekt gestylt aus dem Haus zu gehen. Ich kann auch in Jeans und T-Shirt umwerfend aussehen, solange ich selbstbewusst auftrete und Zufriedenheit ausstrahle. Die Ausgangssituation ist nicht einmal so schlecht: Das Single-Dasein kann auch eine enorme Antriebskraft sein, die bewirkt, dass ich den Mann auf der Straße anlächle, mich auf einen Flirt im Supermarkt einlasse oder mich schminke, bevor ich das Haus verlasse, um mir beim Bäcker ein paar Brötchen zu holen. Wenn ich dann noch die richtige Strategie verfolge, kann ich in der Tat jeden Mann erobern.

Aber noch etwas anderes ist beim Flirten entscheidend: Meine Freundin Sabine schwärmt mir nun schon seit Wochen unentwegt von ihrem letzten Urlaubsflirt vor. Kaum im Hotel auf Capri angekommen, hatte sie schon einen Drink in der Hand und war von jeder Menge charmanter Männer umringt. Sabine hatte sich diesen Sommer für einen Single-Urlaub entschieden. Im Internet hatte sie ein ehemaliges Clubhotel auf Capri ausfindig gemacht, das erstmals für die gesamte Saison zum Single-Club umfunktioniert worden war. Zunächst war sie skeptisch und befürchtete, auf einer besseren Ü30-Party zu landen. Doch dann schob sie einfach all ihre Bedenken zur Seite und freute sich auf Gleichgesinnte aus aller Welt und auf die Tatsache, dass man auf so einer organisierten Reise mit Sicherheit schnell Anschluss an andere Urlauber finden würde.

Und in der Tat, in der launigen Atmosphäre des Clubhotels blieb keiner lange allein. Auch Sabine hatte noch am ersten Abend einen Engländer kennengelernt und sich gleich für den nächsten Tag zu einer gemeinsamen Entdeckungstour verabredet. Anfangs wusste sie nicht so recht, ob sie sich auf seine schmeichelnden Offerten einlassen sollte. Schon lange hatte sie keine derartige Aufmerksamkeit mehr erfahren. Aber mindestens genauso lange hatte sie sich schon nicht mehr so wohl gefühlt und so viel gelacht wie auf dieser kleinen Spritztour quer über die Insel.

Schließlich hat sie zwei wunderbar romantische und unbeschwerte Wochen auf Capri verbracht.

Nächstes Wochenende will Sabine ihre Urlaubsbekanntschaft in England besuchen. Ganz spontan. Er hatte gefragt, ob sie nicht mal kommen wolle. Im Internet hat sie ein günstiges Angebot entdeckt. In London ist sie schon ewig nicht mehr gewesen. Und der Urlaubsflirt? Mal sehen, was draus wird.

Im Nachhinein, so sagt Sabine, war sie sogar ein wenig überrascht, wie leicht es ihr im Urlaub fiel, unbeschwert und offensiv zu flirten. Ihr kam es so vor, dass sie sich im Urlaub anders verhalten habe: Sie war entspannter, fühlte sich besser und attraktiver. Durch die Sonne wurden vermutlich jede Menge Glückshormone ausgeschüttet. Plötzlich war sie offen für alle möglichen Reize.

Reisen kann etwas sehr Befreiendes haben. Mit jedem Kilometer, den wir uns von zu Hause entfernen, lassen wir einen Teil von uns zurück – den Alltag, den üblichen Trott, die festgefahrenen Muster. In der Ferne leben wir häufig das aus, wofür im Alltag kein Platz ist. Hier entfällt die soziale Kontrolle durch Freunde, Familie und Nachbarn. Plötzlich ist es uns egal, was andere von uns denken. Gerade Frauen fühlen sich durch solche Zwänge häufig beengt.

Wie ist es nun möglich, die Leichtigkeit und Unbeschwertheit eines Urlaubsflirts mit nach Hause zu nehmen? Wie kann ich auch im Alltag auf meine Gefühlslage Einfluss nehmen? Wie kann ich mehr Sicherheit im Umgang mit dem anderen Geschlecht erreichen? Die Antwort lautet: Wir brauchen mehr Gelassenheit. Wir brauchen mehr Selbstvertrauen. Und wir brauchen mehr Erfolgserlebnisse so wie den Urlaubsflirt von Sabine. Was wir dafür jedoch mitbringen müssen, ist die Bereitschaft, uns auf etwas Neues einzulassen.

Gelassenheit, Selbstvertrauen und Neugier – das sind immer noch die wichtigsten Voraussetzungen für den erfolgreichen Flirt. Und der Anfang jeder Verführung …

2 Grundlagen – was wir kennen sollten

Jeder ist auf der Suche. Die Sehnsucht nach Zweisamkeit ist Teil unserer Natur. Die Kunst der Verführung hat jedoch erst einmal wenig mit einem amourösen oder sexuellen Abenteuer zu tun. Verführung beginnt viel früher – nämlich an dem Punkt, an dem ein Mann Zeit mit mir verbringen möchte.

Und diesen Zeitpunkt kann ich beeinflussen.

Um das zu erlernen, ist es sinnvoll, sich zunächst mit den Grundlagen der Verführungskunst vertraut zu machen.

Die Anfänge der Verführungskunst

Einer, der sich schon früh mit dem Thema Verführung befasst hat, ist der römische Dichter Ovid (43 v. Chr. – 17 n. Chr.). Seine vor über 2000 Jahren erschienene *Ars Amatoria* ist ein Handbuch in Sachen Liebeskunst. Mit den ersten beiden Büchern seiner Trilogie wandte Ovid sich an die suchenden Männer in Rom. Doch dann schrieb er ein drittes Buch, in dem er den Frauen erklärt, wie sie die Liebe eines Mannes gewinnen. Seine These: Liebe ist eine Technik, die man lernen kann.

Solche Thesen wurden im alten Rom allerdings nicht gerne gehört. Der sittenstrenge Kaiser Augustus, der die traditionellen Werte von Ehe und Familie hochzuhalten versuchte, verbannte Ovid für den Rest seines Lebens ans Schwarze Meer. Offenbar war die Zeit noch nicht reif für seine detaillierten Anleitungen zur Liebeskunst – und schon gar nicht für Frauen, die ihr Glück in dieser Beziehung selbst in die Hand nehmen wollten.

Schon Ovid wandte sich zunächst an die innere Haltung: »Fasse zuerst im Geist das Vertrauen, du könntest sie alle fangen; dann fängst du sie auch, wenn du die Falle nur stellst.« Dieser Leitsatz galt zwar den römischen Männern. Doch besitzt er auch für Frauen seine Gültigkeit – bis heute.

Ovid hatte aber auch ein paar handfeste Tipps, die er den Frauen mit auf den Weg gab: »Bald auch hätt' ich gewarnt, dass der Bock nicht unter den Achseln laure, dass stachliges Haar nicht eure Schenkel entstellt.«

Ohne Zweifel ein zeitloses Gebot.

Ratgeberliteratur heute

Ich habe zahlreiche Bücher zum Thema Flirt und Partnersuche gelesen. Die meisten Ratgeber sind von Sozialpsychologen, Sexualwissenschaftlern oder Therapeuten geschrieben und stehen im Buchladen in der Selbsthilfe-Abteilung – die fast ausschließlich von Frauen frequentiert wird. Ich habe dort eine ganze Menge wohlwollender Ratschläge solcher Experten gefunden, die Frauen bei der Suche nach ihrem Mr. Right mit fundiertem, aber mehr oder weniger theoretischem Wissen zur Seite stehen wollen. Wer mit Bindungsängsten oder grundsätzlichen Hemmungen im Umgang mit anderen Menschen zu kämpfen hat, der kann heute auf eine reiche Auswahl an Selbsthilfeliteratur zurückgreifen. »Raus aus der Opferrolle«, »Mut zum Alleinsein« oder »Unsicherheit besiegen« lauten die einschlägigen Frauenthemen in der Rubrik Partnersuche. Das Patentrezept: selbstbewusster auftreten, die eigene Mitte finden, neue Wege erkunden. Das ist alles zweifellos richtig. Doch über die Kunst der Verführung habe ich in diesen Büchern leider überhaupt nichts gefunden.

Dann habe ich eine ganze Reihe von persönlichen Erfahrungsberichten gelesen. Darin schildern einstige Mauerblümchen zunächst ihre eigene glücklose Erfahrung mit dem anderen Geschlecht und berichten anschließend von ihrer plötzlichen Wandlung zur großen Gewinnerin in Sachen Liebe. Sozusagen als Ermunterung und zur Nachahmung empfohlen. Solche Bücher tragen Titel wie *Die Kunst, den Mann fürs Leben zu finden* oder *Gib nach und er ist Dein.* Darin finden sich in etwa folgende Flirt-Richtlinien: »Niemals den Anfang machen. Immer abwarten, bis er sich meldet. « Oder: »Wenn er nicht spätestens bis Mittwoch anruft, keine Verabredung mehr für das Wochenende annehmen.« Oder auch: »Wenn ein Mann Sie in sehr offenherziger Kleidung sieht, wird er daraus schließen, dass Sie wahrscheinlich nicht viel mehr zu bieten haben.«

Mein erster Gedanke: auch das gutgemeinte Ratschläge, aber auch ganz schön altbacken. Wobei ich nicht mal sagen würde, dass nicht in so mancher Erkenntnis sogar das ein oder andere Körnchen Wahrheit steckt. Mein grundsätzlicher Einwand: Ich suche keine ausgedienten Anstandsregeln, sondern eine ausgefeilte Strategie, eine präzise Analyse der Struktur des Flirts und ein darauf fein abgestimmtes optimales weibliches Reaktionsmuster. Ich will die Kunst der Verführung erlernen.

Und dennoch, das Gute an dieser Sorte Ratgeber: Ganz im Gegensatz zu den Veröffentlichungen der Psychologen und Therapeuten sind diese Ratschläge zumindest aus dem Leben gegriffen. Die jeweiligen Erfolgsrezepte klingen durchaus vielversprechend. Die Ratgeber sind unterhaltsam geschrieben. Sie sprühen nur so vor Enthusiasmus und Engagement. Das wirkt in jedem Fall motivierend. Die Autorinnen wissen natürlich auch, was Frauen hören wollen. Und so lassen die jeweiligen Erfolgsgeschichten vor allem einen Schluss zu: Wenn eine von uns es geschafft hat, sich ihren Mr. Right zu angeln, dann können es im Grunde alle.

In vielen Ratgebern wird allerdings mehr oder weniger deutlich vorausgesetzt, dass eine Frau erst ihren Traummann finden und heiraten muss, bevor sie überhaupt glücklich werden kann – eine Prämisse, die ich ausgesprochen schwierig finde. Frauen werden dabei nicht selten als prinzipiell unfertige Wesen dargestellt, die nach Vervollständigung durch einen Partner suchen. Die starke Schulter zum Anlehnen, ohne die eine Frau eben doch nix ist und nix kann. Gerade die amerikanischen Exemplare sind voll von derart angestaubten Ansichten.

Meiner Meinung nach sind solche Bücher für jede halbwegs aufgeklärte Europäerin schlichtweg unzumutbar. Auch der moralische Unterton der Autorinnen ist nur schwer erträglich, etwa wenn vor dem »Draufgänger« gewarnt und stattdessen der »zuverlässige Mann« gepriesen wird – und zwar mit den Worten: »Sie werden bald feststellen, was Sie an einem Mann haben, der wie ein Fels in der Brandung ist.« Nun gut, ich habe nichts gegen starke Männer. Doch hätte ich den einen oder anderen Ratgeber nicht zu Recherchezwecken gelesen, ich hätte so ein Buch spätestens nach einem solchen Satz in die Ecke gepfeffert.

Umso überraschter war ich, dass darin wirklich jede Menge brauchbarer Tipps zu finden waren, die in der Tat geeignet sind, Männer um den Finger zu wickeln. Meine Lieblingsmasche aus *Das Uschi-Prinzip* von Meike Rensch-Bergner: der »Tequila-Trick«. Ich gebe mich in einer Bar schrecklich hilflos und frage den charmanten Typen neben mir, ob er mir das mit dem Tequila bitte noch mal erklären könne. Erst das Salz? Oder erst den Tequila? Jetzt bin ich schon ganz durcheinander. Er könne mir da doch sicher weiterhelfen …?

Spätestens seit John Grays Bestseller *Man Are From Mars, Women Are From Venus* wissen wir ja, was Männer eigentlich wollen: gebraucht werden und die Welt retten.

Welcher Mann wird sich da nicht gebauchpinselt fühlen? Natürlich wird er keine Sekunde zögern und bereitwillig sein Wissen mit mir teilen. Er wird mir also ganz fachmännisch das richtige Prozedere erklären: Erst den Handrücken befeuchten, dann Salz draufstreuen, das Salz ablecken und schließlich den Tequila in einem Zug runterkippen. Jetzt, so Rensch-Bergner, müsse man nur noch die Anweisungen des Mannes befolgen und sich noch einmal (so unschuldig wie nur möglich) vergewissern: »Also wie war das: erst Lecken …?« – und ihm dabei tief in die Augen schauen. Den Mann, dessen Blut da nicht in Wallung gerät, den können Sie getrost vergessen.

Die Ober-Uschi schwört übrigens darauf, dass der Tequila-Trick genauso gut bei den geistreichen und niveauvollen Männern funktioniert. Die durchschauen zwar gegebenenfalls das kleine Manöver, genießen aber dennoch das weibliche Intermezzo – vor allem wenn ich am Ende ganz mädchenhaft das Gesicht verziehe, weil der Tequila natürlich viel zu stark und die Zitrone viel zu sauer ist.

Das ist eine nette kleine Routine, die mit Sicherheit besser für den Discobesuch geeignet ist als für den Stehempfang in der Businesslounge oder die Vortragsreihe in der Kunsthalle. Und dennoch: Was mir daran gefällt, ist die offensive Herangehensweise, der kokette Tenor und die etwas übermütige Haltung dieser Strategie. Das ist auf jeden Fall schon mal die richtige Spielart für den perfekten Flirt.

Was mir jedoch nach wie vor fehlte, war eine zusammenhängende Strategie, mit der ich Männer erfolgreich erobern kann – und zwar unabhängig davon, ob ich nur ein kleines Abenteuer oder den Mann fürs Leben suche.

Daraufhin habe ich eine etwas unorthodoxe Annäherung gewählt: Ich habe Flirt-Ratgeber für Männer gelesen. Genauer, ich habe mich eingehend mit den Thesen amerikanischer Verführungskünstler beschäftigt – und bin dabei überraschend fündig geworden.

Übung 2

Nehmen Sie sich einen x-beliebigen Flirt-Tipp heraus. Irgendeinen. Etwas, was Sie in diesem Buch gefunden oder in einer Zeitschrift gelesen haben. Etwas, das Ihnen auf Anhieb gefällt. Etwas, was Sie sich zutrauen. Etwas, was einfach umzusetzen ist. Halten Sie beispielsweise einem Mann eine Tür auf, und lächeln Sie ihn dabei an. Nichts Bedeutendes, aber etwas, das Sie einmal ganz bewusst einsetzen. Fangen Sie irgendwo an. Egal was, Hauptsache Sie tun etwas!

Verführungskunst und Verführungskünstler

Die Verführungskünstler sind eine verschworene Gemeinschaft. Hunderttausende von ihnen haben sich weltweit zusammengeschlossen, um eines der größten Geheimnisse der Menschheit zu entschlüsseln: Wie verführt man schöne Frauen? Pick-up-Artists, wie sie sich selber nennen, sind Männer, die an Techniken feilen, um jede Frau ins Bett zu kriegen. Sie tauschen sich in Internetforen aus und analysieren dort minutiös ihre Aufreißversuche. Sie simulieren Gesprächssituationen, um die Angst vor dem Ansprechen zu besiegen. Sie studieren kleine Rätsel und Zaubertricks ein, um Frauen zu beeindrucken. Sie erzählen Geschichten, in die sie unterschwellige Botschaften einbauen, und experimentieren mit Hypnosetechniken. Sie haben jedes ihrer Worte schon Hunderte Male wiederholt. Aber Frauen merken es nicht. Sie fühlen sich einfach nur gut unterhalten. Und auf eigenartige Weise emotional berührt – auch das ist Teil der Strategie.

Ein Klassiker der Pick-up-Szene ist beispielsweise die indirekte Methode. Dabei geht es darum, eine Frau anzusprechen, ohne dass die Anmachsituation zu offensichtlich wird – etwa mit einer sogenannten Meinungsfrage: »Was glaubst du, wer lügt mehr, Männer oder Frauen?« Der Spruch stammt vom amerikanischen Flirt-Meister Mad Dash und ist laut *Playboy*-Chefreporter Oliver Kuhn der »VW Käfer unter den Anmachsprüchen«. Wahrscheinlich, so Kuhn, hat der Verführungskünstler schon jede Frau zwischen Wuppertal und Wladiwostok mit diesem Spruch angequatscht. Die Frage mag banal klingen, hat aber eine erstaunliche Wirkung, denn fast alle Frauen haben dazu etwas zu sagen. Und schon sind beide mitten im Gespräch.

Was angehende Verführungskünstler allerdings oft missverstehen: Sie sollten sich auch wirklich für die Meinung einer Frau interessieren. Wer ihre Antwort ignoriert und einfach mit seinem Aufreißerprogramm weitermacht, der steht hinterher schneller wieder alleine da, als er gucken kann. Frauen merken sofort, wenn Männer keinerlei Interesse an einem Gespräch, sondern im Grunde nur das eine im Sinn haben. Die Frau macht auf dem Absatz kehrt, und der arme Verführungskünstler versteht die Welt nicht mehr – dabei hat er sich doch genau ans Lehrbuch gehalten.

Ein anderer Klassiker aus der Pick-up-Szene ist meine Lieblingsmasche aus Oliver Kuhns *Der perfekte Verführer*: Ein Mann sitzt in der U-Bahn, ihm gegenüber eine Frau mit einem bezaubernden Lächeln. Er ist hingerissen. Sie guckt immer wieder verstohlen zu ihm herüber. Endlich hat er sie erfolgreich in ein Gespräch verwickelt, da muss sie aussteigen. Die Bahn bremst, die Haltestation ist bereits zu sehen. Beide gucken einander erwartungsvoll an. Verzweifelte Situation. Was tun? Nun hat der Flirt-Profi eine Strategie ersonnen, der zugegebenermaßen kaum eine Frau widerstehen kann: Er drückt ihr einfach *sein* Handy in die Hand und sagt: »Ich ruf dich an.« Was für eine lässige Geste. Was für ein smarter Schachzug. Was für ein Vertrauensbeweis – das eigene Handy mit all den privaten Nummern, SMS-Nachrichten und Fotos. Eine Frau, die sich da nicht beeindruckt zeigt, sollte am besten gleich zu Hause bleiben.

Die Subkultur der Pick-up-Artists existiert seit den späten 1990er Jahren zunächst nur in geheimen Internet-Chatboards und lokalen Gemeinschaften, sogenannten Lairs. Viele ihrer Mitglieder haben sich – wohl auch aus Gründen der Anonymität – einen Nickname zugelegt. Die bekannten Größen der Szene nennen sich Mystery, Style oder Badboy. Ihr Ziel: Den Code der erfolgreichen Kommunikation zwischen Mann und Frau zu knacken. Heute ist ihr in jahrelanger Kleinstarbeit entstandenes Wissen im Grunde für jeden verfügbar. Die Pick-up-Handbücher der amerikanischen Flirt-Gurus Mystery und Style wurden zu internationalen Bestsellern. In vielen größeren Städten werden mittlerweile Seminare zum Thema Verführungskunst angeboten. Und auf MTV lief Anfang vergangenen Jahres eine erfolgreiche Pick-up-Gameshow.

Das Spektrum der Verführungskunst ist denkbar weit. Natürlich gibt es immer auch solche, die glauben, mit ein paar billigen Tricks jede Frau anquatschen, vollquatschen und ins Bett quatschen zu können. Das sind diejenigen, die sich aus dem Ansprechen von Frauen einen Sport machen und auch vor zweifelhaften Methoden nicht zurückschrecken. Für diese Sorte Mann zählen monatliche Stückzahlen und das Ranking ihrer Eroberungen auf einer Attraktivitätsskala von 1 bis 10.

Es gibt aber auch Männer, die erkannt haben, dass der Erfolg bei Frauen eine ganz bestimmte innere Haltung voraussetzt. Ich habe einige von ihnen auf einer europaweiten Konferenz zum Thema Verführungskunst und Persönlichkeitsentwicklung getroffen. Die Stars der Szene. Die wahren Gurus. Die besten Verführungskünstler der Welt. Sie alle habe mir im Grunde die immer gleiche Geschichte erzählt, wenn ich sie gefragt habe, wie sie zum Pick-up gekommen sind. Sie haben erzählt, dass sie sich an einem ganz bestimmten Punkt in ihrem Leben eingestanden haben, dass ihr ausbleibender Erfolg bei Frauen vor allem etwas mit ihrem bisherigen Auftreten zu tun hatte. Und sie haben sich entschieden, daran etwas zu ändern. Das sind Männer, die Frauen achten und respektieren und einfach nur einen besseren Zugang zu ihnen suchen – Männer, die ihre möglichen Defizite kennen und hart daran arbeiten, sich für Frauen attraktiver zu machen.

So auch Erik von Markovic alias Mystery, einer der schillerndsten Figuren der Pick-up-Szene. Mystery, eigentlich Illusionskünstler aus dem kanadischen Toronto, hat mehr als zwölf Jahre lang jeden Korb, den er sich geholt hat, strategisch genau analysiert. Wenn er bei seiner Herzensdame nicht landen konnte, machte er dafür nicht die Frau, sondern sich selbst verantwortlich. Akribisch fahndete er nach dem kleinsten Fehler, der seinen Erfolg vereitelt hatte. Und lernte daraus. Heute ist er laut *Playboy* der »Albert Einstein des Abschleppens«.

Das mag vielleicht nicht jedermanns Ziel sein. Schon gar nicht das der Frauen. Und mit Sicherheit gibt es einiges, was man gerade als Frau am Pick-up verwerflich finden muss. Man kann die Szene ablehnen und ihre Protagonisten belächeln. Man kann die Methoden zweifelhaft finden oder sich über die naiv-pragmatische Herangehensweise der selbsternannten Profis lustig machen. Aber eines ist mir inzwischen klar geworden: Unter Verführungskunst verstehen manche Männer eben mehr, als nur mit Blumen und Komplimenten das Herz einer Frau zu erobern. Oder bei möglicher Zurückweisung die Schuld beim anderen zu suchen. Und damit haben Verführungskünstler nicht nur ihren Mitkonkurrenten, sondern auch den meisten

Frauen etwas voraus. Denn meiner Meinung nach gelten die grundlegenden Ideen des Pick-ups für Frauen genauso wie für Männer.

Was aber noch viel wichtiger ist: Wenn Männer, die sich an die Regeln der Verführungskunst halten, damit erfolgreich sein können – was einige von ihnen zweifellos sind –, dann gilt das für Frauen allemal. Denn wir sind, was die Voraussetzungen angeht, den Männern in vielerlei Hinsicht haushoch überlegen. Aussehen, Kommunikationsfähigkeiten, emotionale Intelligenz – all die spezifisch weiblichen Qualitäten verleihen uns beim Flirten einen enormen strategischen Vorteil.

Allerdings müssen auch wir erst einmal erkennen, dass die Kunst der Verführung keine Masche ist, sondern eine Lebenshaltung. Man kann sie nicht überstreifen wie ein aufregendes neues Kleid. Die äußere Hülle ist nur ein Detail. Entscheidend ist die innere Haltung. Sie ist der Beginn jeder erfolgreichen Verführung.

Die Kunst der Verführung für die Frau von Welt

Eine, die nicht nur die richtige Haltung, sondern auch die notwendigen Verhaltensnormen einer perfekten Verführerin erstmals als umfassende Lehre formuliert hat, ist Doris Langley Moore – erfolgreiche Autorin, Museumsgründerin, Modeschöpferin und Fernsehkommentatorin, die im England der 1920er Jahre ihre Karriere begann.

Ihr 1928 erschienenes Buch *Die Kunst der Verführung. Charmante Spielregeln für die Frau von Welt* richtete sich an jene »neuen« Frauen, die nach dem Ersten Weltkrieg erstmals die Bühne des gesellschaftlichen Lebens betraten: Sie lebten als Singles. Sie waren selbständig. Sie verdienten ihr eigenes Geld. Und sie mussten radikal mit den viktorianisch-prüden Vorstellungen ihrer Mütter brechen, um sich einer traurigen historischen Tatsache zu stellen: Viele Männer hatten ihr Leben auf den Schlachtfeldern gelassen. Im England der Nachkriegsjahre herrschte Frauenüberschuss. Wer einen Mann fürs Leben finden wollte, der musste die Sache selber in die Hand nehmen und konnte sein Glück nicht dem Zufall überlassen.

Jenen Frauen gab Doris Langley Moore mit ihrem Buch ein, wie die *Süddeutsche Zeitung* schreibt, »explizit antitugendhaftes Verhaltensprogramm« an die Hand – das bis heute nichts von seiner Aktualität verloren hat. Statt auf Tugendhaftigkeit und häusliche Fähigkeiten setzt ihre Strategie auf Einfallsreichtum, Geschick und den bewussten Einsatz weiblicher Reize. Denn um bei Männern erfolgreich zu sein, so Moore, brauche eine Frau im Grunde nur folgende Eigenschaften: »sicheres Auftreten, Unbeschwertheit, ordentliche Kleidung und die Gabe zu schmeicheln.«

Das Neue an Moores Buch: Sie hat die keusche Zurückhaltung und unschuldige Schüchternheit früherer Jahrhunderte als Verhaltensnorm zwar äußerlich beerbt, diese ihrem Wesen nach aber radikal umfunktioniert und zur taktischen Verführungsstrategie ausgebaut. Damit hat Moore, im Gegensatz zu so manch heutigem Ratgeber, die Frau aus ihrer passiven Rolle im Flirt-Prozess befreit und als vernunftbegabtes und entschlossenes Wesen identifiziert – als moderne Frau, die sich mit ein bisschen Taktik und viel Esprit den Mann ihrer Träume angeln kann.

Natürlich sind manche ihrer Empfehlungen nicht mehr ganz zeitgemäß. Allerdings muss man sich vor Augen halten, dass in den 1920er Jahren die moderne Form des Kennenlernens überhaupt erst geboren wurde: Treffen wurden nicht mehr arrangiert. Herkunft und Status waren nicht mehr alles, was zählte. Ein ganz neuer Frauentypus betrat die gesellschaftliche Bühne: Die »Garçonne«, die Junggesellin, verdiente ihr eigenes Geld, ging in Nachtclubs, Restaurants und Kinos, rauchte, trank Cocktails, trug einen Bob und kurze Röcke. Die Frauen der zwanziger Jahre waren nicht nur ihrem Äußeren nach, sondern auch moralisch und gesellschaftlich in jeder Hinsicht emanzipiert. Und sie waren überaus pragmatisch: Da weniger heiratsfähige Männer zur Verfügung standen, brauchten sie eine Strategie, um sich ihren Rivalinnen gegenüber zu behaupten.

Die Realpolitik der Liebe sah in den Augen Moores folgendermaßen aus: Männer haben das unstillbare Bedürfnis, sich überlegen zu fühlen. Dieses Bedürfnis zu befriedigen ist im Grunde das, was sie von Frauen erwarten. Daher empfiehlt es sich, einfach mal draufloszuplappern oder um Geschenke zu betteln und damit vorübergehend eine Rolle anzunehmen, die den gewünschten Erfolg haben wird, nämlich den, zu gefallen. Moores Empfehlungen sind jedoch alles andere als unemanzipiert – sondern im Gegenteil pragmatisch und nahezu machiavellistisch. Denn am Ende steht die Frage: Wer hat in einer solchen Situation die Macht? Der Mann, der sich überlegen glaubt? Oder die Frau, die ihn in diesem Glauben belässt?

Eine solche Haltung hat meiner Meinung nach mehr mit befreiter Weiblichkeit und Souveränität zu tun als all das Freche-Frauen-Selbstverständnis, das in der heutigen Ratgeberliteratur grassiert und eine gewisse Unangepasstheit an geltende Flirt-Konventionen als Erfolgsrezept ausgibt. »Ein Bier für den Süßen da drüben an der Bar« ist ein solcher Satz, der nicht frech-emanzipiert, sondern eher neurotisch und überspannt wirkt. Wer beim Flirten wirklich erfolgreich sein will, der darf die geltenden Regeln nicht nur mit einem Augenzwinkern in Frage stellen und am Ende doch darauf hoffen, dass ein Mann auf einem weißen Schimmel dahergeritten kommt und sie aus ihrem Alltag befreit.

Moore fordert die Frauen vielmehr auf, ihr Glück selbst in die Hand zu nehmen. Ihr Credo: »Wir müssen die Männer dazu bringen, uns zu wollen, indem wir ihnen suggerieren, dass wir kein Interesse an ihnen haben.« Das aber geht nur, wenn Frauen sich tatsächlich nicht zum Objekt männlichen Begehrens machen, sondern wirkliche Unabhängigkeit leben. In *Die Kunst der Verführung* heißt es dazu: »Es ist nämlich sinnlos, einem Mann zu erzählen, wie unabhängig wir sind, wenn wir ihn gleichzeitig bitten, uns zum Tanz aufzufordern.« Und damit hat sie zweifellos recht.

So gesehen sind Doris Langley Moores Anweisungen zeitlos und geradezu modern. Ich werde daher immer wieder auf die wichtigsten Aspekte ihrer Verführungsstrategie zurückkommen.

Übung 3

Gehen Sie in ein Café oder eine Bar, und mimen Sie das unbeholfene Mädchen. Ziehen Sie umständlich Ihren Mantel aus. Geben Sie vor, sich nicht entscheiden zu können, was Sie bestellen wollen. Suchen Sie verzweifelt nach dem Feuerzeug in Ihrer Tasche. Stoßen Sie dabei ruhig einen kleinen Seufzer aus, der deutlich macht, dass Sie Hilfe durchaus dankbar annehmen würden. Üben Sie die Rolle einer Frau, die gar nicht erst auf die Idee kommt, ihre Getränkekisten eigenhändig in den vierten Stock zu schleppen.

Frauen unterwegs – Teil 2

Ich sitze mit meiner Freundin Marion in einer Bar, und wir spielen unser Lieblingsspiel »Fuck, Marry, Kill«. Ich zeige auf irgendeinen Typen, und sie muss mir sagen, ob sie, vor die Wahl gestellt, mit demjenigen lieber ins Bett gehen, ihn heiraten oder ihn umbringen möchte.

»Der Typ mit den fettigen Haaren und der abgewetzten Lederjacke? Sagen wir mal so, George Clooney nehme ich auch mit ungewaschenen Haaren. Aber den? Nie im Leben.«

»Guck mal, was der da drüben für schöne Hände hat? Da könnte ich mir schon vorstellen … «

»Ich bin ja eigentlich kein ausgesprochener Fan von Anzügen, aber haste den Typ im Dreiteiler gesehen? Der hat vermutlich auch das dazupassende Auto vor der Tür stehen.«

Männer würden sicher einiges dafür geben, wenn sie eine solche Unterhaltung unter Frauen nur ein einziges Mal belauschen könnten: Warum können wir uns Sex mit dem einen beim besten Willen nicht vorstellen? Warum sieht nun ausgerechnet der so aus, als würde er einen passablen Ehemann und Vater abgeben? Warum würden wir den anderen nicht einmal küssen, selbst wenn man dafür auch noch Geld bekommen würde? Ganz klar, Männer hätten natürlich einen enormen Vorteil gegenüber ihren Konkurrenten, wenn sie an derlei Informationen über weibliche Einstellung und Erwartungen kommen würden. Aber leider, meine Herren, dürft ihr nicht mitspielen.

Tatsächlich gibt es im Prinzip drei Kategorien, in die Frauen einen Mann spontan einteilen:

1. »Wow, der Typ ist heiß.«
2. »Warum nicht? Mal gucken was er so zu bieten hat … «
3. »Nicht um alles in der Welt.«

Die zweite Kategorie ist mit Abstand die größte, und da kommen all jene Männer rein, die vielleicht nicht auf den ersten Blick überzeugen, sich schließlich aber doch als durchaus attraktiv entpuppen, weil sie irgendetwas an sich haben, das uns besonders anzieht.

Die gute Nachricht: Diesen Typ Mann gibt es relativ häufig. Mit ihm verhält es sich ein bisschen so, wie mit dem lang ersehnten neuen Album einer Lieblingsband. Die Erwartungen sind unendlich hoch und nach dem ersten Anhören ist man vielleicht sogar ein klein wenig enttäuscht. Die Faszination des Neuen erschließt sich einem möglicherweise nicht auf Anhieb. Aber dafür hält die Begeisterung womöglich umso länger an, wenn man sich erst einmal darauf eingelassen hat.

Marion erzählt mir an diesem Abend, wie sie ihren Mann kennengelernt hat. Sie fand ihn von Anfang an sympathisch – aber mehr auch nicht. Sie kannten sich seit vielen Jahren. Aus irgendeinem Grund hat sie sich dann doch eines Tages auf mehr eingelassen. Er hatte sie auf einmal geküsst. Sie hat sich nicht viel dabei gedacht. Eigentlich war sie nicht einmal auf der Suche nach einem Partner. Sie war jedoch grundsätzlich offen und neugierig.

Was aber vielleicht entscheidend war: Marion hat ihren späteren Mann nicht gleich am nächsten Morgen auf seinen Kontostand und den Grad seiner eventuellen väterlichen Fürsorge abgeklopft. Sie versuchte nicht, auf Biegen und Brechen herauszufinden, ob er nur an einer kleinen Romanze oder an einer festen Beziehung interessiert war. Sie hat ihm nicht noch in derselben Nacht irgendwelche Liebesbekundungen abgerungen.

Sie hat sich tunlichst zurückgehalten, Ort und Zeitpunkt für ein nächstes Rendezvous zu bestimmen. Marion genoss einfach die gemeinsam verbrachte Zeit. Sie konzentrierte sich allein auf das Hier und Jetzt.

Es gab damals noch andere, die Marion attraktiv fanden, und obwohl sie sich am meisten für den einen Mann interessierte, ging sie auch mit anderen aus. Schließlich wollte sie sich sämtliche Optionen offenhalten. Ihre Gelassenheit und Selbstsicherheit führten schließlich dazu, dass er plötzlich derjenige war, der sich die größte Mühe gab, ihr Herz zu erobern. Heute haben sie drei Kinder und sind schon seit mehr als zehn Jahren verheiratet.

Die Ansprüche meiner Freundin Sabine an einen potenziellen Partner sind da schon deutlich höher: Er soll charmant und humorvoll sein. Er soll ihr jeden Wunsch von den Lippen ablesen. Er soll gut aussehen und am besten auch noch auf einem Chefsessel sitzen. Dass er sich darüber hinaus nichts sehnlicher wünscht als gemeinsame Kinder und natürlich einen liebenden Vater abgäbe, versteht sich von selbst.

Sabine sucht, wie fast alle Frauen, instinktiv nach einem Partner, der ihr das Überleben sichert. Darauf sind Frauen evolutionsbiologisch programmiert – auch wenn sie heute angesichts moderner Empfängnisverhütung, beruflichem Erfolg und finanzieller Unabhängigkeit nicht mehr bewusst nach diesem Credo handeln. Sabines Ansprüche an den zukünftigen Mann an ihrer Seite sind genau von derlei archaischen Vorstellungen geprägt. Typen, die auch nur annähernd den Eindruck erwecken, ihren hohen Erwartungen an einen »Versorger«, der zum Familienvater taugt und finanzielle Sicherheit bietet, nicht uneingeschränkt zu genügen, fallen bei ihr schnell durchs Raster.

Und je älter sie wird, desto höher werden ihre Ansprüche.

Mit der Zeit ist Sabine nun immer vorsichtiger und wählerischer geworden. Möglicherweise zu vorsichtig und zu wählerisch. Mit dem Ergebnis, dass sie im Zweifelsfall lieber gleich die Hände von einem neuen Mann lässt – aus Angst, enttäuscht zu werden. Mittlerweile ist sie nun schon seit einigen Jahren Single. Unfreiwillig, wie sie betont. Und schuld daran sind natürlich die Männer.

Dabei liegt das ganze Geheimnis des perfekten Flirts darin, sich auf den Augenblick zu konzentrieren. Erst auf den Blickkontakt. Dann auf das nette Gespräch. Später auf das erste Date. Und schließlich auf ein mögliches Wiedersehen. Ohne konkrete Absicht. Ohne ein bestimmtes Ziel zu verfolgen.

Ein Flirt ist dann erfolgreich, so Hamburgs Flirt-Trainerin Nina Deißler, wenn wir nichts weiter anstreben als nur diesen einen Moment. Dass wir bereit wären, für die gemeinsamen Kinder unsere Karriere aufzugeben und uns ganz dem Mutterdasein zu widmen, ist ein Zukunftsszenario, mit dem ein Mann bei einem ersten Date vermutlich nicht besonders viel anfangen kann.

Je länger Frauen wie Sabine schon mit dem Single-Dasein zu kämpfen haben, desto stärker werden ihre Selbstzweifel: Er ist vermutlich nicht interessiert. Sie könnte sich falsch verhalten. Es könnte wieder nicht der Richtige sein. Er steht eigentlich auf Rothaarige. Er hat womöglich schon Frau und Kinder ... Angesichts dieser Ängste und Befürchtungen verkriechen wir uns lieber zu Hause und warten, dass unser Traummann – also der mit dem dicken Bankkonto und dem ausgeprägten Kinderwunsch – plötzlich mit einem duftenden Strauß roter Rosen vor der Tür steht.

Doch mal ganz im Ernst, wer glaubt denn noch an den Weihnachtsmann?

Was aber noch viel schlimmer ist: Wir kommen so völlig aus der Übung. Wir haben keine Ahnung mehr, was wir machen sollen, wenn der Mann unserer Träume plötzlich an der Supermarktkasse vor uns steht. Oder im Bus neben uns sitzt. Oder ihm Café zu uns herüberlächelt. Wir sind unsicher und nicht in der Lage, irgendetwas halbwegs Vernünftiges über die Lippen zu bringen. Wir finden uns gerade klein, dick, unansehnlich oder was auch immer. Und wir verpassen so eine Chance nach der anderen.

Doch wie sollen wir einen Mann davon überzeugen, dass wir seine absolute Traumfrau sind, wenn wir uns selbst nicht dafür halten? Die Verführungskünstler behaupten: Ob wir beim anderen Geschlecht gut ankommen, hat viel damit zu tun, was wir von uns selbst halten – sogar am allermeisten.

3 Die Verwandlung zur Verführungskünstlerin

Frauen geben Unsummen für Kosmetika und Pflegeprodukte aus. Sie machen eine Diät nach der anderen, strampeln sich im Fitnessstudio die Seele aus dem Leib und investieren einen Großteil ihrer Freizeit in das, was sie für eine Idealfigur halten. Frauen tragen ihr selbst verdientes Geld in sündhaft teuere Boutiquen und nehmen bereitwillig in Kauf, dass man heutzutage für den Preis eines Friseurbesuchs locker eine vierköpfige Familie mehrere Tage durchfüttern kann. Doch die meisten Frauen glauben, erst das perfekte Äußere mache sie begehrenswert.

Frauen sind offensichtlich bereit, einiges an Geld zu investieren, um sich attraktiver und rundum wohler zu fühlen. Doch wenn es um einen zentralen Bereich ihres Lebens geht, nämlich um Liebe und Partnerschaft, jenen Bereich, der mehr als alles andere für Glück und Zufriedenheit steht, dann setzen Frauen eindeutig die falschen Prioritäten.

Was Sie von diesem Buch erwarten können

Was die wenigsten Frauen wissen: Männer achten bei der Partnerwahl auf ganz andere Qualitäten. Nicht Idealmaße oder ein perfektes Styling, sondern vor allem Natürlichkeit machen eine Frau schön – das ergab eine Umfrage im Auftrag eines großen Kosmetikkonzerns. Mit Natürlichkeit verbanden die meisten Männer in erster Linie Humor, Offenheit, Warmherzigkeit und Selbstbewusstsein. 95 Prozent der befragten Männer setzten dieses »Schönheitskriterium« auf Platz eins. Gleichzeitig hat die Mehrheit der Männer laut einer weiteren Umfrage kein Problem mit weiblichen Rundungen. 76 Prozent der Männer finden genau das schön. Nur sieben Prozent mögen überhaupt dünne Frauen.

Frauen neigen jedoch zu völlig übertriebener Selbstkritik. Selbst

Frauen mit perfekter Figur, makellosem Teint und toller Ausstrahlung finden dann aber ihre Nase ein bisschen zu groß oder hätten gerne eine andere Haarfarbe. Irgendwas ist ja immer.

Doch damit ist jetzt Schluss. Dieses Buch ist eine Anleitung für Frauen, sich beim Thema Partnersuche aus ihrer selbst verschuldeten Unmündigkeit zu befreien. Dieses Buch zeigt Frauen, wie sie ihre haushohe Überlegenheit in Sachen Flirt und Verführung strategisch einsetzen und für sich nutzen können. Mit herkömmlichem Flirten und dem bangen Warten auf Amors Pfeil hat das nichts mehr zu tun.

Es reicht nicht, dieses Buch einfach nur zu lesen. Sie müssen auch bereit sein, an sich zu arbeiten. Sie müssen neugierig und experimentierfreudig sein und die folgenden Strategien und Techniken auch wirklich ausprobieren. Sie müssen neue Verhaltensmuster erlernen und dabei alte Angewohnheiten ablegen. Wir alle verändern uns nur ungern. Aber wenn Sie Ihre bisherige Haltung nicht ändern wollen und Angst vor Neuem haben, dann brauchen Sie dieses Buch gar nicht erst zu lesen.

Dieses Buch ist für all jene geschrieben, welche die Kunst der Verführung als charmante, witzige und geistreiche Variante der Annäherung zwischen Mann und Frau erlernen wollen. Die verschiedenen Techniken und Strategien sind nur das notwendige Rüstzeug. Erst ihr spontaner, kreativer und intelligenter Einsatz lässt Sie zu der Frau werden, die scheinbar mühelos die Aufmerksamkeit der Männer auf sich lenkt.

Erster Schritt: Die innere Haltung verändern

Erfolgreiche Verführungskünstler auf der ganzen Welt haben eines gemeinsam – sie legen besonderen Wert auf das sogenannte *inner game*. Damit ist jener Teil der Verführung gemeint, der sich im Kopf abspielt. Dem wahren Profi geht es zunächst einmal nicht um die Eroberung einer Frau, sondern um die Entwicklung der eigenen Persönlichkeit. Wer bin ich? Was will ich? Wie komme ich da hin?

Was Frauen kaum für möglich gehalten hätten, in einschlägigen Internetforen, in Seminaren und auf Fachtagungen findet es statt: Dort tauschen sich Männer über Wege zur Selbsterkenntnis und inneren Zufriedenheit aus. Dort fachsimpeln Gleichgesinnte, wie sie am besten ihren emotionalen Ballast in den Griff bekommen und innere Barrieren lösen können. Und dort geben sich angehende Verführungskünstler gegenseitig Ratschläge, wie man sich positiv motivieren und selbst verwirklichen kann. Solche Männer verwenden viel Zeit und Energie darauf, ihr *inner game* zu perfektionieren.

Verführungsprofis haben eine ganz eigene Sprache gefunden, die all dem (eigentlich doch so unmännlichen) Gerede über die Psychologie menschlichen Verhaltens und das Seelenheil des flirtverunsicherten Mannes die nötige Coolness verleiht. Sagen wir mal so: Endlich können auch Männer zuckerfreie Cola bestellen, seit sie *Coke zero* heißt und im maskulinen Schwarz daherkommt. Es ist alles nur eine Frage des Marketings.

Auf www.pickupedia.com erfährt der angehende Verführungskünstler nun, dass ein absoluter Anfänger in Liebensdingen AFC *(average frustrated chump)* genannt wird, ein durchschnittlich frustrierter Loser also, der sich wohl oder übel selbst am Schopf packen muss, wenn er jemals sein Glück bei den Frauen finden will. Als *opener* gelten solche Meinungsfragen oder Gedankenspiele, die beim Ansprechen einer Frau als Eisbrecher fungieren und den Einstieg erleichtern sollen. Es gibt die sogenannte *3-second-rule,* die drei Sekunden nämlich, die einem bleiben, um eine Frau auch wirklich anzusprechen, bevor der innere Schweinehund dazwischenfunkt und es zu einer Blockade im männlichen Gehirn kommt. Und natürlich gibt es das *hot babe,* das es im Idealfall zu erobern gilt.

So eigentümlich uns sowohl die Terminologie der Verführungskünstler als auch deren Regeln erscheinen mögen, so deutlich spiegelt sich darin doch eine grundsätzliche Idee des Pick-ups wider: Wenn sich der Erfolg beim Flirten nicht so recht einstellen will, sucht ein echter Profi die Schuld zunächst bei sich selbst und versucht etwas an seiner Einstellung und an seinem Verhalten zu ändern. Die Fortgeschrittenen unter den Verführungskünstlern haben erkannt, dass Sprüche wie »Heute ist einfach nicht mein Tag« oder »Die ist eh nicht mein Typ« im Grunde nichts als billige Ausreden sind. Der eigentliche Grund, warum es mit dem anderen Geschlecht oft nicht so klappt wie erhofft, sei fast immer mangelndes Selbstbewusstsein, weiß Robert Bednarek, Leiter einer Flirt-Schule in München. Die meisten Verführungskünstler versuchen daher erst einmal, an ihrem Selbstvertrauen zu arbeiten. Sie haben klar erkannt: Nur wer das *inner game* perfekt beherrscht, wird erfolgreich verführen können.

Das gilt im Übrigen nicht nur für die Männer.

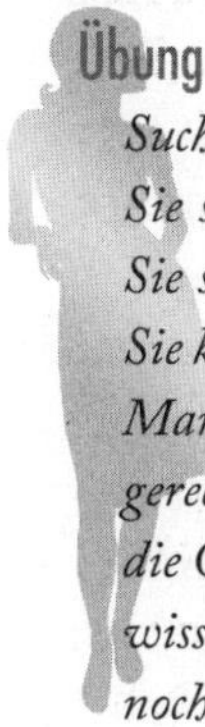

Übung 4

Suchen Sie sich einen Flirt-Tipp aus der Pick-up-Szene aus. Nehmen Sie sich einen Klassiker vor. Gehen Sie ganz pragmatisch vor. Suchen Sie sich am besten etwas aus, das Sie nicht sonderlich gut beherrschen. Sie können sich nicht vorstellen, innerhalb von nur drei Sekunden einen Mann anzusprechen? Ihnen wäre es ein wenig unangenehm, sich ausgerechnet mit einer Meinungsfrage einem Mann zu nähern. Und an die Gutaussehenden trauen Sie sich erst recht nicht ran? Sehr gut. Dann wissen Sie nämlich genau, wo es hakt und in welcher Hinsicht Sie sich noch verbessern können. Setzen Sie genau da an.

Das weibliche Rollenbild

Wir sind eine Generation von Frauen, denen Alice Schwarzer eigentlich schon die meiste Arbeit abgenommen hat. Wir können uns in unserer Gesellschaft frei bewegen. Wir haben im Prinzip gleichberechtigten Zugang zu Arbeit und Bildung. Wir werden in keinem Lebensbereich mehr grundlegend benachteiligt.

Andererseits gibt es noch immer genügend »Anpassungsschwierigkeiten«. Der Anteil an Frauen in den oberen Führungsetagen ist deutlich geringer als der der Männer. Noch immer sind es mehrheitlich Frauen, die sich irgendwann zwischen Beruf und Familie entscheiden müssen. Und noch immer gibt es das absurde Phänomen, dass Frauen bei gleicher Arbeit weniger Geld erhalten als ihre männlichen Kollegen. Natürlich könnte alles noch viel besser sein. Und dennoch: Unterm Strich sind die Erfolge der Emanzipationsbewegung deutlich erkennbar.

Auch was das Thema Flirt angeht, hat sich mit der Emanzipation einiges getan: Ich kann heute in eine Bar gehen und mich von einem Mann auf einen Drink einladen lassen. Ich kann aber genauso gut in eine Bar gehen und selbst einen Mann auf einen Drink einladen, wenn mir danach ist. Das ist im Prinzip völlig egal. Wir können tun und lassen, was wir wollen. Beim Flirten allemal.

Trotz oder gerade wegen all der Freiheiten ist das Problem vieler Frauen heute, dass sie überhaupt nicht mehr wissen, wie sie es anstellen sollen, einen Mann zu verführen. Meine Mutter hat mir beigebracht, wie ich mit einer Bohrmaschine umgehe. Heute kann ich mein IKEA-Rollo selber aufhängen. Aber wie man Männer bezirzt, das hat mir meine Mutter nicht mit auf den Weg gegeben. Für sie war es wichtig, dass meine Schwestern und ich eine gute Ausbildung und damit gleiche Chancen für die Zukunft erhielten. Das traditionelle weibliche Rollenbild erschien ihr und vielen anderen Müttern überholt und entsprach nicht mehr ihren emanzipierten Vorstellungen. Viele von uns Töchtern haben das Flirten nie gelernt.

Aber es gab immer auch solche Mädchen, die heute ebenfalls gut ausgebildet und beruflich erfolgreich sind und die dennoch etwas von Männern verstehen. Das waren meist diejenigen, die als Kinder immer genügend Taschengeld und jede Menge Spielzeug besaßen, weil sie es vortrefflich verstanden, ihre Väter um den Finger zu wickeln. Mädchen mit geflochtenen Zöpfen und einem Faible für hübsche Kleider.

Von meinen Schwestern und mir gibt es nur Kinderfotos mit rutschenden Socken und praktischen Kurzhaarfrisuren. Manchmal hätte ich mir einen Vater gewünscht, der nicht nur für eine gute Ausbildung gesorgt, sondern auch das Mädchenhafte in uns bestärkt hätte.

Die Rollenbilder, die wir von unseren Müttern gelernt haben, sind nur bedingt geeignet, Männer zu verführen. Wir sind in einer Welt aufgewachsen, in der man Mädchen in lustige Ringelpullis und Schlabberhosen gesteckt hat. In der Schule wurden wir zum Werken und nicht in den Handarbeitsunterricht geschickt und beim ersten Liebeskummer wollte man uns weismachen, dass es doch sowieso nur auf die inneren Werte ankomme.

Heute sind wir gebildet, kultiviert und eigenständig – aber nicht unbedingt sexy. Wir stehen mit beiden Beinen im Leben, aber uns fehlt oft jegliche Spur von weiblicher Anmut und Raffinesse. Wir verhalten uns unauffällig und stehen nicht gerne im Rampenlicht. Wir vermeiden aufreizende Kleidung, bewundernde Blicke und glamouröse Auftritte. Wir versuchen stattdessen mit Wissen und Intellekt zu glänzen. Und wir scheinen uns in unserer Rolle als Frau nicht besonders wohl zu fühlen.

Gene oder Gesellschaft?

Sind wir das Produkt unserer Biologie oder das Ergebnis der gesellschaftlichen Umwelt? Sowohl als auch. Unsere Eigenschaften sind nur zum Teil biologisch determiniert. Das meiste ist gesellschaftlich konditioniert – das heißt, wir haben unser Verhalten erlernt. Von unseren Eltern, von Lehrern, von Freunden, von den Medien. Einiges bewusst, vieles unbewusst. Wir lernen, im Schmerz die Zähne zusammenzubeißen, der Sympathie freien Lauf zu lassen, Mitleid zu äußern oder mit der Schadenfreude hinterm Berg zu halten. Fürs eigene Überleben sind solche Eigenschaften im Grunde unerheblich. Doch wir haben gelernt, dass wir im zwischenmenschlichen Miteinander damit deutlich besser fahren. Die Wissenschaft nennt diesen Bereich menschlicher Eigenschaften das »sozial reflexiv formbare Mitbringsel« – einer der wesentlichen Unterschiede zwischen Mensch und Tier.

Diesen erlernten Teil unseres Verhaltens können wir verändern. Durch unseren Willen. Plötzlich. Von einem Tag auf den anderen. Scheu und Unsicherheit etwa sind anerzogene Verhaltensweisen –

eine soziale Limitierung, kein Charakterzug. Wer bislang mit Unsicherheit oder Schüchternheit zu kämpfen hat, der kann das in Zukunft ändern. Man muss nur etwas dagegen tun.

Ich behaupte nicht, dass das einfach wäre. Aber immerhin haben wir einen gewissen Spielraum: Wir können uns verändern, wenn wir es nur wollen – und hartnäckig unser Ziel verfolgen.

Wie unser Verhalten geprägt ist

Wenn ich merke, dass ich mit der schüchternen Nummer bei Männern nicht weiterkomme, dann kann und muss ich daran etwas ändern. Mir bleibt gar nichts anderes übrig, als mein Verhalten zu adaptieren und eine geeignetere Strategie zu wählen. Das nennt man evolutionäre Logik. Auch das menschliche Verhalten unterliegt einer gewissen Entwicklungsdynamik. Gut angepasstes Verhalten setzt sich nun mal klar besser durch als weniger gut angepasstes.

Das ist allerdings gar nicht so einfach. In jeder Situation vergleicht unser Gehirn unterbewusst das, was wir gerade erleben, mit zurückliegenden Ereignissen. Womöglich mit negativen: So einen gutaussehenden Typen in Lederjacke habe ich doch schon mal angesprochen – und damals eine Abfuhr erhalten. Sofort schlägt mein Hirn Alarm. Stress. Unsicherheit. Nervosität.

Was ich in so einem Moment tue? Ich atme einmal kräftig durch. Ich stelle mir vor, wie ich als umschwärmter Filmstar von Männern bewundert und hofiert werde. Ich verändere meine Körpersprache. Ich bin schön. Ich bin begehrenswert. Ich kann sie alle haben. Es ist mir egal, ob ich einen Korb bekomme.

Der Nächste, bitte.

Es ist erstaunlich, wie unmittelbar andere Menschen auf das reagieren, was man ausstrahlt. Ich habe die Erfahrung gemacht, dass wir uns unsere Wirklichkeit sehr wohl aussuchen können. Mehr noch: Wir können sie sogar ganz entscheidend beeinflussen – und zwar allein durch unseren Willen und mit der richtigen Einstellung.

Vieles in unseren Köpfen ist mit bestimmten Gefühlen verknüpft.

Diese »Verkabelungen« in unserem Hirn sind verantwortlich für unser Denken und Handeln. Wichtig ist nur, dass wir von jetzt an die positiven Verknüpfungen aktivieren und die negativen so weit wie möglich ignorieren.

Wie soll ich einen Mann davon überzeugen, dass ich eine begehrenswerte Frau bin, wenn ich mich selbst nicht dafür halte? Ich muss davon überzeugt sein, dass ich die absolute Traumfrau für ihn bin. Das ist der Ausgangspunkt jedes erfolgreichen Flirts. Am Anfang steht die Analyse meiner Denk- und Verhaltensweisen. Dann muss ich die Glaubenssätze verändern, die bislang mein Denken und mein Verhalten limitieren. Erst dann kann ich mein Auftreten ändern und eine Rolle einnehmen, die ich frei wähle.

Die Analyse meiner Denk- und Verhaltensweisen

Warum bin ich, wie ich bin? Was bestimmt mein Verhalten? Im Gegensatz zu Männern denken Frauen häufiger über solche Kernfragen des Lebens nach, grübeln über ihre Persönlichkeit. Männer machen lieber Sport, gehen in die Kneipe oder kaufen sich ein dickes Auto, wenn sie von Selbstzweifeln geplagt werden.

Männliche Gehirne sind (allein aufgrund der Körpergröße) im Durchschnitt größer als die von Frauen. Die Zahl der Nervenzellen indes unterscheidet sich kaum – weibliche Gehirne sind einfach dichter gepackt. Forscher vermuten jedoch, dass das Gehirn der Männer stärker in einzelne, voneinander mehr oder weniger getrennte Bereiche unterteilt ist. Das könnte erklären, warum sie Informationen anders trennen und speichern.

Bei Frauen sind beide Gehirnhälften meist stärker vernetzt. Sie verfügen offenbar über ausgeprägtere Faserverbindungen und einen größeren Hippocampus, eine Gehirnstruktur, die an der Verknüpfung von Gefühlen und Erinnerungen beteiligt ist. Frauen speichern Informationen nicht in gleicher Weise ab wie Männer. Dinge, die sie beunruhigen, spuken Frauen meist unaufhörlich im Kopf herum, sobald sie erst einmal aufgetaucht sind. Und die einzige sinnvolle

Möglichkeit für eine Frau, mit derartigen Dingen umzugehen, ist, darüber zu reden.

Verdrängen oder grübeln – keine der beiden Varianten ist besser oder schlechter. Männer haben nur seltener mit einem spezifischen Folgeproblem zu kämpfen: Sie neigen weniger dazu, sich mit existenziellen Fragen ihr Gehirn zu zermartern und am Ende alles in Frage zu stellen.

Es ist gut, über sich und sein Leben nachzudenken. Es ist wichtig, mich selbst genau zu kennen, wenn ich mich verändern möchte. Es ist ganz entscheidend, herauszufinden, was mich bislang daran gehindert hat, Männer zu verführen und erfolgreich an mich zu binden. Aber es ist nie ein Grund, an mir selbst zu zweifeln.

Im Marketing lautet eine der wichtigsten Grundregeln: »Doubt your marketing, not your product.« Fürs Flirten gilt das genauso. Wenn es um die Suche nach einem geeigneten Partner geht, darf ich grundsätzlich nie an mir selbst zweifeln, sondern allenfalls mein Vorgehen in Frage stellen.

Ich gehe also ganz pragmatisch vor und versuche mir folgende Fragen zu stellen, um mich dem Kern der Sache zu nähern:

- Von wem versuche ich, Aufmerksamkeit und Anerkennung zu bekommen?
- Warum suche ich diese Aufmerksamkeit und Anerkennung?
- Wovor laufe ich davon?
- Was an meiner Persönlichkeit stammt von mir selbst?
- Was habe ich von anderen übernommen?
- Was davon würde ich gerne ablegen?

Diese Fragen helfen mir dabei, mich selbst zu beobachten und herauszufinden, warum ich mich verhalte, wie ich mich verhalte. Ich will von jetzt an meinen eigenen Weg finden. Ich will meine Glaubenssätze bewusst wählen. Ich will selbst die Verantwortung für mich und für mein Denken und Handeln übernehmen. Ich will meine Schwächen und Eigenheiten kennen. Ich will mein Leben kontrollieren. Ich will aber auch lernen, wie ich beim Flirten von einem Punkt zum nächsten komme. Ich will entscheiden, mit welchem Mann ich zusammen bin. Ich möchte wissen, welches Vorgehen welche Reaktion beim anderen hervorruft. Ich will auch den Flirt kontrollieren.

Männer sind nicht der Mittelpunkt meines Lebens. Männer sind darin ein wunderbares Kapitel. Aber mein Leben kreist nicht um Männer. Ich selbst stehe im Zentrum meiner eigenen Geschichte.

Lange Zeit war mein Verhalten davon bestimmt, mich nach den Erwartungen anderer zu richten. Ich habe die Kontrolle über mein Leben an andere abgegeben, um zu gefallen, um Bestätigung zu bekommen. Ich will das aber nicht mehr. Ich will die Kontrolle über mein Leben behalten. Doch dazu musste ich erst lernen, mein Glück und meine Zufriedenheit nicht von der Anerkennung anderer abhängig zu machen.

Übung 5

Beantworten Sie oben stehende Fragen. Sie brauchen sich nicht gleich ein Notizbüchlein zu kaufen und dort Ihre intimsten Geheimnisse festhalten. Sie müssen sich auch keine Merkzettel an den Spiegel pinnen. Denken Sie einfach mal über die Fragen nach. Beim Haarewaschen. In der Schlange an der Kasse. Beim Autofahren. Finden Sie heraus, was Sie daran hindert, die Frau zu sein, die Sie eigentlich sein möchten. Und ändern Sie etwas daran, wenn Ihnen nicht gefällt, was Sie herausfinden.

Das eigene Denken beeinflussen

Ich habe mal einen der ganz großen Verführungskünstler Europas getroffen. Den kroatischen Superstar Daniel Nesse alias Badboy. Nesse hat mir das Geheimnis seines Erfolgs verraten. Er hat mir erklärt, dass die perfekte Verführung im Kopf beginnt – schon morgens mit dem Aufwachen. Jeden Morgen stellt er sich die immer gleichen Fragen: Warum bin ich so begehrenswert? Warum bin ich so sexy? Warum verspürt jede Frau dieses unweigerliche Verlangen, in meiner Nähe zu sein? Badboy nennt solche Fragen sein persönliches Mantra, eine Art Meditation, durch die es ihm möglich war, in die höheren Sphären der Verführungskunst aufzusteigen.

Badboy hinkt schwerfällig auf der Bühne des Tagungsortes umher, an dem ich beobachten kann, wie er nicht nur Frauen, sondern auch sein vornehmlich männliches Publikum verführt. Auf seinem kahlrasierten Schädel zeugt eine hufeisengroße Narbe von dem Tag, an dem er während des Balkankriegs von einem Heckenschützen niedergestreckt wurde. Seitdem ist er halbseitig gelähmt. Und doch ist er einer der größten Frauenhelden Europas.

Auch wenn Badboy nicht die besten Voraussetzungen mitbringt, was seine Wirkung auf Frauen angeht, so ist seine Ausstrahlung doch ungemein faszinierend. Es ist sein männlich dominantes Auftreten, das Frauen unweigerlich in seinen Bann zieht. Wenn Badboy auch nur eine Sekunde an seinem Erfolg zweifeln würde, keine Frau würde sich für den hinkenden Kroaten interessieren. Aber sie alle spüren seinen unglaublichen Willen, seine kompromisslose Haltung und seine grenzenlose Zuversicht. Auch ich konnte mich dem kaum entziehen.

Bei Frauen ist das kein bisschen anders. Wenn ich auch nur eine Sekunde an meinem Erfolg zweifle, werde ich scheitern. Aber warum sollte ich Angst vor Männern haben? Warum stelle ich meine Wirkung auf Männer in Frage? Warum traue ich mir nicht zu, jeden Mann erobern zu können?

Das ist wie beim Karate-Training. Wenn ich beim Durchschlagen eines soliden Holzscheites nicht daran glaube, dass ich das Brett zerlegen kann, werde ich mir die Hand brechen. Wir alle wissen aber, dass es möglich ist, ein dickes Brett aus hartem Holz mit der bloßen Hand in zwei Hälften zu trennen. Meine Freundin Jasmin hat das in einem Selbstverteidigungskurs einmal getan. Und zwar als eine der ersten Übungen. Wie das funktioniert? Der Kursleiter hatte erklärt, dass man das Brett schon vorher in Gedanken durchschlagen müsse, noch bevor man zum eigentlichen Schlag ansetzt. Also fokussierte Jasmin ihre ganze Aufmerksamkeit auf den Moment nach dem Schlag und holte erst dann aus. Das Brett zerbrach, als wäre es ein Streichholz.

Karate ist das beste Beispiel dafür, dass der Körper nur ein Abbild des Geistes ist.

Übung 6

Halten Sie sich immer vor Augen: Wenn ein Mann wie Badboy beim Flirten und Verführen so ungemein erfolgreich sein kann, dann können Sie es erst recht. Schließlich sind Sie eine Frau und haben in jeglicher Hinsicht die besseren Voraussetzungen. Entwickeln Sie Ihr ganz persönliches Mantra. Konzentrieren Sie sich auf die Glaubenssätze, die Ihnen dabei helfen, Ihre Ziele zu erreichen. Was auch immer Sie formulieren, darin vorkommen sollte auf jeden Fall: Sie sind einzigartig. Sie sind attraktiv. Und Sie sind begehrenswert.

Die eigenen Grundsätze ändern

Kaum ein Mensch zweifelt heute mehr am Erfolg von Autogenem Training. Solche Kurse gibt es inzwischen an jeder Volkshochschule. Autogenes Training ist eine weitverbreitete und anerkannte Methode zum Abbau von Stress und psychosomatischen Störungen. Seine Wirksamkeit ist in zahlreichen Studien belegt.

Autogenes Training ist nichts anderes als eine auf Autosuggestion basierende Entspannungstechnik. Das Prinzip: Körperliche Entspannung ist durch bestimmte Empfindungen gekennzeichnet. Die

Entspannung der Gliedmaßen beispielsweise führt zu einem Schweregefühl, eine gute Durchblutung zu einem Gefühl der Wärme. Umgekehrt kann ich durch völlige Konzentration auf die Empfindung selbst ihre körperliche Ursache herbeiführen. Ich kann mir also im Geist vorstellen, wie meine Arme und Beine warm werden, und damit willentlich beeinflussen, dass Arme und Beine de facto besser durchblutet werden.

Das ist keine Zauberei. Das ist messbar. Es ist das Ergebnis einer besonders intensiven Vorstellungskraft und lässt sich an der Oberflächentemperatur der Haut nachweisen.

Ich bin nicht esoterisch veranlagt. Ehrlich gesagt, bin ich schon Homöopathie gegenüber äußerst skeptisch. Ich habe mal einen Yoga-Kurs besucht und verspürte bereits beim ersten gemeinschaftlichen »Om« einen deutlichen Fluchtimpuls. Ich glaube allerdings, dass dem menschlichen Willen eine enorme Kraft innewohnt.

Mit genau dieser Kraft widersetzte sich die Sängerin Anastacia einer bösartigen Krankheit. Genauso gelangen Spitzensportler aufs Siegerpodest. Erfolge im Spitzensport erreicht man nicht nur durch Talent und Disziplin, sondern zu einem beträchtlichen Anteil auch durch mentales Training. Und nach diesem Prinzip funktionieren im Grunde auch Karate, Yoga, Meditation oder Selbsthypnose.

Warum also nicht die Kraft des menschlichen Willens für die Verführung nutzen? Badboy und die anderen Verführungskünstler haben das längst erkannt.

Für Frauen ist diese Idee völlig neu.

Die richtigen Glaubenssätze wählen

Ich gehe zur Kasse mit einem Paar Sommersandalen und bin gerade im Begriff, dafür einen dreistelligen Betrag hinzublättern. Eigentlich ein Wahnsinn für das bisschen Sohle mit zwei Riemchen. Noch während ich meinen Geldbeutel aus der Tasche hole, packen mich erste Zweifel. Soll ich die Schuhe wirklich kaufen? Muss ich die unbedingt haben? Doch noch im selben Augenblick fängt mein Gehirn an, nach einer Rechtfertigung zu suchen: Die Schuhe sind wahrscheinlich besonders gut verarbeitet. So etwas hat nun mal seinen Preis. Das sind eben Designerschuhe. Damit rennt dann wenigstens nicht jede rum …

In der Psychologie ist dieser innere Konflikt als »kognitive Dissonanz« bekannt. Auch Marketingstrategen kennen das für sie unliebsame Phänomen und fürchten die sogenannte Kaufreue des potenziellen Kunden.

Was steckt dahinter? Menschen können es nicht ausstehen, wenn sich ihr Handeln im Konflikt mit ihren Überzeugungen befindet. Wann immer es geht, versuchen wir, diesen Zustand zu vermeiden und unser Handeln mit unseren Überzeugungen in Einklang zu bringen. Wir suchen nach einem nachvollziehbaren Grund. Wir legen uns Argumente zurecht, um den Kauf dieser irrsinnig teuren Schuhe zu rechtfertigen. Unser Gehirn sammelt Information, die im Sinne der getroffenen Entscheidung wahrgenommen und gedeutet werden können. Argumente, die die Richtigkeit der getroffenen Entscheidung in Frage stellen würden, werden dagegen tendenziell ausgeblendet. Das macht aus dem Schuhkauf zwar noch immer keine vernünftige Entscheidung, aber wir fühlen uns ganz einfach wohler damit.

Das heißt aber auch, unsere Wahrnehmung ist im höchsten Maße selektiv.

Und was bedeutet das für den Flirt? Das menschliche Hirn besteht im Grunde aus zwei unterschiedlichen Persönlichkeiten, einer denkenden und einer beweisführenden. Die denkende Hälfte ist flexibel, sie denkt sich alles Mögliche. Die beweisführende Hälfte versucht zu beweisen, dass die denkende recht hat. Dazu sammeln wir selektiv solche Informationen, die die These der denkenden Hälfte bestätigen, während wir widersprechende Informationen einfach abwehren oder nicht beachten. Wenn wir also etwas nur überzeugend genug denken, dann werden wir auch genügend Beweise dafür finden, dass es stimmt.

Wir nehmen die Realität so wahr, dass sie unsere Glaubenssätze untermauert. Umgekehrt prägen bestimmte Einstellungen und Überzeugungen unsere Wahrnehmung. Deshalb kommt es beim Flirten ganz entscheidend darauf an, dass wir die richtigen Glaubenssätze auswählen.

Übung 7

Überlisten Sie Ihr Gehirn. Konzentrieren Sie sich auf die beweisführende Hälfte. Zählen Sie alle Gründe auf, warum sich jeder Mann unweigerlich zu Ihnen hingezogen fühlt. Dass diese Liste ausnahmslos positiv ausfallen sollte, versteht sich hoffentlich von selbst.

Welche Glaubenssätze schränken meine Denkweisen und Verhaltensmuster ein? Ich habe sie auf einen Zettel geschrieben und Beweise dafür gesucht, dass diese Glaubenssätze falsch sind. Die Verführungskünstler nennen das *Reframing*. Wie das funktioniert? Ich muss mich nur intensiv darum bemühen, Dinge zu ändern, mit denen ich mir selber im Wege stehe. Jede Limitierung (z. B. Schüchternheit) ist im Grunde nur eine Illusion. Ich kann sie ersetzen. Ich bin einfach nicht mehr die Schüchterne und Zurückhaltende. Ich begebe mich aus der Deckung und ergreife die Initiative. Ich verändere meine Glaubenssätze und arbeite so lange daran, bis sie Realität werden.

Man braucht etwa 30 Tage, um eine unliebsame Eigenschaft durch eine neue zu ersetzen, hat mir einmal ein Hypnosetrainer verraten. Auch die amerikanische Flirt-Spezialistin Tracey Cox behauptet, dass man sich neue Angewohnheiten viel schneller aneignet, als man denkt. Anfangs mag es vielleicht schwierig erscheinen, eine neue Annäherungsstrategie zu erlernen – zum Beispiel das Kompliment eines Mannes nicht schüchtern abzuwehren, sondern sich mit einem Lachen und einer anerkennenden Bemerkung zu revanchieren. Cox behauptet, ihrer Erfahrung nach dauert es in etwa drei Wochen, bis erste Erfolge eines veränderten Verhaltens spürbar sind.

Doch ganz gleich, wie lange es nun im Einzelnen dauern mag, eines ist sicher: Ich kann mir meine Glaubenssätze aussuchen, und sie werden über kurz oder lang meine Denk- und Verhaltensweisen beeinflussen.

Übung 8

Sie sind der Meinung, dass Sie immer nur von den ganz jungen Kerlen (den verheirateten Männern, den uninteressanten usw.) angesprochen werden? Es ist wie ein Fluch. Alle Männer über 30 (die unverheirateten, die interessanten usw.) scheinen Sie überhaupt nicht wahrzunehmen. Ignorieren Sie diesen Glaubenssatz und ersetzen Sie ihn durch einen neuen. Sagen Sie sich, für eine Zeitspanne von mindestens drei Wochen: »Ich treffe immer wieder auf Männer meines Alters (auf Unverheiratete, auf interessante Männer), und sie alle reißen sich darum, mich kennenzulernen.« Achten Sie auf Ihre Wahrnehmung. Achten Sie auf Ihr Verhalten … und was tatsächlich passiert!

Ziele definieren

Ich habe mich also hingesetzt und Glaubenssätze notiert, die mir helfen, meine Ziele zu erreichen. Mir hat es geholfen, mir klarzumachen, was ich genau möchte. Will ich die große Liebe finden? Den Mann fürs Leben? Will ich aufregenden Sex? Will ich mehrere Liebhaber? Will ich einen Mann, der mich umsorgt?

Dann habe ich mein Ziel formuliert. Ich habe mir klargemacht, warum ich dieses Ziel verfolge.

Als Nächstes habe ich mir überlegt, was mich alles von diesem Ziel abhielt: Ich fühlte mich nicht attraktiv genug. Ich war unsicher. Ich habe mich zu Hause verkrochen. Ich habe mir eingeredet, dass die guten Männer sowieso schon alle vergeben sind usw.

Daraufhin habe ich meine Glaubenssätze geändert:

- Ich bin attraktiv und begehrenswert. Es gibt keinen Mann, den ich nicht erobern kann.

- Ich genieße mein Leben. Mein persönliches Glück und meine Zufriedenheit stehen im Vordergrund.
- Ich brauche keinen Mann, um glücklich zu sein. Aber jeder Mann kann sich glücklich schätzen, wenn ich in sein Leben trete.
- Jede Interaktion mit einem Mann verbessert meine Fähigkeit im Umgang mit Männern. Ich habe nichts zu verlieren. Ich kann nur dazulernen und mit jedem Mal besser werden.
- Ich gehe aus, um Spaß zu haben, und nicht, um einen Mann zu finden.
- Ich habe mir eine lustvolle und spielerische Haltung zugelegt. Ich strahle Unbeschwertheit und Zuversicht aus.
- Ich kann alles erreichen, was ich will.

Ich habe festgestellt, dass es für mich besser funktioniert, wenn ich meine Grundsätze radikal und schlagartig verändere, anstatt mich Schritt für Schritt meinem Ziel zu nähern. »Wer vom Fünfmeterbrett springen möchte, der sollte nicht erst mit dem Dreimeterbrett anfangen, sondern gleich vom Zehnerbrett springen«, so Flirt-Profi Robert Bednarek. Er rät den Männern, die in seine Seminare kommen, sich auch mal an den Typ Supermodel heranzuwagen, wenn sie lernen wollen, sich den schönsten Frauen der Stadt zu nähern. Nur so verlieren sie ihre Hemmungen und verfallen am Ende nicht in »Schreckstarre«, wenn die wirkliche Traumfrau plötzlich vor ihnen steht.

Jeder Psychologe oder Therapeut würde vermutlich davon abraten. Zu groß sei die Herausforderung. Lieber anfangs kleine Ziele setzen. So werden erste Erfolge schneller sichtbar. Und die Enttäuschung ist nicht so groß.

Viele Pick-up-Artists beweisen das Gegenteil – und warum sollte es bei uns Frauen anders sein? Warum sollte ich mich erst vorsichtig an den unscheinbaren Bankangestellten herantasten, wenn auch ich Größeres im Sinn habe? Warum sollte ich nicht gleich aufs Ganze gehen und mich an die richtig tollen Kerle heranwagen, wenn ich lernen will, jeden Mann zu erobern? Auch ich riskiere sonst, wie gelähmt an der Supermarktkasse zu stehen, wenn mein Traummann plötzlich vor mir steht.

Ich will mir die Männer aber aussuchen. Also darf auch ich vor großen Herausforderungen nicht zurückschrecken. Ich werde in Zukunft selbst entscheiden, welche Grundsätze mein Leben bestimmen und in welchem Tempo ich meine Ziele erreichen möchte.

Verhaltensmuster ändern

Ob ich meine Verwandlung nun radikal vollziehe oder mich Schritt für Schritt meinem Ziel nähere, im Grunde gibt es vier Schlüsselsätze, die mich auf diesem Weg begleiten:

- Ich achte darauf, was ich denke. Es wird zu dem, was ich sage.
- Ich achte darauf, was ich sage. Es wird zu dem, was ich tue.
- Ich achte darauf, was ich tue. Es formt meinen Charakter.
- Ich achte auf meinen Charakter. Er bestimmt mein Schicksal.

Bis hierher ist nun schon einiges erreicht: Ich bin mir meiner bisherigen Denk- und Verhaltensweisen bewusst geworden. Ich habe die dahinterliegenden Glaubenssätze verändert. Ich habe mir neue Ziele gesetzt. Doch nun muss ich mich noch auf folgende Punkte konzentrieren, um mein Verhalten grundsätzlich zu ändern:

1. Unsicherheit überwinden

Weibliche Unsicherheit speist sich im Wesentlichen aus zwei Faktoren: Zum einen haben Frauen fast immer etwas an ihrem Äußeren auszusetzen. Zum anderen geben sie sich grundsätzlich eher zurückhaltend, verhalten sich lieber unauffällig und sind es nicht gewohnt, sich in Szene zu setzen. Im Gegensatz zu den meisten Männern haben Frauen häufig eine gewisse Scheu davor, Aufmerksamkeit auf sich zu lenken oder sich in den Mittelpunkt zu drängen.

Viele Frauen haben, wenn es um ihr Aussehen geht, ein katastrophales Selbstwertgefühl. Wenn ich abends vor dem Fernseher sitze, bin ich immer wieder erstaunt, mit welcher Selbstsicherheit und Souveränität sich hingegen so mancher Mann mit deutlich weniger optischen Vorzügen, ungewaschenen Haaren und einem schlecht sitzenden Anzug vor der Kamera präsentiert. Vermutlich lässt auch diesen Mann der nackte Oberkörper von David Beckham vor Neid erblassen. Aber Männer machen sich weitaus weniger Gedanken darüber, wie sie von anderen wahrgenommen werden. Natürlich unterliegt der weibliche Körper in unserer Gesellschaft einem viel strengeren Schönheitsideal. Aber Frauen sind auch viel empfänglicher für derlei Druck von außen.

Laut der bereits genannten Studie sind nur zwei Prozent der befragten Frauen mit ihrem Körper zufrieden. Rein rechnerisch müssten also 98 Prozent der Frauen eine problematische Figur haben. Die habe ich allerdings noch nirgendwo gesehen. Und zwar weder tagsüber in den Büros oder auf der Straße noch abends in den Cafés und Lokalen. Wo sollen die denn bitte schön sein? Da kann doch etwas nicht ganz stimmen. Und zwar – wenn wir ehrlich sind – mit der weiblichen Wahrnehmung.

Viele Frauen scheinen sich in ihrer Rolle nicht besonders wohl zu fühlen. Sie vermeiden aufreizende Kleidung und die Inszenierungen der eigenen Weiblichkeit. Aber auch dagegen können und sollten wir etwas tun. Ich habe irgendwann damit angefangen, vollkommen *overdressed* auf Partys zu erscheinen. Im Abendkleid auf ein Punk-Rock-Konzert. Im Glitzertop in den Biergarten. Ich habe es völlig übertrieben. Das Ergebnis: Es hat sich noch nie jemand beschwert. Ich falle auf. Das ist aber auch alles. Und ich habe gelernt, meinen Auftritt zu genießen.

Peinlich? Unangenehm? Und wenn schon. Wenn ich mich verändern möchte, dann muss ich lernen, meine ganz persönlichen Peinlichkeitsgrenzen zu überwinden.

Der amerikanische Flirt-Guru Ross Jeffries empfiehlt Männern, die sich mit dem Ansprechen von Frauen schwer tun, eine etwas eigenwillige Abhärtungstherapie. Er rät ihnen, eine Woche lang mehrmals täglich zu McDonald's zu gehen und nach Pizza oder Sushi zu fragen. Jeffries nennt das »Desensibilisierung von Peinlichkeit«. Nicht wenige Männer bekommen in Gegenwart einer Frau sofort schwitzige Hände, und ihr Puls beginnt zu rasen. Andere kriegen keinen geraden Satz mehr heraus, sobald sie ein Gespräch beginnen. Man kann sich vorstellen, wie einfach und wohltuend es nach dieser Woche bei McDonald's sein muss, einfach *nur* auf eine Frau zuzugehen und mit ihr zu reden.

Wer sich über einen längeren Zeitraum hinweg in dauerhafter Peinlichkeit bewegt, merkt, dass das Gefühl von Peinlichkeit vor allem im Kopf entsteht. Und wenn es nur in unserem Kopf passiert, dann sollte es auch möglich sein, daran etwas zu ändern.

Vielleicht ist eine solche Rosskur nicht für jeden geeignet. Aber schließlich wollen wir uns verändern, um die Frau zu werden, der die Männer zu Füßen liegen. Und wir werden unser Ziel niemals erreichen, wenn wir nicht irgendwann damit anfangen. Natürlich ist es mühsam, die eigenen Unsicherheiten in den Griff zu bekommen. Die meisten von uns wurden in der Familie, in der Schule oder im Beruf eher dazu angehalten, sich möglichst unauffällig zu verhalten. Wir wurden regelrecht darauf konditioniert, ja nicht gegen soziale Normen zu verstoßen. Als Mädchen sollten wir besser nicht zu laut, zu forsch oder gar zu schrill sein.

Dann werden wir allerdings auch nicht gesehen.

Übung 9

Sie können sich vermutlich bereits denken, was ich von Ihnen will? Genau. Takeln Sie sich einmal richtig auf und gehen Sie so in den Supermarkt. Oder ins Eiscafé. Oder zum Zahnarzt. Achten Sie darauf, dass Sie wirklich völlig unangemessen gekleidet sind – vollkommen overdressed, aber natürlich wundervoll anzusehen. Genießen Sie die Reaktionen!

2. Offenheit demonstrieren

Männern wird in Flirt-Ratgebern fast immer geraten, ihre kommunikativen Fähigkeiten zu verbessern. Sie sind angeblich keine großen Kommunikationstalente und haben häufig ein Problem damit, ein Gespräch zu initiieren oder in Gang zu halten. Frauen nicht. Frauen reden gern und viel. Am liebsten mit ihren Freundinnen. Am Telefon. Stundenlang. Was Frauen jedoch oftmals fehlt, ist die nötige Offenheit, auch mit anderen Menschen in Kontakt zu treten.

Mädchen fangen nicht nur früher an zu sprechen. Sie verfügen im Alter von etwa drei Jahren auch über einen beinahe doppelt so großen Wortschatz wie gleichaltrige Jungen. Mädchen gewinnen bei Vorlesewettbewerben. Frauen finden schneller Synonyme als Männer. Neurowissenschaftler erklären solche Beobachtungen damit, dass es Unterschiede gibt, welche Hirnareale beim Sprechen benutzt werden. Das Sprachzentrum von Männern ist in der Regel in der hinteren linken Gehirnhälfte angesiedelt. Frauen dagegen nutzen bei bestimmten Sprachaufgaben auch ihre rechte Gehirnhälfte.

Frauen haben also meist erstaunliche kommunikative Fähigkeiten. Was sie allerdings genauso häufig haben, sind Hemmungen, diese im Umgang mit Männern auch einzusetzen.

Ich rede mit dem Mann am Kiosk über seine Kinder, mit der Frau an der Supermarktkasse über das Angebot an Biofleisch, mit dem jungen Apotheker über Musik und Konzerte. Ich rede mit allen. Über alles Mögliche. Aber anfangs habe ich nur mit denen geredet, die ich bereits kannte.

Dann habe ich angefangen, mit Fremden zu reden, wann immer sich eine Gelegenheit dazu ergeben hat. Ganz bewusst. Beispielsweise in der Warteschlange vor dem Kino, im Buchladen, im Museum. Der britische Charisma-Trainer Marcus Oakey hat mir einmal eine sehr nette Lernhilfe verraten: Wann immer ich jemandem Geld in die Hand drücke, sei es an der Kasse im Supermarkt oder der Bedienung im Café, »erkaufe« ich mir damit quasi das Recht, mich mit demjenigen auch zu unterhalten. Also nutze ich das.

Schließlich habe ich angefangen, gezielt nach gutaussehenden Männern Ausschau zu halten, an die ich mich sonst nicht heranwagen würde. Nicht, um mit ihnen zu flirten, sondern nur um mich mit ihnen zu unterhalten. Übers Wetter. Über Alltägliches. Ohne weitere Absicht. Einfach nur so.

Ich bin viel unterwegs. Ich gehe gerne auf Partys und in Konzerte. Ich lerne ständig neue Menschen kennen. Ich erweitere mein soziales Netzwerk. Aber ich bin nicht dauerhaft auf der Suche. Ich habe erkannt, dass jede Interaktion mit anderen Menschen mir hilft, offener zu werden und meine kommunikativen Fähigkeiten zu verbessern.

Es gibt keine verlorene Kommunikation.

Übung 10

Gehen Sie in eine Bar oder ein Café. Nehmen Sie sich den bestaussehenden Mann vor. Gehen Sie zu ihm und fragen Sie nach der Uhrzeit (dem nächstgelegenen Restaurant, dem Ergebnis des gestrigen Fußballspiels usw.). Gehen Sie daraufhin gleich wieder weg. Fangen Sie keinesfalls ein Gespräch an. Sie sollen diesmal nicht flirten. Sie üben jetzt erst einmal, auf diesen Typ Mann zuzugehen und ihn anzusprechen. Erst wenn das sitzt, nehmen Sie sich mehr vor.

3. Gelassenheit ausstrahlen

Unter Verführungskünstlern gilt als oberste Priorität, im Gespräch mit einer Frau auf keinen Fall »bedürftig« zu wirken und allzu offensichtlich auf der Suche zu sein. Frauen würden das sofort spüren. Sie hätten dafür einen siebten Sinn. Sie könnten so etwas förmlich riechen.

Männer können das auch. Leider. Und auch für Männer gibt es nichts Unattraktiveres als eine Frau, die verzweifelt auf der Suche nach einem Partner ist.

Was tun?

Zunächst einmal muss ich erkennen, dass das Verhalten der Männer mir gegenüber nichts anderes ist als eine Reaktion auf mein eigenes Verhalten, mein Auftreten, die von mir ausgesendeten Signale. Und trotzdem hat der Flirt erst einmal herzlich wenig mit mir als Person zu tun, sondern viel mehr mit irgendwelchen Stimmungen, Erwartungshaltungen, allgemeinen Sympathien und natürlich den ganz persönlichen Erfahrungen auf beiden Seiten.

Verführungskünstler behelfen sich damit, den Flirt, zumindest in seiner Anfangsphase, als das zu sehen, was er ist: ein Spiel. Ich verstehe mich also als Spieler in einem Spiel, bei dem es, unter anderem, um Strategie und Taktik geht. Das macht die Sache bedeutend einfacher. Denn dieses Spiel funktioniert nach ganz klaren Regeln. Und je besser ich die Regeln kenne, desto wahrscheinlicher wird es, dass ich das Spiel auch »gewinne«.

Dazu muss ich das Spiel möglicherweise eine ganze Weile lang spielen und mich mit den Regeln vertraut machen. Vielleicht muss ich ein bisschen herumprobieren, die Regeln austesten und versuchen, die dahinterliegenden Mechanismen zu erkennen – um sie schließlich kontrollieren zu können. Das ist das eigentliche Ziel. Und diesem Ziel komme ich mit jedem Spiel ein Stückchen näher.

4. Sich gut verkaufen

Letztlich ist der Flirt aber auch ein Geschäft. Es gelten die Gesetze des Marktes. Und ich will mich erfolgreich auf diesem Markt etablieren. Was würde ein gewiefter Verkäufer tun? Der Flirt-Experte Oliver Kuhn hat die geeignete Taktik folgendermaßen beschrieben:

Sagt der Verkäufer: »Das ist unser Modell A. Möchten Sie es kaufen?«

Oder sagt er: »Das ist unser Modell A. Alle wollen es haben. Leider steht es derzeit nicht nur Verfügung. Sie können sich auf einer Warteliste eintragen. Aber allzu große Hoffnung kann ich Ihnen nicht machen.«

Erfolgreiches Marketing funktioniert nach dem sogenannten AIDA-Schema. Dieses Stufenmodell umfasst im Prinzip vier Phasen, die jeder Kunde durchläuft, bevor er sich zum Kauf entscheidet –

nämlich *attention*, *interest*, *desire* und *action*. Ich muss also versuchen, mit meinem Produkt zunächst die Aufmerksamkeit meines Kunden zu erregen, dann sein Interesse zu wecken, ein Bedürfnis zu schaffen und so schließlich zum Kauf animieren. Das Modell stammt von 1898 und berücksichtigt vielleicht nicht das vollständige Reiz-Reaktions-Muster menschlichen Verhaltes, wie wir es heute kennen. Und dennoch laufen nach wie vor viele erfolgreiche Verkaufsgespräche nach diesem Schema ab.

Der wichtigste Aspekt des Verkaufens liegt darin, ein Bedürfnis zu schaffen. Ein Bedürfnis schaffe ich, indem ich die Vorstellungskraft des Käufers anrege. Der Käufer, in diesem Fall der Mann, muss glauben, dass sich sein Leben zum Positiven verändert, wenn er sich für das Produkt, also mich, entscheidet. Ich muss ihm das Gefühl geben, dass er es nirgendwo besser haben wird als bei mir.

Kaufentscheidungen entstehen häufig im Affekt und sind nicht unbedingt das Ergebnis rationaler Erwägungen. Ich kann keinen Einfluss darauf nehmen, wie sich ein Mann entscheidet.

Aber ich kann ihm ein paar verdammt gute Gründe nennen, die seine Entscheidungsfreudigkeit mit Sicherheit erhöhen.

Eine neue Rolle annehmen

Meine Schwester behauptet, sie habe beim Flirten noch nie mit irgendwelchen Tricks gearbeitet oder irgendein strategisches Kalkül entwickelt. Das würde bei ihr immer ganz anders laufen. Und überhaupt wäre das doch schrecklich unromantisch.

Das stimmt *so* natürlich nicht.

Zum einen ist meine Schwester sehr attraktiv, charmant, geistreich und beruflich auch noch ungeheuer erfolgreich. Da lässt es sich natürlich leicht reden. Zum anderen wenden aber gerade die Frauen, denen die Männer scheinbar zu Füßen liegen, genauso ihre Strategien an. Nur sind sie sich darüber selten im Klaren.

Frauen haben eigentlich alles, um die Aufmerksamkeit der Männer auf sich zu lenken. Wozu brauche ich also eine Strategie? Warum sollte ich mich »künstlicher« Hilfsmittel bedienen, wenn mir doch von der Natur so viel mitgegeben ist. Und können solche »Waffen« überhaupt stärker sein als die naturgegebenen, fragt die naive Sacharrissa in *Die Kunst der Verführung*, die dem Thema Strategie in Sachen Liebe ähnlich skeptisch gegenübersteht wie meine Schwester. Doris Langley Moore antwortet darauf mit den Worten der erfahrenen Cypria: »Der Speer ist länger als die Klaue.« Warum sollten wir also nicht darüber nachdenken, unsere Technik zu optimieren, selbst wenn wir eine noch so gute Ausrüstung mitbringen?

Nun möchte ich keine Frau dazu anregen, eine Rolle einzunehmen, die ihr nicht behagt, oder Tricks und Strategien einzusetzen, die ihr eigentlich suspekt sind. Ich möchte allerdings eines deutlich machen: Die Rolle der Verführungskünstlerin kann auch schützen. Ich habe die Körbe, die ich bekommen habe, nicht persönlich genommen. Ich habe sie im Rahmen meiner Ausbildung zur Flirt-Expertin gesehen, als Teil meiner Erforschung zwischenmenschlicher Kommunikation und der Annäherung beider Geschlechter. Auf meinem Weg dahin ist mir vielleicht der eine oder andere tolle Mann durch die Lappen gegangen. Doch jedes Mal habe ich etwas dazugelernt und bin von Mal zu Mal besser geworden. In dieser Hinsicht halte ich mich an den Leitsatz Winston Churchills: »Sometimes you win and sometimes you learn.«

Die perfekte Verführerin ist eine Rolle, die ich anfangs gespielt habe, um unbefangen mit Männern zu kommunizieren und mich ihnen erfolgreich zu nähern.

In dieser Rolle habe ich den Mut aufgebracht, die Aufmerksamkeit der Männer gezielt auf mich zu lenken und ihr Interesse zu wecken. Irgendwann sind die Verführungskünstlerin und ich miteinander verschmolzen und ich habe mich eines Tages nur noch in Gesellschaft solcher Männer wiedergefunden, die auch meinem Ideal von einem Traummann entsprachen.

Sobald ich in die Rolle der perfekten Verführerin geschlüpft bin, war auf einmal alles ganz einfach: Die Unsicherheit und das verkrampfte Gefühl waren verschwunden. Ich hatte nicht mehr mit Herzrasen und Nervosität zu kämpfen. Ich konnte mich auf das konzentrieren, was ich sage und was ich tue. Ich konnte eine leichte und spielerische Haltung einnehmen.

Seither kann ich den Flirt in vollen Zügen genießen.

Das weibliche Auswahlprinzip

In der Tierwelt sind es in der Regel die Weibchen, die sich ihre Partner aussuchen. *Female choice* wird dieses Selektionsverhalten genannt und bedeutet nichts anderes, als dass sich die Männchen mächtig ins Zeug legen müssen, um von den Weibchen überhaupt in die engere Wahl gezogen zu werden. Männliche Tiere verhalten sich den Weibchen gegenüber also grundsätzlich so, dass es ihre Chancen begünstigt, erwählt zu werden. Oder anders gesagt: Sie verhalten sich so, wie die Weibchen es wollen.

Der prächtige Pfauenschwanz, das gewaltige Geweih der Hirsche – männliche Tiere entwickeln ein ausgeprägtes Imponiergehabe, um den Weibchen zu gefallen. Sie versuchen damit, ihre Chancen beim anderen Geschlecht signifikant zu erhöhen. Weibchen assoziieren mit dem männlichen Auftreten Stärke und Durchsetzungsvermögen. Sie erhoffen sich davon Schutz und Fürsorge für sich selbst und ihre Jungen. Sie belohnen diese Strategie, indem sie den Männchen schließlich ihre Aufmerksamkeit schenken.

Female choice in der Tierwelt hat also im Grunde etwas mit weiblicher Belohnung eines angepassten männlichen Verhaltens zu tun. Das Pfauenweibchen hat dem Pfauenmann offensichtlich erfolgreich den Eindruck vermittelt, dass ihm die Zusammenkunft mit ihr das Paradies auf Erden bescheren wird. Sonst würde er wohl kaum ein so eindrucksvolles Rad zur Schau stellen.

Auch das menschliche Verhalten orientiert sich an derart evolutionsbiologischen Kriterien. Das ist allerdings längst in Vergessenheit geraten. Heute setzen wir unser strenges Auswahlprinzip nicht mehr wirksam ein. Dabei sind es noch immer die Frauen, die die Entscheidung für einen Partner treffen. Wir wählen zwar instinktiv Männer mit bestimmten Merkmalen wie etwa kräftige Statur und breite Schultern, weil wir daraus auf die Überlegenheit der männlichen Erbanlagen schließen. Aber uns ist dabei nicht bewusst, dass im Grunde die weibliche Auswahl über die Überlebensfähigkeit unserer gesamten Spezies entscheidet.

Dabei ist *female choice* für die Arterhaltung von großem Interesse. Es ist von der Natur so gewollt, dass wir hohe Ansprüche an die Männer stellen. Dieses Prinzip hat sich seit Hunderttausenden von Jahren bestens bewährt. Also sollten wir diese verantwortungsvolle Aufgabe wieder etwas ernster nehmen.

Übung 11

Fordern Sie männliche Aufmerksamkeiten ein. Bitten Sie einen Mann, Ihnen aus dem Mantel zu helfen, beim Tanken zur Hand zu gehen oder den tropfenden Wasserhahn zu reparieren. Fangen Sie klein an, und fordern Sie immer größere Gefälligkeiten ein. Achten Sie darauf, ob der Enthusiasmus des Mannes, Ihnen zu helfen, gleich bleibt, zunimmt oder abnimmt.

Das Ideal der höfischen Liebe

Burgfräulein und Ritter wussten noch genau, was sie zu tun hatten: Die edle Dame gab sich dem glühenden Verehrer gegenüber zunächst einmal abweisend, unerreichbar und umgeben von etwas Geheimnisvollem. Der tapfere Held durfte jedoch der Dame seines Herzens huldigen, indem er ihr diente und sie zum Mittelpunkt seines geistigen Strebens, seiner Kreativität und seiner Spiritualität machte. Der Ritter musste ihre Schönheit und Tugend unablässig und in den höchsten Tönen loben. Und er verehrte und idealisierte ihre Weiblichkeit als etwas Transzendentes, Göttliches.

Doch um erhört zu werden, musste sich der Ritter lange – und zwar sehr lange – geduldig erweisen. Die höfische Liebe steht im

Grunde für ein unerreichbares Ideal. Auch wenn der romantische Kavalier in Leidenschaft für die hohe Dame entflammt war, so musste er doch in der Regel in unerfüllter Sehnsucht sein großes Verlangen geduldig ertragen. Das wiederum führte zur Herausbildung solch ritterlicher Tugenden wie Beständigkeit, Beharrlichkeit, Treue und unbedingtem Gehorsam. Erst dann entschied die Dame, ob sie den Liebenden erhörte.

Auch Doris Langley Moore propagiert im Grunde eine moderne Version der höfischen Liebe: Der Flirt zwischen Mann und Frau ist ein amüsantes Spiel, bei dem die Frau sich unnahbar gibt und seiner Liebe schier unüberwindliche Hindernisse in den Weg stellt. Erst dadurch lernt der Mann die unstillbare und quälende Sehnsucht der Liebe kennen. Die Zuneigung des Mannes ist auch bei Moore von weiblicher Hand inszeniert. Diskretion, Zurückhaltung und Würde stehen dabei im Vordergrund. Und eines darf der Verehrer niemals versäumen: um die Gunst der Angebeteten zu werben, sonst wird er sie verlieren.

Heute haben die meisten Frauen ihren ehemals hohen Anforderungskatalog durch ein paar neue Tugenden ersetzt. Ein Mann muss nicht mehr unbedingt beharrlich, beständig und heldenhaft sein. Dafür soll er heutzutage Humor und Charme besitzen. Und selbstverständlich gut aussehen. Am besten so wie David Beckham oder George Clooney. Das allerdings ist evolutionsbiologisch betrachtet völlig unerheblich.

Eine Sache haben wir dabei jedoch völlig aus den Augen verloren – nämlich dass Männer uns ihr Können, ihre Fähigkeiten und ihre bedingungslose Liebe erst unter Beweis stellen müssen. Kaum eine Frau verlangt heute mehr von einem Mann, dass er sich möglichst lange in Zurückhaltung übt oder andere ritterliche Tugenden entwickelt, bevor sie seinem Werben auch nur die geringste Beachtung schenkt. Das aber ist seit Hunderttausenden von Jahren sein eigentlicher Auftrag.

Von erfolgreichen Frauen lernen

Wir müssen Männern wieder eine echte Herausforderung bieten, sonst verlieren sie schnell ihr Interesse. Wir können Männer nicht einfach ihrer evolutionsgeschichtlichen Bestimmung berauben. Wir dürfen sie auf keinen Fall darum bringen, Heldentaten zu begehen, um unsere Aufmerksamkeit zu erringen. Denn die hohe Erwartungshaltung an den Mann ist das ganze Geheimnis erfolgreicher Frauen.

Viele Bücher, die sich mit dem Kennenlernen beschäftigen, legen der Frau nahe, sich den Erwartungen der Männer anzupassen. Sie sollen hübsch und einfühlsam sein, die Unterhaltung erleichtern, zustimmend nicken und ihm bewundernde Blicke zuwerfen. Ich glaube, dass solche Strategien nicht geeignet sind, um auf Männer attraktiv zu wirken, wenn dahinter nur der Wunsch steht, zu gefallen. Ich glaube, dass Frauen, die Erfolg bei Männern haben, ihr Verhalten instinktiv am Geschlechterverhältnis unserer Vorfahren orientieren.

Kleopatra beispielsweise hat zwei der mächtigsten Männer ihrer Zeit verführt – Caesar und Marc Anton –, obwohl sie, wie wir heute wissen, nichts von jener blendenden Schönheit hatte, über die die wenigen zeitgenössischen Quellen berichten. Vielmehr trugen laut *FAZ* alle drei von ihr bekannten Porträtbüsten »die wachen, aber scharfen Züge einer hakennasigen Frau«. Und dennoch hat sie sich beide Männer gefügig gemacht, um ihren Traum von einem römisch-ägyptischen Pharaonenreich zu erfüllen.

Beide, Caesar und Marc Anton, haben ihr Leben riskiert (und schließlich verloren), um sich die Zuneigung Kleopatras zu sichern.

Noch mit 42 Jahren und als vierfache Mutter, so die Legende, hat Kleopatra als Frau wie als Politikerin ihren Widersacher Oktavian so sehr beunruhigt, dass er aus Furcht, sie könne ihre Künste auch an ihm erproben, jede Begegnung mit ihr mied und Kleopatra am Ende sogar ermorden ließ.

Heute machen wir es den Männern im Grunde zu einfach.

Das Verhalten unserer weiblichen Vorfahren sollte uns als grundlegende Orientierung im Umgang mit dem anderen Geschlecht dienen: Ich wähle aus. Ich stelle hohe Ansprüche. Ich erwarte von einem Mann, dass er mir erst den Beweis erbringt, meinen Ansprüchen überhaupt zu genügen. Ich demonstriere, dass ich alle Optionen offen habe. In jedem Gespräch. Mit jeder Geste. Immer.

Wie kann ich nun eine entsprechende Haltung vermitteln, ohne dabei abweisend oder gar unnahbar zu wirken? Folgende vier Grundsätze weiblichen Verhaltens im Umgang mit Männern habe ich verinnerlicht:

1. Ich bin anspruchsvoll

Ich honoriere es, wenn ein Mann sich um mich bemüht. Ich nehme keine Einladung für selbstverständlich. Aber ich mache immer auch deutlich, dass sich ein Mann um mich bemühen muss, wenn er meine Aufmerksamkeit erringen will. Ich bin kein Luxusweibchen, darauf aus, mich von Männern beschenken und einladen zu lassen. Aber ich mache durchaus deutlich, dass mich ein Mann nicht interessiert, der eine Rechnung über zwei Espressi getrennt bezahlen möchte. Ich habe beim nächsten Mal einfach keine Zeit mehr.

Es ist für mich völlig selbstverständlich, dass ich an der Kinokasse bezahle, wenn ein Mann mich zuvor zum Essen eingeladen hat. Ich verliere kein Wort darüber. Männer registrieren so etwas sehr genau. Und sie laden mich bei nächster Gelegenheit wieder ein, weil es ihnen Freude bereitet, mir eine Freude zu bereiten. Sie haben nicht den Eindruck gewonnen, dass ich mir einen Sport daraus mache, mich von ihnen aushalten zu lassen.

Ich laufe keinem Mann hinterher. Ich versuche nicht, mit Komplimenten oder Aufmerksamkeiten um seine Gunst zu buhlen. Ich werbe nicht um ihn. Der Mann wirbt um mich. Das ist die richtige Position, aus der heraus ich mich einem Mann nähern sollte. Ich habe nicht vor, ein über Tausende von Generationen hinweg tradiertes Geschlechterverhältnis auf den Kopf zu stellen, nur um irgendwelchen emanzipierten Ansprüchen zu genügen. Es ist emanzipiert, auf eigenen Füßen zu stehen. Aber es ist kein bisschen emanzipiert, einem Mann den Wunsch abzuschlagen, mir eine Freude zu machen.

Ich gebe einem Mann stets die Gelegenheit, mir seine Aufmerksamkeit und seine Fürsorglichkeit zu demonstrieren. Und das ist das größte Kompliment, das ich ihm machen kann.

Übung 12

Gehen Sie aus und nehmen Sie kein Geld mit – nicht um zu schnorren, sondern um sich hofieren zu lassen. Sicherheitshalber können Sie ja einen Notgroschen dabei haben. Aber im Prinzip sollten Sie den unangetastet lassen … und wehe, Sie kommen zu früh oder am Ende völlig nüchtern wieder nach Hause!

2. Ich bin wählerisch

Ich unterhalte mich gerne mit Männern, auch wenn sie nicht meinem Ideal von einem Traummann entsprechen. Ich bin der Meinung, dass jede Unterhaltung meinen Umgang mit dem anderen Geschlecht schult und meine kommunikativen Fähigkeiten verbessert. Ich führe keine nutzlosen Gespräche. Jede Kommunikation ist wertvoll. So erweitere ich mein soziales Netzwerk.

Ich gehe allerdings mit keinem Mann aus, der mir nicht ein ernsthaftes Interesse an meiner Person vermitteln kann. Wenn ich das Gefühl habe, nur schmückendes Beiwerk zu sein und es ihm darum geht, in seinem Freundeskreis zu punkten, bleibe ich lieber zu Hause. Dann kann ein Mann mich weder mit einer Einladung in die Oper noch mit einem Fünf-Sterne-Menü locken. Dafür ist mir meine Zeit einfach zu schade. Schließlich schenke ich einem Mann das Kostbarste, was ich zu vergeben habe, nämlich meine ungeteilte Aufmerksamkeit.

Ich erwarte keine teuren Essenseinladungen und auch keine exklusiven Partys. Aber ich erwarte, dass sich ein Mann etwas Besonderes für mich ausdenkt. Das kann ein Museumsbesuch oder einfach nur ein langer Spaziergang sein. Etwas, dass er gerne mit mir zusammen unternimmt. Ein Mann muss mir deutlich machen, dass er meine Gesellschaft genießt. Und das kann man nicht an der Höhe der von ihm beglichenen Rechnung festmachen.

Ich muss das Gefühl haben, dass die gemeinsam verbrachte Zeit etwas ganz Besonderes für einen Mann ist. Sonst suche ich mir einen anderen.

3. Ich halte mir alle Optionen offen

Ich freue mich über jede Aufmerksamkeit und jedes Kompliment eines Mannes. Aufrichtig und ehrlich. Aber ich bin davon nicht derart beeindruckt, dass ich mich ihm gleich an den Hals werfe. Egal, was es ist.

Ich bin eine Frau. Es gibt viele Männer, die um meine Gunst werben. Ich schenke ihnen allen Beachtung. Ich gebe jedem einzelnen die Gelegenheit, mir sein Interesse zu bekunden. Aber ich lasse mich nicht von einem Mann betören, nur weil er mir mal einen Kaffee spendiert hat. Ich mache mich nicht abhängig von den Aufmerksamkeiten der Männer. Ich halte solche Aufmerksamkeiten für einen soliden Einstieg. Aber ich lege mich nicht so schnell fest. Ich gehe auch keinerlei Verpflichtung ein, nur weil mir ein Mann einen Drink ausgeben möchte. Ich gebe ihm die Gelegenheit, mir eine Freude zu machen. Mehr nicht.

Ich erwarte durchaus viel von einem Mann, der mich ernsthaft interessieren könnte. Und ich gucke mir daher ganz in Ruhe an, was jeder Einzelne von ihnen zu bieten hat.

Ich habe alle Zeit der Welt.

4. Ich bin raffiniert und geheimnisvoll

»Wer bist du, Silvia?«, rätselt Marcello Mastroianni in Fellinis *La Dolce Vita*, gleichermaßen irritiert wie fasziniert. Was ihm ein derartiges Rätsel aufgibt ist nicht Name oder Herkunft seiner Traumfrau, sondern die ungeheuer hypnotische Wirkung, die Anita Ekberg auf ihn ausübt. Seit er sie getroffen hat, kann er einfach nicht mehr von ihr lassen. Er glaubt sich einem Rätsel auf der Spur. Er muss es ergründen. Er kann gar nicht anders. Und genau das macht die Femme fatale für ihn so unwiderstehlich.

Ich mag Verabredungen nicht, in denen erst einmal auf beiden Seiten grundlegende Angaben zur Person ausgetauscht werden. Emotionslos abgefragt wie in einem Polizeiverhör. Ich kann es nicht leiden, wenn ich gleich in den ersten zehn Minuten nach meinem Alter, meinem Beruf, meinen Hobbys und meinen Interessen gefragt werde. Da kann man ja gleich, wie in dem Film *Shoppen*, mit einem mehrseitigen Fragebogen zum Speed-Dating anrücken und erst einmal das jeweilige Allergierisiko oder die bevorzugte Verhütungsmethode abfragen. Da habe ich dann doch eine etwas andere Vorstellung von Romantik.

Ich habe angefangen, die Fragen der Männer einfach nach Lust und Laune zu beantworten. Manchmal tue ich so, als hätte ich die Frage nicht gehört. Manchmal leite ich einfach zum nächsten Thema über. Nicht weil es mir unangenehm wäre. Nein. Der eigentliche Grund ist: Ich möchte gar nicht, dass der Mann, für den ich mich interessiere, gleich alles über mich weiß.

Ich habe mich mal mit einem Russen unterhalten. Er sagte, seiner Meinung nach seien die deutschen Frauen einfach zu direkt und zu ehrlich. Sie würden einem ungefragt von ihren Menstruationsbeschwerden erzählen. »Einen Russen interessiert so was nicht«, meinte Dmitri. Einen deutschen Mann allerdings auch nicht.

Meine Weiblichkeit hingegen soll faszinieren. Ich versuche immer, eine gewisse Spannung aufzubauen. Ich möchte die Neugier des Mannes unbefriedigt wissen. Ich möchte, dass er noch über meine Antworten rätselt, wenn er schon längst wieder zu Hause ist. Ich möchte, dass ich weiter in seinem Kopf herumspuke, auch wenn wir uns gerade nicht sehen. Ich möchte seine Gedanken kontrollieren. Ich möchte, dass er das Gefühl hat, dass mich etwas Geheimnisvolles umgibt, und er sich unweigerlich auf die Suche machen muss, diesem Geheimnis auf die Spur zu kommen.

Nur so ruft er wieder an.

Übung 13

Unterhalten Sie sich mit einem Mann und beantworten Sie nur jede zweite Frage, die er im Gespräch aufwirft. Weichen Sie seinen Fragen aus, oder wechseln Sie einfach das Thema. Achten Sie darauf, ob das Gespräch dadurch ins Stocken gerät oder nicht.

Frauen unterwegs – Teil 3

Samstagabend, kurz nach 22 Uhr. Ich stehe mit meiner Freundin Ines in einer Bar. Wir haben uns zu Hause ausgiebig gestylt und schon mal mit einem Glas Prosecco angestoßen. Ich mag die süße Plörre eigentlich nicht. Aber sie bringt einen tatsächlich in Ausgehlaune. Ein charmanter Schwips, der enthemmt? Aber Vorsicht. Wir haben noch viel vor. Und dazu brauchen wir all unsere Sinne und vor allem einen klaren Verstand – schließlich sind wir in einer Mission unterwegs. Unser Vorhaben: Wir wollen Männer kennenlernen. Der Abend ist noch jung und die Cocktailbar um die Ecke unsere erste Station. Ich trage ein kleines Schwarzes und hohe Schuhe. Ines trägt ein Glitzertop, in dem ihr Dekolleté so richtig zur Geltung kommt. Wir sehen umwerfend aus.

Aber das allein reicht offenbar nicht. Die beiden Typen an der Bar – einer mit dunklen Locken, der andere mit auffallend schönen Händen – ignorieren uns konsequent. Hier treffen wir schnell auf das grundsätzliche Problem, das die Annäherung zwischen Mann und Frau deutlich erschwert: Wir sind zwar in Partylaune und gestylt, was das Zeug hält, aber leider nehmen uns die beiden nicht einmal wahr – und zwar ganz einfach deshalb, weil sie bisher noch kein einziges Mal zu uns herübergeschaut haben.

Das wird wohl erst mal nix mit bewundernden Blicken und einem charmanten Kommentar.

Anscheinend gibt es gerade Wichtigeres zu tun. Die beiden unterhalten sich angeregt über Hubraum, PS und Beschleunigungsfaktor des neuen Firmenwagens. So ein nagelneuer Leasingwagen, da kann man schon mal ins Schwärmen kommen. Von wegen, Männer denken durchschnittlich alle zwei Minuten an Sex.

Was tun? Wir müssen es irgendwie schaffen, uns bemerkbar zu machen. Wir müssen erst einmal auf ihrem Radar auftauchen, bevor wir überhaupt mit irgendwelchen Komplimenten rechnen können. Ich versuche es mit der alten »Haste mal Feuer«-Nummer. Schließlich sind wir extra in einen Raucherclub gegangen. Eigentlich rauche ich nicht mal. Aber was tut man nicht alles für die Kunst.

Der Braungelockte schaut kurz auf. Ein Anflug eines Lächelns huscht über sein Gesicht. So weit, so gut. Offenbar war das Styling schon mal nicht so schlecht. Dann allerdings folgt eine Geste, die mir nun wirklich allen Wind aus den Segeln nimmt.

Der Mann meiner Wahl bietet mir sein Feuerzeug an – aber nicht etwa, indem er schützend die Hand um die Flamme hält und es daraufhin ein Leichtes wäre, ihn am Arm oder an der Hand beinahe unmerklich zu berühren. Fehlanzeige. Er hält nicht mal das Feuer mit ausgestrecktem Arm wenigstens ungefähr in meine Richtung. Nein, es kommt noch viel schlimmer. Er schiebt mir einfach kommentarlos sein Feuerzeug herüber. Und zwar ohne jeden weiteren Blickkontakt. Wie einem Kumpel, mit dem er gemeinsam am Kneipentresen ein Fußballspiel auf der Großleinwand verfolgt – Seite an Seite, im wortkargen Nebeneinander und das schon die ganze erste Halbzeit hindurch.

Kein Wunder, denke ich, dass sich viele Frauen nach ihren ersten zaghaften Versuchen, einen Flirt zu initiieren, entmutigt wieder zurückziehen. Wenn das mal keine Steilvorlage war? Liebe Männer, ich bin empört. Offenbar waren die technischen Details des Neuwagens doch so aufregend, dass man schon mal die grundlegenden Regeln des Flirts vergessen kann. In diesem Fall gebe ich auf. Der Nächste, bitte.

Ines ist an der Reihe. Sie schenkt schon seit einer Viertelstunde ihr geheimnisvollstes Lächeln einem Typen, der alleine an der Wand lehnt und so aussieht, als würde er auf jemanden warten. Sie versucht dennoch ihr Glück. Er grinst verschämt zurück. Also doch in festen Händen? Ines probiert es mit dem Augenbrauen-Trick: Sie hebt nur für einen Sekundenbruchteil ihre Augenlider und lässt sie gleich wieder fallen – der auffordernde Gruß, der angeblich von jedem Mann verstanden wird. Hier in der Bar fragen wir uns allerdings, ob es eher am schummrigen Licht oder am mangelnden Selbstbewusstsein des Mannes liegt. Auf jeden Fall lehnt er noch immer an der Wand. Der Abend gestaltet sich zäh.

Also versucht Ines eine noch perfidere Form des Kokettierens – das Erzeugen von Eifersucht. Sie wendet sich nicht nur ab, sondern sie schenkt ihre Zuneigung obendrein einem anderen. Sie flirtet mit dem Typen zu ihrer Linken. Der freut sich über die plötzliche Aufmerksamkeit und ahnt natürlich nicht, dass er nur Mittel zum Zweck ist. Und wie reagiert der Mann an der Wand? Fühlt er sich herausgefordert, oder gibt er auf? Wie verhält es sich denn nun mit dem Sportsgeist der Männer?

Da schau einer an! Ich-lehne-lieber-mit-dem-Rücken-ander-Wand entpuppt sich plötzlich als echte Kämpfernatur. Schon steht er neben Ines und bietet ihr einen Drink an. Nicht besonders originell, aber im Grunde auch nichts dagegen einzuwenden – ein Klassiker eben. Ines lacht bereits herzerfrischend über einen seiner Witze. Der nette Kerl von links weiß nicht so recht, wie ihm geschieht. Ein Bauernopfer. Der Ärmste.

Aber der Augengruß funktioniert. Und zwar immer und absolut zuverlässig.

Die nächste Bar. Mit einem Tresen wie aus dem Bilderbuch. Eine große U-Form quer durch den Laden. Die Männer aufgereiht wie auf einer Perlenkette. Die komplette Bar von allen Seiten einsehbar. Freier Blick auf die gegenüberliegenden Sitzplätze, dazwischen ein paar Barkeeper, die auch nicht ohne sind. Perfekt.

Wir bestellen zwei doppelte Martini. Als unsere Drinks kommen, lasse ich den hübschen Barkeeper mal Barkeeper sein und konzentriere mich auf den kernigen Typen mit den dunklen Augen und dem sinnlichen Mund, der mir an der Bar direkt gegenübersitzt. Mit meinem Glas in der Hand proste ich ihm zu. Funktioniert eigentlich immer. Schon fange ich an, in freudiger Erwartung mein Kleid zurechtzuzupfen. Doch es kommt ganz anders.

In München ist Oktoberfest. Eine ganze Stadt ist im Ausnahmezustand. Selbst die Turnschuh-Fraktion unter den jungen Mädels trägt plötzlich Dirndl. Regelmäßig im Herbst gerät das Blut der Männer für gut zwei Wochen in Wallung und kommt gar nicht mehr zur Ruhe, denn die feschen Dirndl sind einfach überall. Ich kann das nachvollziehen. So eine Tracht hat es in der Tat in sich. Die betonte Taille, das ausladende Dekolleté, die Kniestrümpfe mit Lochmuster, das samtene Halsband – das ist Sex pur!

Ich warte also drauf, dass sich der Mann, dem ich soeben zugeprostet habe, auf meine Seite der Bar begibt … da klettert eines dieser jungen Dinger unvermittelt auf den Tresen und fängt dort oben an zu tanzen. In aufreizender Pose. Für alle sichtbar. Auf einen gepflegten Drink an meiner Seite kann der kernige Typ da natürlich verzichten. Außerdem hat er mich in dem Augenblick sowieso schon längst vergessen.

Das Mädel tanzt auf der Bar und alle Männer werfen ihr bewundernde Blicke zu. Wer kann ihnen das verübeln. Alkoholpegel hin oder her – die Kleine hat Mut, das muss man ihr lassen. Ich gebe mich geschlagen und überlasse ihr das Feld. Manchmal trifft man eben auf Naturtalente. Das muss man neidlos anerkennen. Dem Dirndl kann ich mit Sicherheit nichts mehr beibringen.

Wenn Sie nach diesem Barbesuch meine ehrliche Meinung hören wollen, wo Sie sich in einem Lokal am besten plazieren, um die Blicke der Männer auf sich zu lenken, dann kann ich Ihnen nur sagen: Setzen Sie sich nicht an die Bar, sondern besser noch *auf* die Bar. Die Aufmerksamkeit ist Ihnen in jedem Fall sicher.

Ines und ich sind schon wieder auf dem Sprung ins nächste Lokal. Auf dem Weg nach draußen will ich mir noch eben Zigaretten holen. Ich stehe vor dem Automaten und nestle auf der Suche nach dem nötigen Kleingeld betont umständlich in meiner Jackentasche herum. Plötzlich haucht eine tiefe Stimme von hinten in mein Ohr: »Kann ich dir behilflich sein?« Ich drehe mich um und sehe dieses mehrdeutig schmutzig-vergnügte Lächeln eines Mannes, der mein kleines Manöver ganz offensichtlich durchschaut – aber gekonnt darauf einsteigt.

Beim Flirten geht es im Übrigen nicht darum, möglichst verdeckt zu agieren. Im Gegenteil. Männer betonen immer wieder, dass sie klare Ansagen brauchen. Nichts Zweideutiges. Keine Metaphern. Aber für so ein vergnügliches Spiel zum Mitspielen, da sind sie natürlich sofort zu haben.

Und so endet der Abend genau so, wie ich mir das vorgestellt habe.

Zweiter Schritt: Die Körpersprache einsetzen

Rund 90 Prozent des Erfolgs einer Anmache hängen von Körpersprache, Tonlage und Timing ab. Das wenigste von dem, was wir sagen, wird über den Inhalt unserer Worte kommuniziert. Mehr als die Hälfte teilen wir über unsere Körpersprache, Gestik und Mimik mit, den Rest über unsere Stimme und den Tonfall. Beim Flirten kommt es also ganz entscheidend auf unsere Fähigkeit an, deutliche Signale auszusenden.

Fast alle Männer stehen auf fröhliche, natürliche und selbstbewusste Frauen. Ich muss daher schon mit meinem Auftreten und meiner Körpersprache deutlich machen, dass ich genau so eine Frau bin. Auch damit, *wie* ich etwas sage. *Was* ich hingegen sage, dafür interessiert sich erst mal so gut wie keiner. Mein Blick und mein Lächeln spielen daher eine umso größere Rolle. Deshalb werde ich auf beides genauer eingehen, bevor wir uns der Körpersprache allgemein zuwenden.

Der verführerische Blickkontakt

Wenn ich einen Raum betrete, komme ich mit jedem Mann, der mich interessieren könnte, ins Gespräch. Alle kommen sie zu mir und wollen sich mit mir unterhalten. Wie ich das mache? Ganz einfach. Ich blicke ihnen direkt in die Augen.

Der Blick einer Frau ist eine Aufforderung. Ich signalisiere damit Interesse und Gesprächsbereitschaft. Ich gebe dem Mann die Erlaubnis, sich mir zu nähern. Ich sage kein Wort. Ich schaue ihn einfach nur an. Das versteht selbst der Mann, dessen Sensoren im Allgemeinen etwas weniger entwickelt sind. Der auffordernde Blick einer Frau wird weltweit verstanden. Trotz kultureller Unterschiede sind grundlegende Körpersignale überall gleich.

Menschen spüren es, wenn man sie ansieht. Auch wenn sie gerade nicht in meine Richtung schauen. Blicke sind unsichtbare Energien, die einen Raum bestimmen. Ich kann zu jedem Mann Kontakt aufnehmen. Ich muss nur den Mut haben, ihn direkt anzusehen.

Unsere Augen sind ein viel stärkerer Katalysator für das, was wir sagen, als Worte. Wenn meine Augen nicht lachen, wird mir niemand abnehmen, dass ich mich über das fünfteilige Rührschüssel-Set freue, das mir ein Freund gerade zum Geburtstag geschenkt hat. Er wird instinktiv merken, dass meine Begeisterung nur vorgetäuscht ist – und sich hoffentlich im nächsten Jahr für ein Präsent mit etwas mehr Sexappeal entscheiden. Genauso kann mein sehnsüchtiger Blick mich auch verraten – und zwar der, den ich meinem überaus attraktiven Nachbarn zuwerfe, der zu allem Überfluss auch noch Single ist. Er wird bemerken, dass ich ihm nur etwas vormache, wenn ich behaupte, nicht im Geringsten an ihm interessiert zu sein. Nein, nein. Rein nachbarschaftlich. Na klar ... So richtig überzeugend kommt das nicht, wenn ich ihm dabei schmachtende Blicke zuwerfe.

Manche Menschen können ihre wahren Gefühle besser verbergen als andere. Doch grundsätzlich gilt: Augen lügen nie. Mehr noch, sie sind sogar unsere schärfste Waffe. Es gibt keine Emotion, die wir nicht durch unsere Augen mitteilen können. Und das, was wir mit unseren Augen ausdrücken, sind unsere wahren Emotionen. Wir können einem Mann alles Mögliche sagen, ohne auch nur ein Wort darüber zu verlieren. Aber er wird es trotzdem verstehen. Die Fähigkeit, mit unseren Augen zu sprechen, wird meist völlig unterschätzt. Auf unserem Weg zur Verführungskünstlerin sollten wir diese Fähigkeit sorgsam kultivieren.

Übung 14

Gehen Sie auf eine Party und nehmen Sie direkten Blickkontakt zu den anwesenden Herren auf. Zählen Sie, mit wie vielen Männern Sie am Ende tatsächlich ins Gespräch gekommen sind.

Der Flirt mit Blicken

Wir sind darauf konditioniert, in der Öffentlichkeit den direkten Blickkontakt zu meiden. Wir wollen die Privatsphäre des anderen nicht verletzen. Und wir möchten auf keinen Fall zudringlich wirken. Gerade Frauen blicken häufig schnell wieder weg, wenn ein Mann sie ansieht. Sie wollen bloß keinen falschen Eindruck erwecken. Die meisten Frauen sind sich der Wirkung ihres auffordernden Blicks offenbar bewusst.

Wenn ein Mann mich ansieht und ich seinen Blick erwidere, hebe ich oft schnell und nahezu unmerklich die Augenlider – eine subtile Geste, die sagt: »Ja, genau dich schaue ich an.« Mein flirtender Blick kann aufmerksam und aufgeregt, herausfordernd und kokett, liebevoll und bewegt sein. Wenn mein Blick den gegenwärtigen Beziehungsspielraum erweitert, ist er zum Flirten geeignet.

Ich blicke einem Mann fest in die Augen, wenn ich den Eindruck habe, dass sein Selbstbewusstsein eine derart eindeutige Aufforderung erträgt. Solche Männer sind allerdings selten. Wenn ich denke, dass ein Mann grundsätzlich eher schüchtern und zurückhaltend ist, wende ich meinen Blick schnell wieder ab, sobald sich unsere Blicke streifen. Ganz bewusst. Denn was beim Flirt mit Blicken absolut entscheidend ist (und was jeder Mann mit Sicherheit überprüfen wird): Ich schaue gleich darauf wieder zu ihm hin. Nur wenige Sekunden, nachdem ich meinen Blick abgewendet habe. Der Mann wird es bemerken. Er wird sich meines Blicks vergewissern wollen. Jeder Mann tut das. Automatisch.

Das Selbstbewusstsein eines Mannes mag vielleicht nicht ausreichen, meiner direkten Aufforderung nachzukommen. Doch wenn ich mich selbst ein wenig scheu und unsicher gebe und das mit meinem abgewendeten Blick signalisiere, kann ich auch die Männer erreichen, die sich mit dem Ansprechen generell etwas schwertun. Etwa den charmanten Mann von der Buchhandlung, mit den braunen Locken und dem verhuschten Lächeln, der immer ein wenig rot wird, wenn ich mich an ihn wende. Ich bin dazu übergegangen, im

Gespräch mit ihm einfach für einen kurzen Moment meinen Blick zu senken. Und siehe da, schon ist er wieder in seinem Element. Auf einmal lässt er sich gar zu einem Kompliment hinreißen – jetzt, wo er die »Führung« übernommen hat. So einfach ist das.

Selbst solche Männer, die im Augenblick gar nicht in Flirt-Laune sind, wird ein abgewendeter Blick kombiniert mit wiederholtem längerem Blickkontakt herausfordern. Das kann man gut auf Kinderspielplätzen an einem Sonntagvormittag testen. Da dürfen die Muttis nämlich zu Hause eben mal die Beine hochlegen (oder aber den Sonntagsbraten vorbereiten), und Papa geht mit Junior zum Schaukeln. Die meisten Männer dort sind natürlich in festen Händen. Doch mein scheuer Blickkontakt wird auch deren Ehrgeiz packen. Mit Sicherheit. Das männliche Ego wird selbst dem Vater auf dem Spielplatz einreden, dass sein Blick bei mir eine deutliche Wirkung hinterlassen hat.

Ich muss einem Mann natürlich immer das Gefühl vermitteln, dass er den Blickkontakt mit Frauen perfekt beherrscht. Nicht ich habe die Initiative ergriffen. Ich habe nur subtile Signale ausgesendet. Und der Mann wird der festen Überzeugung sein, er hätte den ersten Schritt gewagt. Doch ich kontrolliere den Flirt. Und zwar nach allen Regeln der Kunst.

Der britische Sozialpsychologe Michael Argyle hat festgestellt, dass die durchschnittliche Blicklänge in einem Gespräch zwischen einer und drei Sekunden beträgt, je nachdem, wer gerade spricht. In der Regel sehen wir unseren Gesprächspartner deutlich länger an, wenn wir ihm zuhören, nämlich 80 Prozent der Zeit. Wenn wir selbst reden, blicken wir unser Gegenüber nur zwischen 40 und 60 Prozent der Zeit an.

Wenn ich zu einem völlig Fremden Kontakt aufnehmen möchte, halte ich meinen Blick am besten nur zwei Sekunden und schaue dann zu Boden (Vorsicht: ein seitwärts abgewandter Blick wirkt desinteressiert). Dieser Blick sollte genügen, um Interesse zu signalisieren und gleichzeitig den Jagdinstinkt eines Mannes zu wecken.

Die amerikanische Psychologin Monica Moore hat allerdings herausgefunden, dass viele Männer nicht in der Lage sind, den auffordernden Blick einer Frau sofort zu entschlüsseln. Moore rät daher, den ersten Blickkontakt zwei-, dreimal zu wiederholen, so dass auch der Durchschnittsmann ihn wahrnehmen kann. Bei besonders hartnäckigen Fällen, so Moore, müsse man das Spiel einfach bis zu fünfmal wiederholen.

Wir haben es bei den Männern aber noch mit einem ganz anderen Problem zu tun. Frauen haben in der Regel ein größeres peripheres Sehvermögen als Männer. Ihr Blickfeld umfasst mindestens 45 Grad rechts und links von ihrem Kopf sowie oberhalb und unterhalb ihrer Nase. Insgesamt können Frauen also fast 180 Grad einsehen. Diese hochentwickelte Fähigkeit war für ihre traditionelle Rolle als Mutter und Nesthüterin von großer Bedeutung. Nur so konnten sie kleinste Veränderungen sofort bemerken und Gefahren rechtzeitig abwehren. Männer hingegen haben einen sogenannten Tunnelblick. Das heißt, ein Mann kann klar und deutlich Dinge wahrnehmen, die sich direkt in seinem Blickfeld ereignen. Auch über größere Entfernungen hinweg. Beinahe wie mit einem Fernglas. Dazu haben Männer so etwa Ähnliches wie Scheuklappen entwickelt, damit ihr Blick nicht vom eigentlichen Ziel abgelenkt wird. Sie haben sozusagen die perfekte Fernsicht.

Ein Mann kann ohne Probleme eine Antilope am Horizont erspähen. Allerdings kann es ihm leicht passieren, dass er die aufregende Brünette übersieht, die ihm schon seit einiger Zeit freundlich zuwinkt, sich aber dummerweise etwas weiter links und damit außerhalb seines Blickfelds plaziert hat.

Vergewissern Sie sich, ob ein Mann Sie auch wirklich sieht, bevor Sie sich ins Zeug legen. Sonst nützt auch die ausgefeilteste Flirt-Technik nichts.

Die verschiedenen Blickvarianten

Tagelang habe ich mich in belebten Geschäftsstraßen und Bürogebäuden herumgetrieben und versucht, die Logik des perfekten Augenkontakts zu entschlüsseln. Die Sache mit dem Tunnelblick hat sich sofort bestätigt. Männer haben mich tatsächlich nicht wahrgenommen, wenn ich einen ungünstigen Winkel gewählt habe. Von Blickkontakt ganz zu schweigen. Also habe ich meinen Versuchsaufbau optimiert und bin direkt in das Blickfeld der Männer hineingelaufen. Dann allerdings, das muss man wirklich sagen, haben sie mich selbst in der hintersten Ecke jeder noch so großen Hotellobby erspäht. Ich musste erst auf ihrem Radar auftauchen. Dann konnte ich sie auch noch so kurz anschauen. Sie haben es meistens sofort bemerkt. Männer können nun mal sehr gut fixieren.

Sobald ein Mann meinen Blick erwidert hat, habe ich ihn angelächelt. Besonders wirkungsvoll ist der Blick mit leicht hochgezogenen Augenbrauen. Diese Geste ist wie ein Gruß. Ich signalisiere, dass ich den anderen wahrgenommen habe. Jemand, der bei einer Begrüßung nicht die Augenbrauen hebt, wird Untersuchungen zufolge sogar als potenziell aggressiv wahrgenommen.

Ich hebe die Augenbrauen nur für einen Sekundenbruchteil und lasse sie gleich wieder fallen. Das lenkt die Aufmerksamkeit auf mein Gesicht. Dann können tiefere Blicke folgen.

Die hochgezogene Augenbraue ist ein sehr deutliches Signal. Sie wird weltweit eingesetzt, um aus einiger Entfernung zu grüßen. Die einzige Kultur, die diese Geste missversteht, ist die japanische. Dort gilt ein Blick mit hochgezogenen Augenbrauen als unhöflich oder gar anstößig und hat meist eine eindeutig sexuelle Konnotation. (Kann man ja vielleicht auch mal brauchen, falls einem ein attraktiver Japaner über den Weg läuft.)

Ich habe den Test in der Lobby eines Hotels gemacht. Ich habe mich an einen strategisch günstigen Platz gesetzt und jedes Mal meine Augenbrauen hochgezogen, wenn jemand an mir vorbeiging. Das Ergebnis: Die meisten antworten mit der gleichen Geste und lächeln zurück. Männer wie Frauen. Viele kamen sogar auf mich zu und fingen ein Gespräch an.

Doch warum wirken hochgezogene Augenbrauen vor allem auf Männer so anziehend? In *Warum Männer lügen und Frauen immer Schuhe kaufen* haben die Erfolgsautoren Allan und Barbara Pease erklärt, dass die Augen einer Frau größer erscheinen, wenn sie ihre Augenbrauen und Lider hebt. Frauen imitieren damit ein »Babygesicht«, und das hat eine starke Wirkung auf Männer: Es setzt Hormone im männlichen Gehirn frei, die bei einem Mann den Wunsch stimulieren, die Frau zu beschützen und zu verteidigen. Frauen zupfen ihre Augenbrauen oder fahren sie mit einem Kajalstift nach, um sie optisch weiter nach oben zu rücken. Männer springen genau darauf an.

Übung 15

Sie können sich bereits denken, was ich von Ihnen will? Ganz genau. Gehen Sie in eine Bar, suchen Sie sich einen strategisch günstigen Platz aus, und testen Sie den Augenbrauengruß. Und das Wichtigste: Sie gehen nicht eher nach Hause, bis Sie nicht mindestens zehn Männern auf diese Weise Ihr Interesse bekundet haben. Sie finden in der Bar keine zehn Männer, die Ihnen interessant erscheinen? Egal. Dann sehen Sie das Ganze eben als notwendige Übung und nehmen sich auch mal die weniger interessanten Exemplare zur Brust. Auf jeden Fall bleiben Sie so lange, bis mindestens zehn Männer auf Ihr Flirt-Signal reagiert haben. Keine Widerrede.

Eine weitere Variante ist der aufschauende Blick. Der Blick von unten nach oben mit leicht gesenktem Kopf ist eine unterwürfige Geste, die Männer vor allem deswegen anspricht, weil die Augen dadurch größer wirken und die Frau insgesamt kindlicher erscheint. Das ruft bei allen Männern fürsorgliche Gefühle hervor. Jede Frau hat diesen Blick in ihrem Repertoire. Schon die kleinen Mädchen lernen so, ihre Väter zu bezirzen. Eine, die diesen Blick perfektioniert hat, war Lady Diana Spencer. Sie konnte mit dieser Gestenkombination in der ganzen Welt Mitgefühl für ihre gescheiterte Ehe hervorrufen. Frauen, die den aufschauenden Blick einsetzen, tun dies normalerweise nicht bewusst. Aber die meisten spüren deutlich, dass sie damit eine ganz bestimmte Wirkung erzielen.

Übung 16

Bitten Sie einen Mann, Ihnen die Getränkekisten ins Auto zu wuchten. Fragen Sie einmal einfach nur ganz höflich. Setzen Sie ein anderes Mal dazu einen klassischen Diana-Augenaufschlag ein und lächeln Sie schüchtern. Welcher Mann zeigt mehr Enthusiasmus, der erste oder der zweite?

Das unwiderstehliche Lächeln

Es gibt sie, die Zauberformel des perfekten Flirts. Es ist eine sehr einfache Möglichkeit, die eigene Attraktivität um ein Vielfaches zu steigern und andere Menschen mühelos für sich zu gewinnen: das Lachen. Das bestätigen wissenschaftliche Untersuchungen immer wieder. Lachende Menschen werden grundsätzlich sympathischer eingeschätzt als nicht lachende Menschen. Und was noch viel wichtiger ist: Wer uns sympathisch ist, den finden wir auch attraktiv.

Frauen lachen deutlich mehr als Männer. Sowohl bei privaten als auch bei geschäftlichen Anlässen. Frauen lachen auch intensiver und häufiger, wenn sie einem Mann gegenübersitzen, den sie interessant finden.

Bei gesellschaftlichen Anlässen, so die Autoren Allan und Barbara Pease, lächeln Frauen etwa 87 Prozent der Zeit, Männer nur 67 Prozent. Bei Frauen ist das reflexartige Lächeln besonders ausgeprägt, weil ihre gesellschaftliche Rolle es von jeher von ihnen verlangte, Spannungen innerhalb einer sozialen Gruppe, etwa im Familienverbund, zu lösen. Lachen ist eine besänftigende und harmonisierende Geste, die geeignet ist, konfliktträchtige Situationen zu entschärfen. Andererseits ist das Lachen eine Geste der Unterwerfung. Wir hören das sicher nicht gerne, aber Frauen passen sich beim Flirten instinktiv dem dominanten Verhalten der Männer an. Sie reagieren mit einer regressiv unterwürfigen Körpersprache und fangen automatisch an zu lächeln. Und genau das finden Männer attraktiv.

Das Bemerkenswerte an einem Lächeln ist, dass es den anderen veranlasst, sich zu revanchieren. Wer jemanden anlächelt, dessen Lächeln wird in der Regel erwidert. Lachen hat also immer etwas Verbindendes. Wir neigen dazu, instinktiv den Gesichtsausdruck desjenigen zu kopieren, der uns anlächelt. Wir spiegeln unser Gegenüber, und genau das löst beim anderen positive Empfindungen aus.

Ich lache gerne. Spontan und ohne erkennbaren Grund. Egal, in welcher Situation. Einfach so. Mir gefällt die Vorstellung, dass sich jemand durch mein Lächeln plötzlich besser fühlt als noch wenige Sekunden zuvor. Das ist ein wunderbares Geschenk. Und die meisten wissen das zu schätzen.

Das natürliche und fröhliche Lachen

Das Lachen ist ein Reflex auf einen bestimmten Reiz. Jemand erzählt uns einen Witz oder kitzelt uns an den Füßen. Dass sich daraufhin unsere Gesichtsmuskeln um den Mund und um die Augen herum zusammenziehen, ist für gewöhnlich ein unwillkürlicher Akt. Im Gesicht selbst werden etwa 17 Muskeln bewegt. Am ganzen Körper sind es bis zu 80 Muskeln. Wir bewegen die Augenbrauen, die Nasenlöcher weiten sich, der Jochbeinmuskel zieht die Mundwinkel nach oben, die Augen verengen sich. Aber auch unsere Atmung beschleunigt sich, und manchmal krümmen wir uns sogar vor Lachen.

Die Muskeln, die an der Seite des Gesichts verlaufen und mit den Mundwinkeln verbunden sind, können wir bewusst zusammenziehen. So werden die Mundwinkel zurückgezogen, die Zähne werden sichtbar und unsere Wangen wirken größer. Die Muskelpartien jedoch, die beim Lachen die Augen verengen und die Augenbrauen bewegen, agieren unabhängig von unserem Willen und drücken meist unsere wahren Gefühle aus. Es gibt das sogenannte falsche Lächeln, bei dem einfach nur die Mundwinkel nach oben gezogen werden. Und es gibt ein Lachen, das natürlich und echt wirkt, weil sich die Muskeln an Mund und Augen zusammenziehen.

Ein echtes Lächeln wird unbewusst erzeugt, weil wir Freude empfinden und bestimmte Signale an entsprechende Stellen in unserem Gehirn schicken, die wiederum bewirken, dass nicht nur unser Mund lacht, sondern wir auch unsere Augen zusammenkneifen und die Augenbrauen dabei leicht senken. Dieses Lachen wird Duchenne-Lächeln genannt, nach dem französischen Wissenschaftler Guillaume-Benjamin Duchenne, der schon im frühen 19. Jahrhundert das Lachen mittels elektrophysiologischer Untersuchungen und Stimulationen erforschte. Es gilt als das wahre menschliche Lachen.

Die amerikanische Flirt-Spezialistin Tracey Cox unterscheidet zwischen drei Formen – dem einfachen Lächeln, dem sogenannten Oberlippenlächeln und dem breiten und offenen Lächeln. Bei der einfachen Variante (1) lächle ich so, als ob ich mir selbst im Spiegel zulächle. Ich ziehe leicht meine Mundwinkel nach oben, aber ich entblöße dabei nicht meine Zähne. Ich lächle langsam und geheimnisvoll. Dieses Lächeln, so Cox, sei das richtige Lächeln, um Interesse zu signalisieren. Ein breites Lächeln (2), bei dem ich die obere Zahnreihe zeige, ist dagegen ganz und gar nicht geheimnisvoll. Es wirkt eher freundlich als flirtend. Dieses Lächeln schenken wir beispielsweise Freunden. Wenn ich bereits mit einem Mann im Gespräch bin, sollte ich es nutzen, um mit Offenheit und Fröhlichkeit zu bezaubern. Das offene Lächeln (3), bei dem auch die untere Zahnreihe sichtbar wird, folgt meist auf ein echtes Lachen oder geht dem voraus, hat aber mehr mit Ausgelassenheit als mit einem subtilen Flirt zu tun. Alle drei Varianten sollten Sie jedoch beherrschen.

Ich habe einen kleinen Mund und schmale Lippen. Ich bin weit davon entfernt, mit dem Schmollmund einer Angelina Jolie die Aufmerksamkeit der Männer auf mich zu ziehen. Aber ich lache mit meinen Augen. Und das kann auf andere ebenso attraktiv wirken. Ich habe das vor dem Spiegel ausprobiert. Die verschiedenen Varianten des Lachens. Ich habe lange trainiert, bis ich das schüchtern-verlegene Lächeln einer Prinzessin Diana genauso beherrscht habe wie das herausfordernde Lachen einer Femme fatale. Der Unterschied ist enorm. Die Wirkung auch.

Was aber tun, wenn ich aufgeregt oder angespannt bin? Wenn ich versuche, ein künstliches Lächeln aufzusetzen, es aber bestenfalls fertigbringe, meine Mundwinkel ein Stück weit nach oben zu ziehen? Die erforderlichen Muskeln in den Augenwinkeln wollen einfach nicht gehorchen?

Im Schauspielunterricht lernt man, wie ein aufgesetztes Lächeln nicht aufgesetzt wirkt. Wichtig ist die Emotion hinter dem Lächeln: Ich wende mich für einen Moment ab und erinnere mich an eine lustige Begebenheit oder einen Witz, der mich garantiert zum Schmunzeln bringt. Schon tritt das schönste und strahlendste Lächeln auf mein Gesicht. Auch die Augen lachen mit. Dieses Gesicht wende ich nun meinem Gegenüber zu. Und der wird das Lächeln sofort auf sich beziehen.

Wenn ich fröhlich wirken möchte, denke ich an etwas Fröhliches. So einfach ist das. Aber das Beste daran: Mit dem Lachen selbst kommt auch die Fröhlichkeit. Wer viel lacht, dem begegnen nicht nur andere häufiger mit einem Lächeln. Auch das eigene Lachen kann bei mir für gute Laune sorgen. Der amerikanische Psychologe Richard Davidson von der Universität in Wisconsin konnte nachweisen, dass selbst ein bewusst herbeigeführtes Lächeln bestimmte Bereiche im Gehirn aktiviert und somit den Lächelnden in einen Glückszustand versetzen kann.

Wir lächeln also nicht nur für andere. Wir lächeln auch für uns selbst. Und genau dieses Lächeln macht uns so unwiderstehlich.

Übung 17

Üben Sie alle drei oben beschriebenen Varianten des Lächelns. Vor dem Spiegel. In aller Ruhe. Die müssen Sie einfach draufhaben. Unbedingt.

Die Körpersprache als weibliche Topdisziplin

Frauen sind in der Regel Meisterinnen darin, sich ohne Worte mitzuteilen. Und sie können – meist besser als Männer – die feinen Nuancen erspüren, die über Körpersprache, Lautäußerungen, Tonfall oder andere mit den Sinnesorganen wahrnehmbare Veränderungen ausgesendet werden. Diese hochentwickelten Fähigkeiten sind auf ihre von der Biologie zugewiesene Rolle als Mutter und Nesthüterin zurückzuführen. In den ersten Jahren der Kindererziehung sind Mütter fast ausschließlich auf eine nonverbale Kommunikation angewiesen. Daher sind Frauen im Vergleich zu Männern mit viel feiner eingestellten Sensoren ausgestattet. Wir haben also auch in dieser Hinsicht einen strategischen Vorteil.

Es gibt allerdings genügend Männer, die unsere differenzierten körpersprachlichen Signale überhaupt nicht deuten können. Psychologen der Harvard University haben das in einem Experiment nachgewiesen. Männlichen und weiblichen Testpersonen wurde einen Kurzfilm ohne Ton gezeigt, in dem sich ein Paar unterhält. Das Ergebnis: Nur 42 Prozent der Männer konnten die Unterhaltung des Paares richtig deuten. Bei den Frauen waren es dagegen 87 Prozent.

Es gibt also ein echtes Verständigungsproblem zwischen Mann und Frau.

Meinen körpersprachlichen Ausdruck kann ich gezielt trainieren. Schauspieler tun das. Ihr Körper ist das Instrument, auf dem sie spielen. Frauen betonen beim Flirten gerne ihre weibliche und zarte Seite. Sie tun das ganz automatisch. Frauen haben dafür ein facettenreiches Spiel zur Verfügung. Nur setzen sie diese Fähigkeiten viel zu selten bewusst ein. Als Instrument des erfolgreichen Flirts.

Die Körpersprache verführerischer Frauen

Die amerikanische Psychologin Monica Moore von der Websters University hat herausgefunden, dass eine Frau, die mehr als 35 Flirt-Signale pro Stunde aussendet, in dieser Zeit von mindestens vier Männern angesprochen wird. Die Psychologin kann sogar mit neunzigprozentiger Sicherheit voraussagen, ob eine Frau aufgrund der von ihr ausgesendeten Signale von einem Mann angesprochen wird oder nicht. Es ist uns also im Prinzip möglich, allein mit unserer Körpersprache einen Mann dazu zu bewegen, auf uns zuzukommen – und zwar mit einer ziemlich hohen Trefferwahrscheinlichkeit. Das Ergebnis dieser Studien: Beim Flirten führt eindeutig die Frau.

In einem Experiment testeten die amerikanischen Psychologen Debra Walsh und Jay Hewitt in einer Cocktail-Lounge die Wirkung des Blickkontakts in Kombination mit einem Lächeln. Sie instruierten eine attraktive Frau, an einem Tisch Platz zu nehmen, sich einen Mann auszugucken, wiederholt Blickkontakt herzustellen und zu lächeln. Das Resultat: 60 Prozent der so animierten Männer folgten der stummen Aufforderung und trauten sich an den Tisch der Dame. In einer zweiten Variante nahm die Frau zwar Blickkontakt auf, lächelte aber nicht. Das Ergebnis: Die Dame wurde nur von 20 Prozent der Männer angesprochen. Und in einer dritten Variante schaute die Dame niemanden an. Folglich fand auch keiner den Mut, sich ihr zu nähern.

Das ganze Geheimnis verführerischer Frauen liegt demnach darin, wie sicher sich ein Mann fühlen kann, dass sie möglicherweise etwas von ihm will. Das heißt aber auch: Ob eine Frau angesprochen wird, hängt weniger von ihrem Aussehen ab, sondern vor allem davon, was sie mit ihrer Körpersprache vermittelt. Eine Frau kann also ein noch so aufregendes Kleid anhaben, wenn sie trotzdem jeglichen Blickkontakt vermeidet, nicht lächelt und mit einer geschlossenen Körperhaltung signalisiert, dass sie nicht angesprochen werden möchte, dann werden Männer ihr auch keine Beachtung schenken.

Übung 18

Machen Sie den Test. Gehen Sie in ein Café oder eine Bar und senden Sie 35 Flirtsignale in der Stunde aus. Kommen Sie auf mehr oder weniger als vier Männer, von denen Sie daraufhin freundlich angesprochen werden?

Wer Männer kennenlernen und erobern möchte, der muss vor allem die Fähigkeit besitzen, deutliche Signale auszusenden.

Die gute Nachricht: Frauen machen im Prinzip alles richtig. Sie kehren beim Flirt ganz automatisch ihre zarte und feminine Seite nach außen. Wenn wir einem Mann gegenüberstehen, der uns auch nur halbwegs interessiert, fangen wir automatisch an, etwas höher zu sprechen, unsere Augen aufzureißen, unseren Kopf nach hinten zu werfen, mit unseren Haaren zu spielen oder unsere Kleidung zurechtzuzupfen. Alles Anzeichen, die einem Mann grünes Licht signalisieren.

Wir bringen also alle notwendigen Voraussetzungen und Fähigkeiten mit. Nur setzen wir sie selten auch bewusst ein. Natürlich kann ich, tief dekolletiert, mit dem Anhänger meiner Kette spielen, der zu allem Überfluss auch noch eine spitze Form hat und auf das weist, was ein paar Zentimeter weiter unten zu finden ist. Das ist ein überdeutliches Signal und wird sicher von jedem Mann verstanden. Aber das hat mit Verführungskunst wenig zu tun.

Wir sollten uns an dieser Stelle erst einmal überlegen, was wir mit unserem vielfältigen Repertoire körpersprachlicher Signale überhaupt erreichen wollen. Denn seien wir mal ehrlich: So allzu schwer ist es für eine Frau nicht, einen Mann zu verführen. Schließlich denken Männer sowieso alle zwei Minuten an Sex.

Sexualforscher der State University of New York haben den Versuch gemacht und eine attraktive Frau über den Campus geschickt, die Männer ganz unverblümt darauf ansprach, ob sie mit ihr schlafen wollten. Das Ergebnis: 75 Prozent der Männer sagten sofort ja. Als sie das Experiment mit einem ebenfalls überaus attraktiven Mann wiederholten, waren es gerade einmal sechs Prozent der Frauen, die einwilligten.

Fazit: Der Impuls, derlei weibliche Offerten nicht auszuschlagen, ist bei Männern deutlich ausgeprägt. Und dazu muss die Aufforderung keineswegs so eindeutig sein wie in diesem Beispiel.

Welche Signale aussenden?

Für das kurze Abenteuer mag die Kette mit dem Anhänger vielleicht genügen. Für alles Weitere gibt es deutlich fortgeschrittenere Strategien. Grundsätzlich gilt: Je kurzfristiger das Abenteuer, desto offensiver kann ich vorgehen. Aufreizende Posen, eindeutige Blicke, zweideutige Anspielungen – mehr ist eigentlich nicht nötig, um Männer zu verführen. Wenn ich nur einen unbedeutenden Flirt im Sinn habe, ist das genau die richtige Strategie.

Wenn ich jedoch mit einem Mann eine längerfristige Beziehung eingehen möchte, muss ich wissen, dass ein allzu offensives Vorgehen, etwa durch den gezielten und unmissverständlichen Einsatz meiner Körpersprache, eine längerfristige Beziehung nicht gerade wahrscheinlicher macht. Ausnahmen bestätigen wie immer die Regel. Und dennoch: Die meisten Männer unterscheiden sehr genau zwischen dem kleinen Abenteuer und der ernstzunehmenden Beziehung.

Was ich also zunächst einmal lernen muss, ist, vorab schon kalkulieren zu können, wie ein Mann jeweils erobert werden will. Denn die Reaktion des Mannes hängt ganz entscheidend von meinem eigenen Vorgehen ab: Ob ich mich provokant in Szene setze oder besser in Ruhe und Gelassenheit abwarte, wie er auf mein vorsichtig gelenktes Spiel reagieren wird, entscheidet nicht nur über die Art des Zusammentreffens, sondern auch maßgeblich über meinen Erfolg.

Unabhängig davon gibt es jedoch ein paar Aspekte der Körpersprache, die ich verinnerlicht habe und in jeder Situation erfolgreich anwende:

- *Ich zeige, wer ich bin.* Ich bin etwas Besonderes. Ich mache mich sichtbar. Ich bewege mich aufrecht. Ich genieße die Aufmerksamkeit anderer.

- *Ich strahle Lebendigkeit und Energie aus.* Ich habe einen federnden Gang. Ich unterstreiche, was ich sage, mit lebhaften Gesten. Die Intensität meiner Mimik ist hoch. Ich bin ständig in Bewegung.
- *Ich lache gerne und viel.* Nicht um mich anzubiedern, sondern weil es meine Lebensfreude widerspiegelt. Ich bin fröhlich und unbeschwert. Ich weiß, dass ich das Glück nirgendwo anders finden kann als in mir selbst. Und genau das macht mich begehrenswert.
- *Ich signalisiere Interesse.* Mein direkter Blickkontakt signalisiert Gesprächsbereitschaft. Meine Handgelenke zeigen in seine Richtung, meine Handflächen sind sichtbar und vermitteln den Wunsch, sich näherzukommen. (Der Handgelenkschwung ist eine derart typisch weibliche Geste, dass sie zum Standardrepertoire jedes Transvestiten gehört.) Meine im Sitzen übereinandergeschlagenen Beine zeigen in seine Richtung. Meine Fußspitzen deuten auf ihn, wenn wir uns gegenüberstehen.
- *Ich demonstriere Offenheit.* Ich habe eine »offene« Körpersprache. Ich vermeide alles, was abweisend wirkt: verschränkte Arme, gesenkter Blick, hängende Schultern. Ich suche Blickkontakt. Ich wende mich dem Mann direkt zu. Mein Oberkörper und meine Beine zeigen in seine Richtung.
- *Ich schenke ihm meine ungeteilte Aufmerksamkeit.* Ein wacher, aufmerksamer Blick und eine leicht schräg geneigte Kopfhaltung sind Zeichen meiner Fokussierung. Ich konzentriere meinen Blick auf ihn, nicke hin und wieder und ermuntere ihn so weiterzureden. Ich lasse ihn nicht aus den Augen. Mein Blick ruht auf ihm, auch wenn ich mich bewege oder ein anderer spricht. Mein Körper bleibt ihm zugewandt, auch wenn ich mich kurz mit jemand anderem unterhalte.
- *Ich schaffe Nähe und Vertrautheit.* Das einfachste Mittel: Distanz verringern. Ich schaue ihm in die Augen und komme ihm Stück für Stück näher. Ich dringe in seine Intimzone (15 bis 45 Zentimeter) ein. Ich berühre ihn flüchtig am Unterarm oder an der Hand. Achtung: Landeier haben eine andere Definition von

Intimzone als Menschen, die aus dichtbesiedelten Ländern kommen oder in Großstädten leben.

- *Ich inszeniere meine Weiblichkeit.* Ich werfe meine Haare zurück. Ich trage hohe Absätze und habe einen grazilen Gang. Meine Füße laufen in einer geraden Linie, dadurch schwingen meine Hüften. Ich stemme mir nicht hemdsärmelig die Hände in die Seite und ahme auch sonst nicht unbedacht eine typische Männergeste nach.
- *Ich unterstütze seine Flirtbemühungen.* Der Mann führt. Aber eigentlich auch wieder nicht. Genauer gesagt: Ich übernehme die Führung. Nur, der Mann wird es nicht bemerken. Ich lächle ihn an. Ich spiele mit meinem Haar. Ich lege meinen Kopf schief. Ich ermuntere ihn, den Flirt zu initiieren. Und hinterher wird er denken, er sei derjenige gewesen, der aktiv geworden ist.

Diese Gesten sollten im Allgemeinen ausreichen, einen Flirt zu katalysieren. Ich halte nichts von plumper Anmache und billiger Manipulation. Auch ein One-Night-Stand kann raffiniert eingefädelt werden. Ich stelle mir immer vor, wie es mir gelingen könnte, auf einem riesigen Marktplatz ein ganz bestimmtes Produkt erfolgreich an den Mann zu bringen – ohne dabei auch nur ein einziges Mal laut zu schreien.

Unmissverständliche Signale

Wer dennoch an dieser Stelle auf etwas schärfere Munition gehofft hat, der mag vielleicht einen Blick in die Listen weiblicher Interessenindikatoren werfen, die in der Pick-up-Community kursieren. Verführungskünstler legen besonderes Augenmerk darauf, Frauen genau zu beobachten und ihre Körpersprache zu entschlüsseln. Es ist Teil ihrer Strategie, auf bestimmte Signale weiblichen Interesses mit einem darauf fein abgestimmten Gestenkomplex zu antworten. Nur so, da sind sich Verführungskünstler einig, wächst das Interesse der Frau in erhofftem Maße.

Wenn man die folgende Liste durchgeht, ist es ein bisschen, als ob man einen Spiegel vorgehalten bekommt. So recht behagen mag es uns nicht, wenn wir sehen, was wir da im Gespräch mit einem Mann intuitiv vollführen. Man fühlt sich irgendwie ertappt. Und zwar dabei, wie scheinbar primitiv man zuweilen agiert. Das ist aber auf der männlichen Seite nicht anders. Auch Männer machen sich im Gespräch mit einer Frau automatisch größer, etwa indem sie die Arme in die Seiten stützen. Oder sie sprechen mit tieferer Stimme, um dominanter und maskuliner zu wirken. Aber uns gefällt's. Vorausgesetzt die Anziehungskraft wirkt auf beiden Seiten.

Hier eine kleine Auswahl aus den Listen einschlägiger Pick-up-Literatur. Gewissermaßen, der Vollständigkeit halber:

- Sie lacht überschwenglich, wenn der Mann eine witzige Bemerkung macht.
- Die Beine sind in einer seitlichen Position »drapiert«, die Ellbogen nahe an ihrem Körper, um eine schöne Körperlinie zu zeigen. Sie posiert bewusst.
- Sie reibt sich am Kinn oder an der Wange. Sie streichelt gedankenverloren ihre Arme oder Beine. Grundsätzlich ist jede Form der selbstverlorenen Eigenstimulation ein deutliches Signal.
- Sie kommt wieder zu ihm zurück, wenn sie sich in einer Gruppe bewegt.
- Sie wird rot, wenn er sie im Gespräch emotional berührt.
- Sie streicht sich über den Hals, den Nacken oder das Dekolleté, ein eindeutiges erotisches Signal, das noch verstärkt wird, wenn sie dabei den Nacken nach hinten beugt.
- Sie schlägt ihre Beine wiederholt übereinander und öffnet sie wieder. Eine nicht gerade subtile Technik, die Blicke eines Mannes auf eine bestimmte Zone zu lenken. Wenn sie dann noch mit dem oberen Fuß wippt oder ihren Schuh auf den Zehen schaukeln lässt – ein sicheres Flirt-Zeichen.

- Sie hat ihre Hand auf dem Oberschenkel und lenkt damit die Aufmerksamkeit auf ihre Beine. Sie präsentiert in voller Absicht ihre Oberschenkel – deutlicher geht's eigentlich nicht.
- Sie bezieht im Gespräch mit einem Mann nicht nur seine Augen, sondern auch seinen Mund (oder noch tiefer) in ihren schweifenden Blick mit ein. Sie schaut ihm immer wieder auf die Lippen. Der sogenannte Dreiecksblick kann natürlich auch aktiv eingesetzt werden und wird in jedem Fall verstanden.
- Sie fängt plötzlich an, die Bewegungen des Mannes zu spiegeln. Sie zupft sich am Ohrläppchen. Sie zündet sich ebenfalls eine Zigarette an. Sie hebt den rechten Arm. Alles genau wie er. (Verführungskünstler überprüfen regelmäßig, ob sie im Gespräch führen und wie weit die Frau ihnen bereits folgt.)
- Sie zeigt ihren Hals und Nacken, etwa durch das Schieflegen des Kopfes. Sie präsentiert quasi ihre ungeschützte Halsschlagader als Zeichen der Unterwerfung.
- Sie streicht ihr Haar zurück oder zwirbelt es um ihren Finger. Sie zupft an ihrer Kleidung. Sie fasst sich an die Halskette. Sie streichelt alternativ ihr Weinglas oder pult das Etikett von der Bierflasche ab. Das ist weniger eine nervöse Spielerei als vielmehr eine Ersatzhandlung.

Viele Frauen denken am Anfang, sie hätten Probleme damit, ihre Körpersprache vernünftig ins Gleichgewicht zu bringen. Das ist jedoch kaum zu befürchten. Jede Frau kann davon ausgehen, dass sie sich im richtigen Moment auch richtig verhalten wird. Wie gesagt, wir setzen bestimmte Signale immer schon unbewusst ein. Von jetzt an können wir diese Signale allerdings auch gezielt aussenden, wenn wir den Flirt eskalieren lassen wollen. Grundsätzlich gilt: Ich muss mich einigermaßen authentisch verhalten. Ich kann nicht plötzlich die Verruchte mimen, wenn ich sonst eher schüchtern und zurückhaltend bin. Das kann schnell peinlich wirken.

Mein Interesse sollte jedoch stets ehrlich sein. Wenn ich mich heute mit meinem Oberkörper und meinen übereinandergeschlagenen Beinen einem Mann zuwende, dann mache ich das nicht, weil ich gelesen habe, dass ich damit Offenheit demonstriere, sondern weil ich mich für diesen Mann interessiere. Das ist mein einziges Ziel.

Übung 19

Trainieren Sie Ihren körpersprachlichen Ausdruck. Testen Sie sowohl die subtilen als auch die etwas eindeutigeren Signale im Gespräch mit einem Mann. Achten Sie auf die unterschiedlichen Reaktionen.

Dritter Schritt: Das Aussehen optimieren

Gefühle wie Sympathie und Zuneigung entspringen nur bedingt dem denkenden, vernunftbegabten Geist. Wenn wir uns verlieben, spielt eine Vielzahl von Affekten und Empfindungen eine viel größere Rolle, etwa körperliches Verlangen, Bewunderung oder die Befriedigung bestimmter Eitelkeiten. Natürlich wollen wir alle für unseren Charakter und unser einzigartiges Wesen geliebt werden – wovon wir bei einem liebenden Menschen auch zweifellos ausgehen können, aber erst zu einem viel späteren Zeitpunkt. Der Grund, warum wir uns in jemanden verlieben, hat mit dessen inneren Werten zunächst einmal wenig zu tun.

Doris Langley Moore hat diese Erkenntnis folgendermaßen formuliert: »Eine der schmerzhaftesten Lektionen, die die Tugendhaften zu lernen haben, ist, dass der Mensch sich nicht tugendhaft verliebt.« Was die Verführungskünstlerin damit sagen will: Unser Charakter und unser Wesen mögen vielleicht die Zuneigung eines Menschen, der uns bereits zugetan ist, steigern und sein Interesse wachhalten. Aber das eigentliche Verlangen wird in der Regel durch andere Reize entzündet.

Natürlich kann auch das Fehlen bestimmter charakterlicher Eigenschaften mit der Zeit jede noch so große Anziehung zwischen zwei Menschen zunichtemachen. Doch was Doris Langley Moore als Ursache männlichen Begehrens schon ganz richtig erkannt hat: »Wenn es dir nicht gelingt, eine andere Attraktivität als die deiner inneren Größe zu kultivieren und auszuspielen, wirst du kaum von Bewunderern umstellt sein.«

Die Wahrnehmung von Attraktivität

Kein Mensch entscheidet bewusst, ob er jemanden attraktiv findet oder nicht. »Attraction is not a choice«, behauptet der amerikanische Flirt-Guru David DeAngelo und meint damit: Ob man sich zu einem anderen Menschen hingezogen fühlt, ist nicht das Ergebnis einer bewussten Entscheidung, sondern ein bloßer Reflex.

In den ersten drei bis zehn Sekunden entscheiden wir instinktiv, ob wir jemanden attraktiv finden oder nicht. Das gilt für beide Seiten. Frauen wählen grundsätzlich sehr viel komplexer aus. Ihre Erwartungen an einen Mann sind hoch. Sie suchen Freundlichkeit und Humor, Fürsorglichkeit und Stärke, einen hohen sozialen Status und eine gutgefüllte Brieftasche. Sie fühlen sich in der Regel zu solchen Männern hingezogen, die genau diese Eigenschaften besitzen. Das Aussehen eines Mannes ist für Frauen weniger wichtig. Für Männer dagegen spielen in erster Linie äußerliche Merkmale und damit die Qualität der Gene bei der Beurteilung weiblicher Attraktivität eine Rolle.

Männer wollen eine attraktive Frau an ihrer Seite, eine, mit der sie glänzen können. Von all den Attributen, mit denen Frauen den männlichen Stolz und seine Eitelkeit befriedigen können, fällt keines schwerer ins Gewicht als die Schönheit. Das Aussehen einer Frau wird ganz einfach als Erstes wahrgenommen. Bei Männern steigt die Testosteronausschüttung schon nach einer fünfminütigen Unterhaltung mit einer attraktiven Frau um satte 30 Prozent. Von selbstbestimmter Wahl kann also nicht die Rede sein.

Doch was ist attraktiv? Ist Attraktivität eine universale Währung oder doch ein relatives Empfinden? Oder gar nur eine hormonelle Schwankung, ausgelöst durch ein paar Schlüsselreize? Grundsätzlich gilt: Ich kann einen Mann nicht überzeugen, mich attraktiv zu finden. Aber ich kann seine Wahrnehmung maßgeblich beeinflussen. Und das ist schon ziemlich viel.

Schönheit als äußerer Reiz

»Schönheit ist ein Skandal«, schreibt Ulrich Renz in seinem Buch *Schönheit. Eine Wissenschaft für sich.* Der Autor hat die wichtigsten Studien über Schönheit und Attraktivität zusammengetragen und festgestellt: Hübsche Babys bekommen mehr Zuwendung. Schöne Kellnerinnen erhalten mehr Trinkgeld. Attraktive Bewerber handeln höhere Gehälter aus. Und gutaussehende Politiker bekommen mehr Stimmen. Seine These: Das Schöne zieht uns magisch an. Selbst Kinder wählen lieber Spielkameraden, die nicht nur nett, sondern am besten auch noch hübsch sind. In der Tat: ein Skandal.

Entgegen der gängigen Meinung liegt Schönheit offenbar nicht im Auge des Betrachters. Zwar hat jede Kultur, jede Epoche, jeder Mensch seine eigene Vorstellung von Schönheit. Doch angesichts der Gagen, die ein Topmodel verdient, oder der immer gleichen Schönheiten, die uns in den Medien präsentiert werden, drängt sich die Frage auf, ob unser Schönheitsideal nicht doch einheitlicher ist, als wir glauben.

Das vielleicht verblüffendste Attraktivitätsmerkmal menschlicher Schönheit heißt: Durchschnittlichkeit. Schon im 19. Jahrhundert stellte ein britischer Wissenschaftler durch Zufall fest, dass die Überlagerung verschiedener Gesichter auf einer fotografischen Platte ein besonders attraktives Gesicht ergab. Wir empfinden offenbar das als schön, was möglichst durchschnittlich ist. Heute wenden Attraktivitätsforscher die sogenannte Morphing-Technologie an. Sie mischen am Computer verschiedene Gesichter und ermitteln so ein Idealbild menschlicher Schönheit. Schon drei bis sechs Monate alte Babys schenken solchen Kunstgesichtern deutlich mehr Aufmerksamkeit.

Allerdings hat sich das gängige Schönheitsideal unserer Zeit –

nicht zuletzt durch seinen inflationären Umlauf in den Medien – schon etwas abgenutzt. Psychologen der schottischen Universität St. Andrews haben unlängst herausgefunden, dass sich die empfundene Schönheit der übereinanderkopierten Gesichter sogar noch steigern ließ, wenn sie minimale Brüche in das Endergebnis mit einbauten – etwa einen Leberfleck, eine kleine Narbe oder eine etwas zu große Nase. Schon Immanuel Kant hatte das Prinzip erkannt: »Das Mittelmaß scheint das Grundmaß und die Basis der Schönheit, aber noch lange nicht die Schönheit selbst zu sein, weil zu dieser etwas Charakteristisches erfordert wird.«

Doch was genau macht einen Menschen schön? Und vor allem: Welche äußeren Attribute schätzen Männer an einer Frau?

Weibliche Schönheit

Um die Katze lieber gleich aus dem Sack zu lassen: Bei der Partnerwahl kommt es sehr wohl auf das Äußere an. Studien in Ehevermittlungsinstituten haben ergeben, dass die Attraktivität des Partners für Männer beinahe doppelt so wichtig ist wie für Frauen. Auch wenn unser Schönheitsideal dem Wandel von Geschmack und Mode unterworfen ist, so ist doch in internationalen Studien immer wieder bestätigt worden, dass in den meisten Gesellschaften Männer erheblich mehr Wert auf körperliche Merkmale legen. So viel steht fest.

Wenn es jedoch um weibliche Schönheit und Attraktivität geht, so gibt es einige nicht zu unterschätzende Variablen, die wir durchaus beeinflussen können.

Doch der Reihe nach.

Was ist eigentlich schön? Was sind die Attraktivitätsmerkmale einer Frau, auf die der Neandertaler genauso angesprungen ist wie der Mann am Nebentisch im Café?

Es gibt die Schönheit, die uns in Hochglanzmagazinen und auf der Leinwand präsentiert wird. Das ist ein gesellschaftliches Ideal, das in höchstem Maße kulturellen und historischen Schwankungen unterliegt. Und es gibt das Schönheitsideal, das sich über Tausende von

Generationen seit der Steinzeit herausgebildet hat und dem sich bis heute kein Mann entziehen kann: Es ist das Ideal weiblicher Fruchtbarkeit.

Woran jedoch zeigt sich die Fruchtbarkeit einer Frau? Was sind die Merkmale von Reproduktionsfähigkeit und Fertilität, die seit Adam und Eva mit weiblicher Anziehungskraft gleichgesetzt werden? Was sind die fundamentalen Attraktivitätsmerkmale einer Frau, die fast jeder Mann in der Welt ähnlich beurteilt?

Am Lehrstuhl für Psychologie an der Universität München haben Wissenschaftler herausgefunden, dass weibliche Attraktivität vor allem mit dem Alter und der Gesundheit einer Frau zusammenhängt. Zu den bevorzugten Merkmalen gehören eine glatte, makellose Haut, glänzende, lange Haare, weiße Zähne und ein voller Mund – all das lässt nämlich auf einen hohen Östrogenspiegel und eine starke Immunabwehr schließen. Frauen mit einem höheren Spiegel des weiblichen Sexualhormons werden von Männern in der Regel femininer, gesünder und attraktiver eingeschätzt.

Frauen wissen offenbar instinktiv, dass Gesundheit und Jugendlichkeit zu ihren wichtigsten Attraktivitätsmerkmalen gehören. Regelmäßig kann man beobachten, wie sich eine Frau im Gespräch mit einem Mann immer wieder durchs Haar fährt, es zerzaust oder den Kopf schüttelt, so dass ihr Haar in alle Richtungen fliegt. Der Grund: Sie will zeigen, wie gesund und jung ihr Haar und damit sie selbst ist.

In einer britischen Untersuchung konnte allerdings auch gezeigt werden, dass der tatsächliche Hormonspiegel der Frau keinen messbaren Einfluss mehr auf das Urteil eines Mannes hatte, sobald sie Make-up trug. Offenbar lässt sich mit einem einfachen Trick der in jahrtausendelanger Evolutionsgeschichte geschärfte Blick eines Mannes derart trüben, dass er sich kein sicheres Urteil mehr über unseren hormonellen Zustand und unsere Reproduktionsfähigkeit bilden kann.

So einfach hätte ich mir das gar nicht vorgestellt.

Ein Attraktivitätsmerkmal, das bei Männern besonders gut ankommt, ist das sogenannte Kindchenschema: große, gewölbte Stirn und relativ weit unten liegende Gesichtsmerkmale (Augen, Nase, Mund), große, runde Augen, kleine Nase, kleines Kinn und runde Wangen. Und auch hier geht es wieder um die weibliche Fruchtbarkeit. Das Kindchenschema signalisiert dem Mann eine gewisse Jugendlichkeit und veranlasst ihn zu der Annahme, dass die Frau gesund und fruchtbar ist. Gleichzeitig bevorzugen Männer hohe Wangenknochen und schmale Gesichtszüge, die sogenannten Reifekennzeichen einer Frau, also das glatte Gegenteil kindlicher Rundungen. Diese Merkmale signalisieren wiederum, dass eine Frau geschlechtsreif und im gebärfähigen Alter ist. Ein für Männer attraktives Gesicht ist also eine Mischung aus beiden Elementen.

Welche Mischung, das konnten Forscher der Universität Regensburg in einem breitangelegten Experiment nachweisen: Die meisten der teilnehmenden Männer bevorzugten solche Gesichter, denen per Computer ein Kindchenanteil von zehn bis 50 Prozent beigemischt worden war. Das bedeutet: Selbst die attraktivsten Frauen wurden als noch schöner empfunden, wenn man ihre Gesichtsproportionen kindlicher machte.

Das britische Männermagazin *Maxim* hat 2007 Sarah Jessica Parker zur »Unsexiest Women Alive« gekürt. Weltweit bewundern Frauen die Schauspielerin aus *Sex and the City* für ihre Konfektionsgröße 34. Männer hingegen haben sie in ihrer Wertung vernichtend einhellig auf Platz eins der Frauen mit dem geringsten Sexappeal verwiesen – und zwar, wie es in der Begründung heißt, aufgrund ihres »Pferdegesichts«, also ihrer großen Nase und ihres markanten Kinns. Ein hartes Urteil. Doch es zeigt uns: Figur ist offenbar nicht alles.

Britische Wissenschaftler haben herausgefunden, dass die Gesichter der Frauen an ihren fruchtbaren Tagen attraktiver wirken. Männer wie Frauen beurteilten Frauen, bei denen die Werte des weiblichen Sexualhormons Östrogen zyklusbedingt erhöht waren, gesünder, attraktiver und femininer. Offensichtlich ein Trick der Natur, um den Männern den genauen Zeitpunkt der Empfänglichkeit zu signalisieren.

Die Beurteilung weiblicher Schönheit hat also im Grunde nur etwas damit zu tun, ob wir den Eindruck erwecken, unseren biologischen Auftrag erfüllen zu können oder nicht. Frauen, die sich vor dem Ausgehen oft stundenlang nicht entscheiden können, ob sie dieses oder jenes Kleid anziehen sollen, die Haare lieber offen oder hochgesteckt tragen, die Riemchensandalen besser zum Outfit passen oder doch die hohen Stiefel, können sich im Grunde all diese Überlegungen sparen: Make-up und ein bisschen Rouge, und schon strahlen wir eine Attraktivität aus, der sich kein Mann entziehen kann.

Der weibliche Körper

Auch was den weiblichen Körper angeht, gibt wieder die Biologie vor, was Männer schön finden. Eine absolute Mehrheit der Männer bevorzugt die so genannte Sanduhrfigur, also ein Verhältnis von Taille zu Hüfte bzw. von Taille zu Brust von etwa 70 zu 100. Dieses Verhältnis lässt sowohl darauf schließen, dass eine Frau noch nicht fortgeschritten schwanger ist, als auch darauf, dass sie über jene Fettpolsterung verfügt, die zum Stillen der Nachkommen unter den kargen Versorgungsbedingungen unserer Vorfahren unerlässlich war.

Unser heutiges Schlankheitsideal à la Kate Moss stellt also historisch gesehen und im interkulturellen Vergleich betrachtet eher die Ausnahme dar. Weibliche Attraktivität wurde und wird weltweit mit einem wohlgerundeten Körper gleichgesetzt.

Das Gewicht ist dabei nicht entscheidend. Der Attraktivitätsforscher Devendra Singh führte in den 1990er Jahren zahlreiche Untersuchungen zum klassischen Taille-zu-Hüfte-Verhältnis von 70 zu 100 durch. Er fand heraus, dass beispielsweise alle Siegerinnen von »Miss-Amerika-Wahlen« von 1920 bis in die 1980er Jahre in etwa in diesem Bereich lagen. Auch bei *Playboy*-Models konnte er ein ähnlich gleichbleibendes Verhältnis feststellen. Das Ergebnis seiner Studien: Das ideale Taillen-Hüfte-Verhältnis blieb also über

Jahrzehnte hinweg mehr oder weniger konstant, und das obwohl das Körpergewicht der Frauen durchaus schwankte. So ist zu erklären, dass sowohl Marilyn Monroe und Sophia Loren als auch Twiggy oder Kate Moss zu Schönheitsidealen ihrer Zeit erklärt wurden.

Das Ideal des weiblichen Körpers schwankt seit jeher zwischen den beiden Polen »Fraulichkeit« und »Jugendlichkeit«. »Für Männer sind die Proportionen der Frau wichtig«, so Ronald Henss, Psychologe der Universität Saarbrücken, »also breite Hüften, Rundungen und Busen.« Aber auch hier gebe es keine allgemeingültigen Vorgaben: »Attraktivität ist eine Mischung von verschiedenen Quellen: Das Gesicht spielt in der Regel die wichtigste Rolle, solange die Figur nicht extrem ist.«

Breite Hüften sollen es heute nicht mehr sein. Eine große Oberweite aber am besten schon. Die heutige Frau soll schlank und durchtrainiert sein, die weiblichen Rundungen sich allerdings mehr auf ihre Brüste beziehen als auf ihre Hüften. Das allerdings, liebe Männer, ist nicht wirklich logisch. Schmale Hüften und große Oberweite passen von Natur aus nicht unbedingt zusammen. Ein kleines Auto hat in der Regel auch bloß einen kleinen Motor und ein großes Auto einen großen. Und einen Porsche kann sich nun mal nicht jeder leisten.

Ein weiteres wichtiges Attribut einer weiblichen Traumfigur sind lange Beine. Die gelten in nahezu allen Kulturen als attraktiv. Der Berliner Humanbiologe Carsten Niemitz erklärt, warum Frauen überall auf der Welt Schuhe mit hohen Absätzen tragen: Wer lange Beine hatte, konnte schneller flüchten und längere Strecken zurücklegen. Das genau kann man mit High Heels zwar leider nicht mehr. Aber wer von unseren Vorfahren die längeren Beine besaß, der hatte prinzipiell bessere Überlebenschancen. Und das machte langbeinige Frauen schon für die damaligen Männer so attraktiv. Heute kann Nadja Auermann damit immerhin viel Geld verdienen. Auch dafür hat die Natur gesorgt.

Traumfrau gesucht

Was genau finden nun Männer an Frauen wirklich anziehend? Frage ich in meinem Freundes- und Bekanntenkreis, beteuern alle, dass es sowieso nur auf solche Eigenschaften wie Humor und eine positive Ausstrahlung ankäme.

Das ist nett gemeint, aber leider nur die halbe Wahrheit.

Es gibt Dutzende von Umfragen zum Thema »weibliche Anziehungskraft«, die neben Humor und Ausstrahlung noch ganz andere Männerträume zutage fördern: Ein knackiger Po und wallende Haare, so hat das Hamburger Gewis-Institut ermittelt, machen im Grunde jeden Mann an. Blaue Augen und sinnliche Lippen, besonders wenn sie knallrot geschminkt sind, darauf konnte wiederum die Münchner Gesellschaft für Rationelle Psychologie die Männer festlegen. Das Meinungsforschungsinstitut GDP hat außerdem herausgefunden, dass Männer besonders auf Sommerkleider stehen, die viel Haut zeigen. Oder schmal geschnittene Oberteile, die weibliche Rundungen erkennen lassen. Laut Gewis mögen es die meisten Männer, wenn Frauen unschuldig wirken. Langweilige Püppchen dürfen sie aber trotzdem nicht sein.

Eine wirkliche Überraschung bieten die Umfragen der letzten Jahre also nicht.

So recht glauben mag man diesen Umfrageergebnissen dennoch nicht. Dazu, so Ortrun Anke von Vogue.com, habe sie schon zu viele Männerhände zärtlich über weibliche Rundungen streichen sehen. Oder Männer dabei beobachtet, wie sie bewundernd einer kessen Kurzhaarigen hinterherschauen.

Das eine ist ein Idealbild, das in Umfragen generiert wird und so manchen geheimen Männertraum widerspiegelt. Klar, aber heiraten werden sie dann später nicht alle ein Claudia-Schiffer-Double.

Blondinen bevorzugt? Die Traumfrau des deutschen Mannes hat übrigens braunes Haar. Das hat im vergangenen Jahr das Männer-Lifestylemagazin *FHM* ermittelt. In einer Befragung von über 4000 Männern stimmte ein Großteil der Teilnehmer für Frauen mit braunen Haaren, denkbar knapp allerdings gefolgt von den Bewunderern echter Blondinen. Doch nur knapp drei Prozent der befragten Männer bevorzugen blondierte Frauen. Knapp 40 Prozent mögen bei Frauen blaue Augen. Etwa 28 Prozent können sich dagegen für grüne und rund 24 Prozent für braune Augen begeistern.

Die Zahlen sind also keineswegs so eindeutig, als dass Sie sich allzu viele Gedanken über Blondiercreme oder farbige Kontaktlinsen machen sollten.

Aussehen gleich Attraktivität?

Die Forschung hat gezeigt, dass wir uns zu Menschen hingezogen fühlen, die wir für in etwa so attraktiv halten wie uns selbst, ganz einfach, weil wir uns in ihrer Gesellschaft am wohlsten fühlen. Wir müssen also nicht unbedingt aussehen wie Angelina Jolie – außer wir haben es auf Brad Pitt abgesehen. Instinktiv vergleichen wir mit unserem Gegenüber erst einmal unseren »sexuellen Marktwert« wie Erich Fromm die Mischung aus Aussehen, Körpersprache, Originalität, sozialem Status und Bildungsstand genannt hat. Es wäre falsch zu behaupten, dass dieser Marktwert bei der Partnersuche keine Relevanz hätte. Es ist jedoch eine Tatsache, so Flirt-Profi Phillip von Senftleben, an der wir arbeiten können.

Hinzu kommt, dass das männliche Urteil in etwa zur Hälfte subjektiv ist. Was Männer an Frauen anzieht, ist mehr als das bloße Aussehen. Haltung, Gestik, Mimik, Stimme, Geruch, Lebendigkeit, Intelligenz, Charme, Witz und Mitgefühl tragen mindestens genauso viel zur Anziehungskraft einer Frau bei wie ihr Äußeres. Und so manche Attraktivität hat sich schon in dem Moment verflüchtigt, in dem eine schöne Frau den Mund aufgemacht hat.

Psychologen der Münchner Universität haben herausgefunden, dass Männer neben äußerer Schönheit auch typisch weibliche Eigenschaften wie etwa einen anmutigen, federnden Gang bevorzugen und damit eine Bewegungskoordination, die auf eine gewisse Jugendlichkeit schließen lässt. Auch Frauen mit einem hohen Energielevel wirken auf Männer besonders attraktiv. Das, so die Forscher, lasse auf eine hohe Fruchtbarkeit schließen. Grundsätzlich gilt: Gesunde und agile Frauen werden von der Mehrheit der Männer als schön empfunden. Beweglichkeit lässt uns also jung erscheinen – ein absoluter Pluspunkt in Sachen Attraktivität.

An der Universität Göttingen konnte nachgewiesen werden, dass Frauen mit geschmeidigen Bewegungen und einer natürlichen Grazie grundsätzlich attraktiver wahrgenommen werden. Zu ähnlichen Ergebnissen kamen auch Kerri Johnson von der New York University und sein texanischer Kollege Louis Tassinary: Anhand von computeranimierten Trickfilmfiguren konnten sie belegen, dass Männer die sich mit femininem Hüftschwung bewegenden Figuren als deutlich attraktiver empfanden.

Offenbar ist die Wahrnehmung von Attraktivität komplexer als bisher angenommen. Den sozialen Informationen kommt dabei eine wichtige Rolle zu. Ein Mensch wirkt demnach besonders attraktiv, wenn seine Bewegungen und sein Verhalten zu seinem Äußeren und zu seinem biologischen Geschlecht passen, so die Forscher. Auch die Flirt-Spezialistin Tracey Cox weist in ihren Büchern immer wieder darauf hin, wie wichtig es ist, mit der eigenen Körpersprache in Einklang zu sein. Am beliebtesten, so Cox, seien Menschen, bei denen alles übereinstimmt: Kleidung, Körpersprache, Worte und Stimme. Am meisten fallen wir auf, wenn gar nicht auffällt, wie wir auffallen – und das ist meistens der Fall, wenn alles zueinanderpasst.

Außerdem nicht zu unterschätzen: Wer Lebensfreude ausstrahlt, wird als besonders attraktiv wahrgenommen. Fröhliche und aktive Menschen sind begehrenswert. Es ist immer entweder die Lebensart oder die Erscheinung selbst, mit der wir Männern imponieren. Unser Aussehen zu optimieren, darin sind wir Frauen in der Regel meisterhaft. Lebensfreude hingegen müssen wir zeigen. Dabei geht es nicht darum, dauerhaft so zu tun, als hätten wir soeben im Lotto gewonnen. Aber einen Trauerkloß will nun mal keiner. Verständlicherweise.

Auch Freundlichkeit macht schön. Laut einer US-Studie kommen Menschen, die häufiger lächeln und eine positive Ausstrahlung haben, auch körperlich attraktiver rüber. Männern ist es egal, ob Frauen dabei ein paar Kilos mehr oder weniger auf den Hüften haben. Hauptsache, sie werden angelacht. In der Regel fällt das einem Mann sowieso erst dann auf, wenn er auf einzelne Speckröllchen extra hingewiesen wird. Und das kann man ja auch einfach unterlassen.

Es gibt noch ein weiteres Phänomen, an dem erkennbar ist, dass die Wahrnehmung weiblicher Attraktivität offenbar keine unumstößliche Konstante ist. Männer schätzen Frauen attraktiver ein, je mehr sich der Abend dem Ende nähert. Der sogenannte Partyschlusseffekt ist zwar nicht besonders schmeichelhaft, macht aber deutlich, dass wir die Wahrnehmung weiblicher Attraktivität maßgeblich beeinflussen können. Mit Rouge. Mit Make-up. Oder aber mit dem Zeitpunkt, zu dem wir uns ins Nachtleben stürzen.

Es geht nicht darum, perfekt auszusehen, sondern ein Gesamtkonzept zu entwickeln, das so positiv ist, dass kleinere Unzulänglichkeiten schlichtweg nicht auffallen. Wer uns ideal erscheint, ist nicht unbedingt frei von Makel, sondern versteht es nur, zu glänzen. Und das ist vor allem eine Frage des Selbstbewusstseins.

Übung 20

Überlisten Sie die Wahrnehmung eines Mannes und kurbeln Sie seine Testosteronausschüttung an: Betonen Sie Ihre weiblichen Reize. Seien Sie lebhaft. Strahlen Sie Lebensfreude aus. Lachen Sie viel … und Sie werden für ihn die schönste Frau des Abends sein.

Das Aussehen als Kommunikationsform

Es gibt manche, die mögen am liebsten Erdbeereis, und andere, die mögen lieber Schokolade. Kein Italiener würde allerdings auf die blöde Idee kommen, deswegen nur noch eine Sorte anzubieten, um allein jene zufriedenzustellen, deren Herz ausschließlich für Erdbeereis schlägt.

Geschmäcker sind nun mal verschieden. Auch die der Männer. Keine Frau muss den Vorgaben der Medien folgen und sich ihr Aussehen diktieren lassen. Ich muss nicht jedem gefallen. Allerdings kann ich versuchen, das Beste aus mir zu machen, so dass ich sichergehen kann, dass zumindest der Schokoladenliebhaber nicht an mir vorbeikann.

Weibliche Ausstrahlung

Frauen können ihre optischen Vorzüge mit einfachen Mitteln betonen. Im Gegensatz zu Männern haben wir ein paar simple, aber höchst effektive Tricks auf Lager, die uns gesünder, attraktiver und femininer erscheinen lassen. Wimperntusche, Rouge, hohe Schuhe, ein freundliches Lächeln – und schon signalisieren wir genau das, wonach Männer instinktiv suchen: weibliche Fruchtbarkeit und einen gesunden Genpool.

Kim Basinger hat einmal auf die Frage nach ihrem Beautygeheimnis geantwortet, dass sie ihre Haare ausschließlich mit Evian-Wasser wasche. Wahrscheinlich wäre ihre Haarpracht genauso beeindruckend, wenn sie ihren Kopf einfach nur unter den Wasserhahn halten würde. Aber im Grunde ist es auch völlig egal. Denn prinzipiell macht Kim Basinger, was ihr Äußeres betrifft, alles richtig: Sie inszeniert ihre Weiblichkeit. Und genau das macht sie für Männer so attraktiv. Ihre langen blonden Haare sind ein überdeutliches Signal. Und die pflegt sie mit besonderer Hingabe. Und wenn es dazu unbedingt Evian sein muss – bitte! Es erfüllt offenbar seinen Zweck: Sie fühlt sich wohl in ihrer Haut, und genau das sieht man ihr an.

Alles, was unsere Weiblichkeit unterstreicht, macht uns attraktiv. Ob es nun die Betonung hoher Wangenknochen, der grazile Gang auf Absätzen, der rosige Teint oder die langen Wimpern sind. All das finden Männer an uns anziehend. Frauenzeitschriften sind voll von Schönheitstipps. Wenn Sie schon immer einmal wissen wollten, wie sich Nicole Kidman schminkt oder warum die Augen von Eva Longoria so schön strahlen, dann finden Sie die Antworten in den Hochglanzmagazinen. Und zwar jede Woche neu.

Ich gehe nicht ohne Wimperntusche aus dem Haus. Nicht einmal zum Bäcker. Aus Prinzip. Das gehört für mich zum morgendlichen Ritual wie das Zähneputzen. Ich fühle mich mit frischem Atem einfach besser, sollte ich unerwartet jemanden auf der Straße treffen. Mit der Wimperntusche ist das genauso. Ich fühle mich deutlich schöner damit. Und das sieht man mir an.

Eine weibliche Ausstrahlung erhalte ich dann, wenn ich mich und meinen Körper mit Sorgfalt und Pflege behandle. Das ist das einzige wirkliche Beautygeheimnis. Und da hat jede Frau so ihre eigenen Vorstellungen: Für die einen sind es die perfekt lackierten Fußnägel. Für die anderen ist es das entspannende Bad mit ätherischen Ölen. Im Grunde geht es immer nur um eines: sich rundum wohl zu fühlen. Und genau das steigert unseren Sexappeal.

Was glauben Sie wohl, welches Kosmetikprodukt auf Männer am verführerischsten wirkt? Der Lippenstift, weil er die Lippen voller macht? Der Kajalstift, weil er die Augen betont? Das Make-up, weil es die Haut glatter und gleichmäßiger erscheinen lässt? Oder Mascara, weil lange Wimpern Sinnlichkeit ausstrahlen? Sie tippen auf den Lippenstift? Weit gefehlt. Damit gehören sie jedoch zu den circa 80 Prozent derjenigen, die so antworten – und mit dieser Antwort komplett falsch liegen. In einem Test beurteilten Männer jene Frauen mit Abstand am attraktivsten, die lediglich zartes Make-up aufgelegt hatten. Der Grund: Männer fühlen sich von der glatten Haut einer Frau angezogen, weil sie davon auf die Qualität der weiblichen Gene schließen. Und nur darauf kommt es offenbar an.

Übung 21

Eine der schönsten Übungen: Gehen Sie shoppen. Vereinbaren Sie einen Termin bei der Maniküre. Gönnen Sie sich eine Massage. Legen Sie sich faul auf die Couch und lesen Sie etwas. Gehen Sie ins Kino. Buchen Sie ein Wellness-Wochenende. Tun Sie sich etwas Gutes. Man wird es Ihnen ansehen.

Perfektes Styling

Männer stehen auf fröhliche, natürliche und selbstbewusste Frauen. Das wird in Umfragen immer wieder an erster Stelle genannt. Aber natürlich hat auch kein Mann etwas gegen eine hübsche Verpackung einzuwenden. Meine Aufmachung sollte sich jedoch nicht nach dem Geschmack der Männer richten, sondern in erster Linie danach, was mich fröhlich, natürlich und selbstbewusst erscheinen lässt. Also mache ich mir Gedanken über eine hübsche Verpackung, die für das steht, was drinsteckt.

Ein perfektes Styling ist eine Meisterleistung – in Sachen Kommunikation. Wer besser auftritt, kommt besser an. Was ich allerdings in den Büros oder auf der Straße antreffe, ist oft alles andere als attraktiv. Nur wenige Frauen haben wirklich Stil und Eleganz. Manche Frauen tragen einfach irgendetwas, und das ist oft formlos, schlecht sitzend oder einfach uninspiriert. Andere legen offenbar keinen Wert auf ihr Äußeres. Und das transportieren sie damit deutlich nach außen. Bei vielen ist es Bequemlichkeit, bei anderen Desinteresse und bei nicht wenigen eine gewisse Scheu, sich zu inszenieren. Dabei ist mein Aussehen das Erste, was anderen ins Auge springt. Und die Art, wie ich mich kleide, verrät viel darüber, was ich von mir selbst halte.

Ich komme Ihnen jetzt nicht mit dem vernichtenden Slogan »Es gibt nie eine zweite Chance für den ersten Eindruck« – in dem natürlich auch etwas Wahres steckt. Allerdings bin ich der Meinung, dass eine Frau auch in einer abgewetzten Jeans attraktiv und feminin wirken kann. Auch kann ein schlichtes Outfit nie ein wirklicher

Grund dafür sein, dass es mit einem bestimmten Mann nicht klappen sollte. Trotzdem möchte ich betonen, dass unsere äußere Erscheinung nichts anderes ist als ein weiteres nonverbales Kommunikationsmittel, das wir gezielt einsetzen sollten.

Grundsätzlich gilt: Ein übertrieben perfektes Auftreten, ein Outfit, bei dem alles absolut perfekt zueinanderpasst, suggeriert zwar einen ordentlichen, aber auch einen sehr disziplinierten Menschen, der Angst hat, die Kontrolle zu verlieren. Ein mit nachlässiger Grazie getragener Kleidungsstil à la Kate Moss wirkt hingegen nicht nur hinreißend, sondern kann mindestens genauso stilvoll sein wie das perfekt sitzende Kostüm.

Doch was genau macht ein perfektes Styling aus? Ein vernachlässigtes Äußeres ist auf jeden Fall problematisch. Ganz einfach, weil ich damit ein negatives Signal aussende. Etwas völlig anderes ist es, wenn ich mich wohl fühle in meiner Haut und das auch nach außen transportiere. Andere sehen sofort, ob ich auf mein Erscheinungsbild achte oder nicht. Und je mehr ich darauf achte und je sorgfältiger ich mich um mein Äußeres bemühe, desto attraktiver bin ich in den Augen anderer.

Frauen bekommen Komplimente nicht, weil ihnen etwas besonders gut steht, sondern vor allem, weil sie sich darin besonders wohl fühlen – und genau das ist es, was sie attraktiv erscheinen lässt. Ich trage etwas ganz anders, wenn es mich gut kleidet, und das strahle ich schließlich aus. Es ist also ganz egal, für welchen Stil oder welche Mode ich mich entscheide. Hauptsache, ich fühle mich wohl in dem, was ich trage.

Sie mögen jetzt vielleicht einwenden: »Aber in meiner Lieblingsjeans und meinem Fleecepulli fühle ich mich einfach am wohlsten.« Das mag ja sein. Vielleicht im Alltag. Allerdings nicht in der Lobby eines Fünf-Sterne-Hotels. Das nehme ich Ihnen einfach nicht ab. Da werden Sie sich in Ihren gemütlichen Klamotten eher deplaziert fühlen. Und auch für einen Flirt gibt es immer ein besseres Outfit.

Attraktivität macht begehrenswert. Nur was macht mich attraktiv?

Wie hole ich das Beste aus mir heraus? Für das passende Styling gibt es Modemagazine und professionelle Berater. Fragen Sie doch einfach mal Ihren Friseur. Den bezahlen Sie schließlich nicht nur dafür, dass er Ihnen die Haare schneidet, sondern auch dafür, dass er sich mit dem Thema Haare und perfektes Styling auseinandersetzt. Es verlangt ja niemand von Ihnen, dass Sie jetzt Ihren Job an den Nagel hängen und sich nur noch Ihrem Äußeren widmen. Selbst wenn Sie ein Modemagazin kaufen, bezahlen Sie im Grunde dafür, dass andere Menschen sich professionell damit beschäftigen, was ein gutes Styling ausmacht, und diese Informationen für Sie aufbereiten. Also nutzen Sie dieses Wissen.

»Das ist mir jetzt aber ein bisschen zu allgemein«, denken Sie sich die ganze Zeit, während Sie die letzten Abschnitte gelesen haben. Nun gut, dann eben noch ein paar konkrete Tipps hinterher:

- Eine Freundin hat mir mal eine interessante Theorie verraten: Bei Frauen kommt es eigentlich nur auf die Frisur und auf die Schuhe an. Alles dazwischen ist mehr oder weniger egal. Stimmt eigentlich. Auch in Jeans und T-Shirt kann eine Frau hinreißend aussehen, wenn sie dazu High Heels und eine tolle Frisur trägt. Also neue Schuhe kaufen und einen Termin beim Friseur ausmachen. Dann können Sie fast alles aus Ihrer Garderobe hervorziehen.
- Modemagazine erteilen fast immer die gleichen Schminktipps: Entweder die Lippen *oder* die Augen betonen. Beides zusammen ist einfach zu viel des Guten. Welche Farben und welches Styling gerade angesagt sind, erfahren Sie in der neuesten Ausgabe der *Vogue, Glamour* oder wie sie alle heißen.
- Ähnliches gilt für die Wahl des Outfits: »Ich mag es überhaupt nicht, zu viel Haut zu zeigen: vielleicht mal die Beine, mal das Dekolleté, aber bitte nicht gleichzeitig«, sagt Margherita Missoni, Model und Erbin des gleichnamigen italienischen Modehauses. Also ein aufregendes Top zur schlichten Jeans *oder* ein Roll-

kragenpulli zu Rock und hohen Absätzen. Auch hier gilt: Mit tiefem Ausschnitt *und* superknappem Mini beweisen Sie nicht gerade Klasse. (Außerdem ist Ihr Gegenüber zu komplexen Unterhaltungen dann nur noch eingeschränkt fähig.)

- Die Missoni-Erbin hat ein Gespür für Mode und Stil und noch weitere Tipps auf Lager: »Ich hasse es, wenn man immer von Kopf bis Fuß von einem Designer eingekleidet ist. Das sieht etwas vulgär und angeberisch aus. In Europa gibt es noch eine Art Dresscode, das gefällt mir. Ich will nicht ständig Trainingsanzüge sehen. Ich ziehe mich gerne fein an. Abends keine Jeans, sondern ein schickes Kleid. Jeans sind was für tagsüber.«

Bei all dem gilt jedoch: Wenn ich mir ein neues Kleid kaufe, dann tue ich etwas für *mich* – ich investiere in *mein* Aussehen, *mein* Auftreten und *meinen* Erfolg. Ich kaufe das Kleid nicht, um einem Mann damit zu gefallen. Mein Äußeres ist keine Frage der Äußerlichkeit, sondern in erster Linie eine Frage der richtigen Einstellung – zu mir und zu meinem Äußeren. Und nur mit dieser Einstellung gelingt mir das perfekte Styling.

Die feminine Garderobe

Ein zeitloses Gebot in Sachen Mode hat Doris Langley Moore in *Die Kunst der Verführung* sehr treffend formuliert: »Die große Mehrheit der Männer weiß nicht viel mehr über die weibliche Garderobe, als dass sie teuer und leicht ist, und dass sie ihnen umso besser gefällt, je weniger sie sie an ihre eigene erinnert.« Männer mögen feminine Kleidung, also alles, was hauchzart, verspielt und eng anliegend ist. Besonders Röcke und Kleider. Daran hat sich bis heute wenig geändert. »Adrett und modisch«, mehr brauche es nicht, so Moore, um dem männlichen Auge zu schmeicheln.

Woran sich allerdings ebenfalls wenig geändert hat, ist das Unvermögen des Mannes, den modischen Aufwand überhaupt angemessen zu honorieren: »Die einzige Möglichkeit für einen durchschnittlichen Mann zu erkennen, ob du modisch gekleidet bist, ist zu bemerken, dass du mehr oder weniger so angezogen bist, wie die anderen Frauen, die er sieht.« Eine Frau, so Moore weiter, brauche gar nicht so viel Geld und Mühe in ihre Garderobe zu investieren, da »der weitaus größte Teil der Männer gar nicht Beobachter genug ist, um die wechselnden Kombinationen zu bemerken, geschweige denn, sie zu schätzen!«

Die Kleidung einer Frau muss also weder teuer noch topaktuell sein. Reizvoll für einen Mann ist in erster Linie solche Kleidung, die die Frau ein wenig hilflos erscheinen lässt – also alles, was ein wenig einengt und für normale Bewegungen eher hinderlich ist. Verführerisch ist all das, was im Grunde impliziert, dass die Trägerin bereit ist, eine gewisse Einschränkung ihrer Bewegungsfreiheit in Kauf zu nehmen, und sich damit von der eher praktischen und bequemen Kleidung der Männer absetzt. Damit signalisiere ich als Frau bereits eine gewisse Sinnlichkeit, ohne gleich meine Sexualität zu Markte zu tragen. Sinnliche Kleidung verhüllt und offenbart den weiblichen Körper gleichermaßen. Die subtile Gratwanderung zwischen Einladung und Verweigerung macht im Prinzip das ideale Outfit einer Frau aus.

Der glamouröse Auftritt

Der amerikanische Verführungskünstler Mystery hat die Flirt-Strategie des Peacocking (engl. *peacock* = der Pfau) entwickelt. Auf seinen Streifzügen durch die Nacht trägt er gerne mal eine Federboa oder eine übergroße Pelzmütze, dazu Halsketten und Armbänder, bunte Hemden und wallende Gewänder – einfach alles, was ihn so bunt und prachtvoll erscheinen lässt wie einen Pfau. Die Idee dahinter: Für eine Frau gibt es eigentlich keinen vernünftigen Grund, einen Mann anzusprechen. Also muss man ihr einen geben, damit sie es trotzdem tut.

Das Outfit als Anknüpfungspunkt? Die Strategie funktioniert. Und zwar regelmäßig. Eine derartige Verkleidung löst unweigerlich einen starken Impuls aus. Ob nun negativ oder positiv, ist zunächst einmal völlig egal. Hauptsache, es veranlasst den anderen, einen daraufhin anzusprechen. Schon ist man mitten im Gespräch. So erfüllt selbst eine alberne Federboa ihren Zweck.

Nun kann ich mir als Frau überlegen, ob ich dazu ein derart exzentrisches Äußeres wählen muss – oder ob ich meinem Styling einfach ein bisschen mehr als den üblichen Alltagsglamour verleihe, um den gleichen Effekt zu erzielen: Es geht in beiden Fällen um das Prinzip Auffallen. Und das kann ich als Frau natürlich auch in einem aufregenden Kleid.

Meike Rensch-Bergner, Erfinderin des »Uschi-Prinzips«, einer erfolgversprechenden Strategie, um Männer um den Finger zu wickeln, beschreibt in ihrem gleichnamigen Buch ein ähnliches Phänomen: Auch sie hat festgestellt, dass Männer einfach einen leichten Einstieg brauchen, um Frauen anzusprechen. Zusammen mit ihren Freundinnen hat sie sich eines Abends aufgemacht, die Männerwelt zu erobern. Alle trugen dabei die gleichen T-Shirts mit dem Namen »Uschi« in glitzernden Lettern auf der Brust. Und … sie hatten offensichtlich jede Menge Spaß.

Wenn ich abends in einer Bar eine Frau mit steifgebügelter Bluse unter einem dicken, gemusterten Strickpullover sehe, frage ich mich manchmal, ob das wirklich alles ist, was ihr Kleiderschrank für diesen Ausflug ins Nachtleben so zu bieten hatte. Vielleicht, denke ich mir dann, *will* sie auch einfach niemanden kennenlernen? So könnte es jedenfalls schwierig werden. Derart zugeknöpft sieht vielleicht Jennifer Lopez noch ganz heiß aus. Aber jede andere Frau sollte sich doch immer wieder vor Augen halten, dass auch das Äußere eine Kommunikationsform ist. Und ein derart zugeknöpftes Auftreten demonstriert nun mal nicht gerade Offenheit.

Ein glamouröser Auftritt erfüllt aber noch einen ganz anderen Zweck. Der Spruch »Kleider machen Leute« bedeutet nicht nur, dass unsere Umwelt uns anders wahrnimmt, je nachdem, was wir gerade anhaben. Auch wir selbst fühlen uns in einem Abendkleid deutlich anders als in der abgetragenen Jeans. Und wir verhalten uns auch anders.

Ich liebe Partys. Vor allem deshalb, weil man sich endlich mal so richtig schön aufbrezeln kann. Ich trage hohe Schuhe, sündhaft teure Strümpfe, ein Kleid aus edlem Stoff und natürlich Schmuck. Und darin bewege ich mich garantiert aufreizender und femininer als in Kapuzenpulli und Turnschuhen.

Es ist ein bisschen wie beim Karneval. Ich schlüpfe in eine andere Rolle. Nur dass ich mir natürlich ein Kostüm aussuche, in dem ich wundervoll und begehrenswert aussehe. Wer schon mal Karneval in Köln erlebt hat, der weiß, wie es ist, wenn auf einmal völlig normale und ansonsten eher unscheinbare Menschen ausgelassen und fröhlich feiern, als gäbe es keinen Morgen danach. Sie haben jede Menge Spaß. Und das liegt nicht nur am Alkohol. Sie alle haben sich verkleidet, und das gibt ihnen die Möglichkeit, für ein paar Stunden jemand anderes sein zu können.

Auch wenn wir uns im Alltag besonders viel Glamour normalerweise nicht zutrauen, so kommt uns doch eines sicher bekannt vor: Auf einer Party werden wir plötzlich mutiger, machen uns sichtbar, setzen unsere Reize ein – und stellen überrascht fest, dass wir damit Riesenerfolg haben.

Warum also nicht ein bisschen mehr Glamour im Alltag wagen? Schadet nie.

Übung 22

Machen Sie den Vergleich. Gehen Sie aus und tragen einen dicken Rollkragenpullover, Jeans und Turnschuhe. Wählen Sie am nächsten Abend eine etwas femininere Garderobe. Nichts übertrieben Aufreizendes, eher raffiniert und verspielt. Achten Sie auf die Blicke der Männer. Achten Sie aber auch auf Ihre eigenen Bewegungen.

4 Verstehen – die Spezies Mann

»Der Mann,« so schreibt Peter Lückemeier, *FAZ*-Lokalchef und Autor des Buches *Männer verstehen,* »ist in der Lage, morgens um sieben auf nüchternen Magen das übrig gebliebene Stück Pizza vom Vorabend aufzuessen.« Uns Frauen ist das ein Rätsel. Auch, dass ein Mann jenseits der 40 morgens nicht aus dem Bett kommt, weil er die ganze Nacht Playstation 2 spielen musste. Echte Tränen vergossen hat er das letzte Mal, als seine Lieblingsfußballmannschaft aus der Bundesliga abgestiegen ist. Und für den gepflegten Smalltalk auf Partys ist er schlichtweg nicht zu gebrauchen – es sei denn, das polnische Au-pair schaut zu später Stunde noch auf einen Sprung vorbei. Auf einmal entpuppt sich derselbe Mann als redegewandter Charmebolzen.

Männer sind uns in vielerlei Hinsicht ein Rätsel. Aber wir können natürlich lernen, sie besser einzuschätzen. Wir müssen uns nur mit ihren Denkweisen vertraut machen und ihr Verhalten studieren. Wir müssen lernen, die wenigen Signale, die Männer aussenden, richtig zu deuten, und ihre Reaktionen auf weibliches Verhalten entsprechend einzuordnen.

Damit das gelingt, müssen wir uns zuerst mit der männlichen Psyche vertraut machen, das Selektionsverhalten des Mannes analysieren und dann lernen, seine Körpersprache richtig zu deuten. Erst wenn wir diese drei Koordinaten kennen, können wir den Flirt kontrollieren.

Die männliche Psyche

Männer sind anders als Frauen. Und zwar von Anfang an. Das zumindest behauptet der britische Psychologe Simon Baron-Cohen in seinem Buch *Vom ersten Tag an anders.* Er hat 100 Neugeborene an ihrem ersten Lebenstag filmen lassen, ohne das Geschlecht der Babys zu kennen. Das Ergebnis: Schon die weiblichen Säuglinge interessierten sich auffallend mehr für das Bild eines menschlichen Gesichts als für ein Mobile gleicher Größe, das aus Fragmenten eines Gesichts zusammengesetzt war. Es hatte die gleichen Bestandteile, aber es ergab kein Gesicht. Die Mädchen schauten jeweils länger auf das Gesicht, die Jungen auf das Mobile.

Baron-Cohen schloss daraus, dass Frauen ein E-Hirn (für Empathie) haben, mit dem sie von Natur aus mehr Einfühlungsvermögen zeigen können. Männer hingegen verfügen über ein S-Hirn (für Systematik), mit dem sie die Welt um sich herum systematisch und analysierend begreifen. Die Erklärung des Psychologen: Bereits im Mutterleib werden männliche und weibliche Gehirne aufgrund unterschiedlicher Hormonkonzentrationen unterschiedlich programmiert.

Angesichts der wissenschaftlichen Ergebnisse ist die Erwartung, sich mit einem Mann auf die gleiche Art und Weise über Gefühle auszutauschen wie mit der besten Freundin, vor allem eines: unrealistisch. Damit überfordern Sie ganz einfach das männliche Gehirn. Statt Einfühlungsvermögen einzufordern, müssen wir dazu übergehen, so etwas wie Unterstützung, Verständnis, Zuhören und Aufmerksamkeit auch bei anderen Menschen zu suchen und nicht ausgerechnet unserer neuen Flamme abzuverlangen. Zumindest nicht ausschließlich. Seele trösten, Tränen trocknen – dafür eignen sich Männer nun mal nicht besonders.

Das andere, was wir über das männliche Gehirn wissen, ist, dass es in der Regel größer und im Gegensatz zum weiblichen weniger vernetzt ist. Folglich herrscht im Gehirn der Männer eine »strikte Arbeitsteilung«, wie der Psychologe und Wissenschaftsjournalist Bas Kast es genannt hat. Auch Allan und Barbara Pease zitieren verschiedene Studien, die vermuten lassen, dass Männergehirne stärker in einzelne Bereiche unterteilt sind und Informationen daher besser trennen und abspeichern können. Der Mann, so die Autoren, sei in der Lage, einzelne Informationen einfach in Schubladen abzulegen, wenn er sich mit bestimmten Dingen im Augenblick nicht auseinandersetzen will.

Diese Erkenntnisse lassen folgenden Schluss zu: Männer können meist schlechter als Frauen zwei Dinge gleichzeitig tun, also nicht die Sportschau gucken und gleichzeitig ihrer Liebsten die Frage beantworten, welche der vorgeführten Schuhe wohl besser zu ihrem Kleid passen, die roten oder die silberfarbenen. Das ist praktisch nicht möglich. Zwar haben Neurowissenschaftler und Arbeitspsychologen den Mythos von der weiblichen Multitasking-Fähigkeit mittlerweile entzaubert. Auch möchte ich geschlechterspezifische Klischees nicht übermäßig strapazieren. Doch wenn jemand in der Lage ist, seinem jüngsten Spross die Windeln zu wechseln, gleichzeitig zu telefonieren und währenddessen auch noch die beiden Älteren plus Nachbarskind im Auge zu behalten, dann ist es in der Regel die Frau und nicht der Mann.

Männer sind einfach gestrickt, sowohl was ihr Einfühlungsvermögen als auch was ihre kommunikativen Fähigkeiten angeht. Das kann hin und wieder einigen Unmut zwischen den Geschlechtern hervorrufen. Aber im Grunde ist das eine überaus positive Nachricht: Denn beim Flirt sind die Schlichtheit und die Berechenbarkeit eines Mannes ein entscheidender Vorteil. Männer sind im Grunde leicht einzuschätzen, viele ihrer Handlungen sind wunderbar voraussehbar.

Einen Alpha-Mann erkenne ich nicht nur an seinen breiten Schultern, dem dicken Auto und der Selbstsicherheit, mit der er anderen ins Wort fällt. Mir fällt es auch nicht besonders schwer, seinen Ehrgeiz anzustacheln, indem ich meine Ansprüche einfach beliebig in die Höhe schraube und mich wählerisch und unnahbar gebe.

Ein Softwareprogrammierer oder Tiefbauingenieur ist vielleicht ein zuverlässiger Kerl mit gleichbleibenden Einkommensverhältnissen, aber mit aller Wahrscheinlichkeit kein Schöngeist oder herausragendes Kommunikationstalent. Wenn ich jedoch bei meinem zukünftigen Partner Wert auf emotionale Nähe und verbalen Austausch lege, dann weiß ich zumindest schon vorher, dass solche Eigenschaften bei diesem Typ Mann eher unterbelichtet sind.

Genauso verhält es sich mit dem charmanten Nachbarn mit den wunderbaren grünen Augen und dem hinreißenden Lächeln, der sich gerade an mich ranmacht, obwohl er erst vor einem halben Jahr mit seiner neuen Frau – Ehefrau Nummer vier – nebenan eingezogen ist. Sollte ich seine Liebesbekundungen jemals erhören, muss ich mich darauf gefasst machen, dass auch ich vermutlich nicht die letzte Frau in seinem Leben bleiben werde.

Ich habe als Frau beim Flirten aber noch einen ganz anderen bedeutenden Vorteil: Frauen nehmen Kommunikation nicht nur anders wahr, sie haben auch ganz andere Fähigkeiten, die kommunikativen Signale eines Mannes zu entschlüsseln. Frauen nehmen im Gespräch die Signale eines Mannes auf, jagen sie durch ihr Gehirn und fahnden in ihrer Gefühlsdatenbank nach einem Treffer. Frauen sind Expertinnen darin, Gesichter zu lesen, Töne zu deuten und emotionale Nuancen einzuordnen. »Das weibliche Gehirn ist ein emotionaler Privatdetektiv«, schreibt Oliver Kuhn. Eine Frau, so der Flirt-Profi, könne »wie ein menschlicher Gefühlsdetektor« die Gedanken eines Mannes entschlüsseln.

Männer wissen, dass sie uns im Grunde nichts vormachen können. Jetzt müssen wir nur noch lernen, unseren Instinkten zu vertrauen und seine Signale richtig zu deuten. Immerhin gehört das zu unseren Topqualitäten.

Das Sexualhormon Testosteron

Das Testosteron ist an allem schuld. Männer mit einem höheren Spiegel des Sexualhormons sind statistisch gesehen seltener verheiratet, und wenn doch, dann gehen sie öfters fremd. Sie streiten sich mehr, werden schneller handgreiflich und lassen sich häufiger scheiden als solche mit einem niedrigeren Testosteronspiegel. Das schreibt Bas Kast in seinem Bestseller *Die Liebe und wie sich Leidenschaft erklärt*. Einen hohen Testosteronspiegel erkennen wir bei einem Mann an seinem kantigen Gesicht, seinem kräftigen Kinn, seinem herausfordernden Blick und seiner dominanten Ausstrahlung. Dummerweise das eine oder andere Attribut, das uns durchaus gefällt – und zwar in besonderem Maße an unseren fruchtbaren Tagen.

Wissenschaftler haben herausgefunden, dass Frauen instinktiv während der Ovulation nach dem bestmöglichen Erbgut und damit den kantig-harten Typen mit hohem Testosteronwert Ausschau halten. An den anderen Tagen mögen wir wiederum Männer mit weicheren Gesichtszügen, weil diese sich eher als liebevolle Gatten und treusorgende Familienväter eignen. Uns kann man es irgendwie auch nur schwer recht machen.

Anfangs haben alle Föten das gleiche Gehirn. Nach einigen Wochen setzt jedoch bei männlichen Embryonen die Produktion des Geschlechtshormons Testosteron ein. Was passiert? Bestimmte Zellen im Kommunikationszentrum der Jungs bilden sich zurück. Dafür, so die amerikanische Neuropsychologin Louann Brizendine, wachsen in den Regionen, die für Angst, Aggression und Erregung zuständig sind, mehr Zellen heran. Schon bei der Geburt besitzen weibliche Babys weiterentwickelte Gehirnareale, die der Kommunikation und Verarbeitung von Gefühlen dienen. Eine britische Langzeitstudie mit 3000 Zwillingspaaren ergab, dass die Mädchen im Alter von zwei Jahren eindeutig höhere Sprachfähigkeiten hatten als ihre männlichen Geschwister. Brizendine behauptet, Frauen seien so gesehen auf einer achtspurigen Gefühlsautobahn unterwegs, Männer hingegen bestenfalls auf einer emotionalen Landstraße.

Diese weibliche Fähigkeit ist allerdings aus der Sicht der Männer nicht unbedingt von Vorteil. Nicht wenige sind der Meinung, dass Frauen von Zeit zu Zeit auch etwas weniger reden könnten. Wenn Männer zusammen fischen gehen, können sie stundenlang wortlos nebeneinandersitzen. Sogar beim gemeinsamen Bier in ihrer Stammkneipe. Männer können sich der Gesellschaft des anderen erfreuen, ohne dabei auch nur ein Wort zu wechseln.

Wenn Frauen dagegen zusammen etwas unternehmen und keine würde auch nur ein Wort von sich geben, dann käme das einer mittleren Katastrophe gleich. Da muss schon die eine der anderen zuvor den Typen ausgespannt haben. Irgendetwas in der Richtung. Für Frauen besteht der Sinn des Redens darin, Beziehungen herzustellen und zu festigen. Sie fühlen sich sofort unwohl, wenn die Kommunikation schleppend verläuft. Männer haben da eine ganz andere Frustrationstoleranz.

Männer haben ein grundsätzlich anderes Kommunikationsverhalten – auch das ist evolutionsbiologisch geprägt. Männer waren über Tausende von Generationen hinweg Jäger und Nahrungsmittellieferanten. Auf der Jagd waren knappe Anweisungen ausreichend. Gefragt war ein maximaler Informationsgehalt bei einer minimalen Anzahl von Wörtern. Noch heute lieben Männer klare Worte und genaue Definitionen. Für Frauen ist eine Unterhaltung da, um Beziehungen zu pflegen, Anteil zu nehmen und sich Stress von der Seele zu reden. Männer nutzen ein Gespräch in erster Linie, um Informationen auszutauschen. Und darüber hinaus verhältnismäßig oft zur Selbstdarstellung.

Als Frau darf ich allerdings nie den Fehler machen, zu glauben, ich stünde in der Verantwortung, die Unterhaltung zu schmeißen, nur weil Männer aufgrund ihres höheren Testosteronspiegels nicht gerade als Kommunikationstalente gerühmt werden. Frauen sind in der Regel eloquent, nie um Worte verlegen und stets bemüht, Pausen zu überbrücken. Doch wenn eine Frau ständig versucht, unangenehme Gesprächspausen zu füllen oder mit ihrer brillanten Konversation zu beeindrucken, sendet sie damit in Wirklichkeit das wenig reizvolle Signal, dass sie die Führung übernehmen und die Unterhaltung steuern will. Das wiederum macht eine Frau nicht unbedingt attraktiv. Zumindest nicht für einen Mann.

Die richtige Strategie (trotz der eingeschränkten Kommunikationsfähigkeit der Männer) lautet: Wenn ein Mann mich zu einem Date einlädt, dann soll er mich auch angemessen unterhalten. Er hat mich schließlich um ein Treffen gebeten, also ist er auch für die Unterhaltung zuständig.

Übung 23

Gehen Sie mit einem Mann aus und überlassen Sie ihm das Reden. Leichte Übung, denken Sie? Nein, leider eine der schwersten. Versuchen Sie es trotzdem. Unterdrücken Sie den Impuls, das Gespräch am Laufen zu halten. Ermuntern Sie ihn stattdessen mit interessierten Blicken und einem gelegentlichen Nicken zum Weiterreden. Keine Sorge, Sie können sich in Zukunft wieder mehr in die Unterhaltung mit einem Mann einbringen. Aber einen ganzen Abend lang sollten Sie das wenigstens mal durchziehen.

Wen Männer wählen

Für eine Studie zur heutigen Partnerwahl untersuchte der Psychologe Manfred Hassebrauck von der Universität Wuppertal 347 Heiratsanzeigen und stellte fest: Die meisten männlichen Zuschriften erhielt – wenig überraschend – die schlichte Formulierung: »Sie, 21, attraktiv, sucht Partner.«

Frauen, so hat sich gezeigt, denken bei der Partnerwahl durchaus pragmatisch und auf der Basis einer realistischen Selbsteinschätzung: Sie suchen solche Männer, die ihnen materielle Sicherheit bieten können und dabei ähnliche Vorzüge in Bezug auf körperliche Attraktivität oder gesellschaftlichen Status aufweisen. Männer hingegen sind stets auf der Suche nach der attraktivsten Frau, bei der sie landen können – oft in gnadenloser Verkennung des eigenen Marktwerts.

Doch warum suchen Männer in erster Linie Schönheit und Jugendlichkeit? Um diese Frage zu beantworten, muss man ganz weit zurückgehen in die Entwicklungsgeschichte der Menschheit. In der Steinzeit bevorzugten Männer solche Frauen, deren Äußeres auf »gute« Gene, also Gesundheit und hohe Fruchtbarkeit schließen ließ. Das hatte schlichtweg den Hintergrund, dass Männer, die sich für eine Frau entschieden, die nicht im gebärfähigen Alter war, keine Nachkommen hinterließen. Genauso erging es dem Steinzeit-Mann, der an eine kranke oder schwache Frau geriet. Über Tausende von Generationen hat sich also ein Auswahlmechanismus herausgebildet, der die Männer dazu bewegt, Frauen auf dem Gipfel ihrer Fruchtbarkeit auszuwählen.

Schönheit gegen Status

Männer haben im Laufe der Evolution gelernt, intuitiv die biologische Fitness einer Frau an ihrem Äußeren zu erkennen. Während Männer beim Spiel um Angebot und Nachfrage immerhin noch ihren sozialen Status mit in die Waagschale werfen können, müssen Frauen, die von Männern bevorzugt werden, am besten jung und schön sein. »Schönheit gegen Status« heißt das Tauschgeschäft der Liebe.

Frauen werben mit ihrer Schönheit und stellen Eigenschaften zur Schau, die Fortpflanzungsfähigkeit und Gesundheit ausstrahlen. Sie suchen bei Männern nach Status und Erfolg, finanzieller Sicherheit, Intellekt, Stärke, Mut, Ehrgeiz, Zielstrebigkeit und Durchsetzungsvermögen. Männer hingegen werben mit Status und Verdienstkraft und suchen Attraktivität und damit die bestmögliche Gen-Ausstattung.

Die scheinbare Ungerechtigkeit daran: Männer können ein weniger ansprechendes Äußeres immerhin noch mit einer dominanten Haltung oder charakterlichen Eigenschaften wettmachen. Auch mit Worten. Schon Voltaire war sich dessen bewusst und behauptete: »Gib mir zehn Minuten, um mein hässliches Gesicht wegzuquatschen, und ich werde die Königin von Frankreich verführen.« Männer haben also auf den ersten Blick reellere Chancen, wenn es ihnen an optischen Vorzügen mangelt.

Aber nur auf den ersten Blick. Denn Frauen sind im Vergleich zu Männern bedeutend wählerischer. Was allein schon daran erkennbar ist, dass ihr Kriterienkatalog meist deutlich länger ausfällt als der der Männer. Die Ansprüche an den Mann sind vielfältig, so der

Evolutionspsychologe David Buss. Zu den am häufigsten genannten Auswahlkriterien zählen: Zuverlässigkeit, Ehrlichkeit, Rücksichtnahme, Freundlichkeit, Kinderliebe, hoher sozialer Status und gutes Einkommen, Ehrgeiz und Karrierebewusstsein, gute Herkunft und eine gewisse Körpergröße. Frauen arbeiten also eine auffallend lange Liste ab, bevor sie sich für einen Mann entscheiden. Auf der Wunschliste der Männer steht nur: Aussehen, Kochkünste und Sparsamkeit.

Erfolgreiche Männer – junge Frauen

Österreichische Wissenschaftler haben nachgewiesen, dass die Wahrscheinlichkeit für einen Mann, möglichst viele Nachkommen zu zeugen, dann am größten ist, wenn seine Partnerin etwa sechs Jahre jünger ist als er. Das würde erklären, warum Männer jüngere Frauen als Partnerinnen bevorzugen. In der Realität kommt ein Altersunterschied von sechs Jahren allerdings eher selten vor, berichten die Forscher. Frühere Erhebungen ergaben, dass Männer in der Regel Frauen wählen, die nur zweieinhalb Jahre jünger sind als sie selbst.

Interessanter sind allerdings die Zahlen derjenigen Probanden, deren Partnerschaft nach dem ersten Kind auseinanderging: Sie entschieden sich anschließend durchgehend für jüngere Partner, und zwar sowohl Männer als auch Frauen – wohl auch um den eigenen Fruchtbarkeitsverlust zu kompensieren.

Verhaltensbiologen halten die Paarung von Topverdiener und Lolita im Übrigen für durchaus sinnvoll. Bei ihrer körperlichen Jugend und seiner Lebenserfahrung und Solidität hat der Nachwuchs optimale Entwicklungschancen.

Gleich und Gleich gesellt sich gern

Tatsächlich kommt es bei der Partnerwahl dann doch wieder nicht allein auf Alter und Aussehen an. Die meisten von uns wählen Partner, die uns in verschiedener Hinsicht ähnlich sind. Das zumindest haben amerikanische Studenten in einer Untersuchung der Psychologen und Verhaltensforscher Peter Buston und Stephen Emlen von der Cornell University zu Protokoll gegeben. In westlichen Gesellschaften, so das Fazit der Studie, ginge es eher um Präferenzen für Partner, die einem in einer Vielzahl von Charakteristika ähnlich sind. Es sind also nicht die sprichwörtlichen Gegensätze, die sich anziehen, sondern der Mensch sehnt sich in seiner Partnerschaft offenbar nach Ähnlichkeit.

Die beiden Forscher hatten die Teilnehmer einmal nach deren Eigenschaften und in einem zweiten Durchgang nach denen ihres Idealpartners befragt und festgestellt, dass beide Fragebögen erstaunliche Übereinstimmungen ergaben. »Offensichtlich suchen wir ein Gegenüber, das möglichst viele Eigenschaften und Einstellungen mit uns teilt«, resümiert Emlen. Bevorzugt wurden auf beiden Seiten solche Eigenschaften wie Familienbewusstsein, Treue und Hingabe. Das Aussehen, so die Psychologen, spiele dabei nur eine sekundäre Rolle – allerdings mit Ausnahme derer, die sich selbst als besonders attraktiv einstuften.

Peter Todd, Kognitionspsychologe von der Indiana University Bloomington, konnte bei einer Befragung von Teilnehmern einer Speed-Dating-Runde außerdem Folgendes feststellen: Die Männer stürzten sich, wie zu erwarten, alle auf die attraktivsten Frauen, während die weiblichen Teilnehmer sich ausschließlich von materiellem Reichtum und Sicherheit angezogen fühlten.

Während die Frauen sich jedoch nur mit jedem dritten Mann nochmals treffen wollten, waren die Herren weitaus offener: Sie konnten sich immerhin mit jeder zweiten Frau ein nächstes Date vorstellen. Das, so die Forscher, decke sich auch mit Ergebnissen früherer Studien. Untersuchungen hatten ergeben, dass Männer sich viel eher eine auch nur halbwegs ansehnliche Frau als potenzielle Partnerin vorstellen können und meist bedeutend weniger wählerisch sind als umgekehrt die Frauen.

Dabei gilt es allerdings zu unterscheiden, von welchem Typus

Mann wir reden. Ausgesprochen dominante Alpha-Männer, so der Evolutionsbiologe Karl Grammer von der Universität Graz, seien zwar mindestens genauso wählerisch wie Frauen. Doch der Durchschnittsmann sei bei seiner Partnerwahl durchaus offen, erklärt Grammer: »Alpha-Männchen können es sich erlauben, die Puppen tanzen zu lassen.« Beta-Männchen seien hingegen weniger anspruchsvoll. »Die setzen sich eine Schwelle«, so der Verhaltensforscher, »und die erste, die drüber guckt und greifbar ist, wird genommen«.

Wenn Karl Grammer von »Männchen« und »Weibchen« spricht, dann meint er übrigens nicht irgendeine seltene Affenart, sondern das Paarungsverhalten moderner Großstädter. Sein Fazit: Wenn es denn nicht unbedingt der Leithammel unter den männlichen Bewerbern sein muss, dann haben Frauen durchaus reelle Chancen bei einem Mann ihrer Wahl zu landen.

Übung 24

Betonen Sie Gemeinsamkeiten. Besser noch, lassen Sie mögliche Gemeinsamkeiten von ihm feststellen. Doch statt sich anzubiedern (»Ach tatsächlich, Du reist gerne? Ich liebe reisen!«), erzählen Sie einfach, wo Sie schon überall gewesen sind. Dass Sie durchaus unternehmungslustig sind (und daher wahnsinnig gut zu ihm, dem Weltenbummler, passen würden), wird er dann schon merken.

Die männliche Selektion

Warum flirten wir überhaupt? Warum nehmen wir nicht einfach den Erstbesten? Das Flirten als Strategie des rigorosen Partnerchecks hat sich im Laufe der Jahrtausende durchgesetzt. Frauen suchen Sicherheit für sich und ihre Nachkommen. Männer suchen die bestmögliche Qualität weiblicher Gene. Während ein Mann an einem einzigen Tag mehrere Millionen Spermien produzieren kann, hält die Frau normalerweise nur eine einzige Eizelle zur Befruchtung bereit. Biologisch gesehen wären die Konsequenzen einer falschen Partnerwahl für die Frau weitaus verheerender als für den Mann. Er muss sich zwar mit möglichen Unterhaltszahlungen herumschlagen, sie aber riskiert Jahre ihres Lebens.

Dieses biologisch verankerte Programm prägt auch die Partnerwahl. Männer sind grundsätzlich offener und interessierter, Frauen dagegen vorsichtiger und wählerischer. »Männer sind körperlich und psychisch in der Lage, binnen weniger Minuten für eine Frau schwärmerische Liebesgefühle zu empfinden«, schreibt *Playboy*-Chefreporter Oliver Kuhn. Die schnelle Paarungsbereitschaft des Mannes, so sein Argument, sei von evolutionärem Vorteil und stelle sicher, dass er keine Gelegenheit verpasst, sein Erbgut zu verbreiten. Diese biologische Programmierung hat auch das Flirt-Verhalten des Mannes entscheidend geprägt: Die Wahrscheinlichkeit, dass eine Frau von einem Mann beim Ansprechen einen Korb bekommt, ist also bei weitem geringer als umgekehrt.

Wir müssen es nur richtig anstellen.

Wie gehen wir also am besten vor? Begegnen wir einem Menschen das erste Mal, dann gehen wir ganz automatisch eine Checkliste durch. Wir schätzen Alter, Größe und Proportionen ein. Wir beurteilen Schönheit, Gesundheit und körperliche Ausstrahlung. Wir nehmen spezifische Reize wahr, die individuell sehr unterschiedlich sein können, etwa die Stimme oder die Haarfarbe unseres Gegenübers. Diese Wahrnehmungen lösen in uns teils bewusste, teils unbewusste Reaktionen aus, die jedoch maßgeblich an unserer abschließenden Beurteilung beteiligt sind.

Weil es jedoch den Männern im Vergleich zu Frauen an neuronalen Verbindungen in ihrem Gehirn mangelt, ziehen sie zur Beurteilung einer potenziellen Bewerberin zunächst nur das Äußere heran – das Gesicht, die Figur, die Kleidung. Männer reagieren vor allem auf visuelle Reize. Sie sind optische Rasterfahnder, behauptet der britische Verhaltensforscher Desmond Morris: »Wenn sie eine Partnerin suchen, checken sie tausend winzige Details an Make-up und

Kleidung sowie anderen optischen Elementen. Der Computer in ihrem Schädel macht jedes Mal blitzschnelle Berechnungen, wer als attraktives Wesen einzustufen ist, und bewertet auf der Stelle dessen Potenzial als Partner.«

Reicht die Zeit für einen gründlicheren Check, ziehen Männer auch andere Charakteristika in Betracht, etwa ihre Ausstrahlung, ihren Charme und Esprit, ihre Bewegungsqualität (Eleganz, Geschmeidigkeit), bestimmte Verhaltensmuster. Aber eben nur, wenn die Zeit ausreicht. Männer sind nun mal keine emotionalen Privatdetektive.

Was bedeutet das nun für den erfolgreichen Flirt? Wenn wir beeinflussen wollen, welches Urteil ein Mann über die alles entscheidende Frage »Passt sie zu mir?« fällt, dann müssen wir ihm auf jeden Fall etwas mehr Zeit geben.

Männer fühlen sich zu allem hingezogen, was an uns weiblich ist. Östrogene machen sexy. Fruchtbarkeit und Reproduktionsfähigkeit wirken attraktiv. Jenseits dieser biologisch festgelegten Kriterien scheint mir jedoch, dass auch Männer einen Katalog von Kriterien und Vorstellungen von einer potenziellen Partnerin haben, den sie bewusst oder unterbewusst Punkt für Punkt abhaken. Dies wäre dann der intellektuelle Anteil bei der Partnersuche, der je nach Typ unterschiedlich stark ausgeprägt ist.

Die Attribute, die eine große Mehrheit der Männer an Frauen schätzt:

- *Positive Ausstrahlung:* Ist sie fröhlich und unbeschwert? Ist sie mit sich zufrieden? Wirkt sie ausgeglichen? Sobald sich Zartheit und Zerbrechlichkeit einer Frau weniger auf ihr Äußeres, sondern mehr auf ihre Psyche beziehen, sind die meisten Männer lieber vorsichtig.
- *Unabhängigkeit:* Steht sie mit beiden Beinen im Leben? Hat sie ihren eigenen Kopf? Männer haben stets Angst um ihre Unabhängigkeit. Lebt sie ein offensichtlich ausgefülltes Leben, sieht er seinen Freiraum für Hobbys und Freunde nicht bedroht.

- *Gepflegtes Äußeres:* Achtet sie auf ihr Aussehen? Oder trägt sie Schlabberlook und kaut Fingernägel? Ist ihr Make-up viel zu dick aufgetragen? Das Äußere einer Frau sollte am besten immer eine raffinierte Andeutung dessen sein, was ihn möglicherweise erwarten könnte. Das ist verführerisch.
- *Soziale Verankerung:* Hat sie nur drei Freundinnen oder kommt sie im Grunde mit allen Menschen zurecht? Kann man sie auf jede Party mitnehmen? Amüsiert sie sich in launiger Runde? Oder beschwert sie sich den ganzen Abend, dass man ihr nicht genug Aufmerksamkeit schenkt?
- *Humor:* Charme, Witz und Esprit. Nicht nur ein Zeichen für Intelligenz, sondern eine ganze Lebenshaltung. Für Männer wie Frauen gleichermaßen wichtig.
- *Unschuld:* Unschuldige Frauen ziehen Männer magisch an. Am liebsten wären sie die Ersten und Einzigen im Leben einer Frau. Jeder Mann will sich am liebsten wie ein Bauer fühlen, der ein neues Feld bestellt. Das ist natürlich nicht immer realistisch. Dennoch: Mit verflossenen Eroberungen zu prahlen, kommt in der Regel nicht so gut an.
- *Treue:* Ein wichtiger Punkt für Männer. Es gibt keine schlimmere Vorstellung für einen Mann als die Ungewissheit, möglicherweise die Brut eines anderen aufzuziehen. Sexuelle Aufgeschlossenheit bei Frauen wird häufig als Zeichen potenzieller Untreue gewertet.

Die Körpersprache des Mannes

Die Körpersprache eines Mannes ist grundsätzlich weniger subtil als die der Frauen. Wenn Frauen unsicher sind, dann wirken sie oft abweisend und arrogant. Für Männer ist es dann schwierig, zwischen einer kaschierten Unsicherheit und dem echten Desinteresse einer Frau zu unterscheiden.

Ein Mann ist da vergleichsweise unkompliziert. Sein Interesse kann ich an seinem Gesicht und seiner Körpersprache deutlich ablesen. Wenn ein Mann nervös oder unsicher wirkt, dann ist das keine subtile Strategie, sondern ich habe ihn tatsächlich ein wenig aus der Fassung gebracht.

Ein Mann mag vielleicht zu feige sein, einer Frau direkt ins Gesicht zu sagen, dass er nicht an ihr interessiert ist. Allerdings wird er ihr genau das mit seiner Gestik und Mimik unmissverständlich mitteilen: Etwa wenn er seinen Kopf zu ihr dreht, aber sein Oberkörper weiterhin seinem Kumpel neben ihm an der Bar zugewandt bleibt. Oder er grüßt im Vorbeigehen, doch sein Lächeln wirkt aufgesetzt und sein Gang wirkt gehetzt. Oder er geht ihr gar aus dem Weg, wenn sie sich zufällig auf einer Party wiedertreffen sollten. Das ist mehr als eindeutig. Ein klares und unmissverständliches Signal seines Desinteresses.

Frauen neigen allerdings dazu, solche Signale umzudeuten. Vermutlich hat er seinen Kumpel schon lange nicht mehr gesehen, und die beiden haben sich viel zu erzählen. Offenbar ist er in Eile und hat einfach keine Zeit, kurz stehen zu bleiben und mich zu begrüßen. Wahrscheinlich hat er gerade viel um die Ohren und kann mich im Augenblick nicht zuordnen.

Es ist ein explizit weibliches Bedürfnis, angesichts solcher eigentlich so eindeutigen Situationen nach Erklärungen zu fahnden. Doch seien wir mal ehrlich, das sind im Grunde alles nur billige Ausreden. Ein Mann ist niemals ignorant, kühl oder abweisend – zumindest nicht, wenn er ernsthaft interessiert ist. Ein Mann mimt nicht den Unnahbahren, um dahinter seine Unsicherheit oder Nervosität zu verbergen. Er gibt sich nicht beschäftigt oder in Eile, obwohl er im Grunde doch nur meine Nähe sucht. Das Interesse eines Mannes lässt sich eins zu eins an seiner Gestik und seiner Mimik ablesen. Ein Mann wird es mich auf der Stelle wissen lassen, wenn er etwas von mir will. Sehr direkt und sehr schnörkellos.

Seine Signale deuten

Wenn ich die Kommunikation zwischen Mann und Frau perfekt beherrschen will, dann muss ich vor allem wissen, wann ich der Körpersprache des anderen wirklich Glauben schenken kann. Tracey Cox hat dazu die sogenannte Viererregel aufgestellt. Nur wer diese Regel beachte, so die amerikanische Flirt-Spezialistin, laufe nicht Gefahr, falsche Schlüsse zu ziehen.

Die Viererregel besagt, dass ich immer nach mindestens vier Anzeichen suchen muss, die gleichzeitig auftreten und auf das Gleiche hindeuten. Wenn ein Mann etwa mit verschränkten Armen dasitzt, kann es durchaus sein, dass er weder beleidigt ist, noch sich in einer Verteidigungshaltung befindet, sondern dass ihm einfach nur kalt ist. Oder vielleicht möchte er seinen Bauch verstecken. Wenn er aber darüber hinaus auch noch die Stirn runzelt, einen Schritt zurückweicht und die Lippen zusammenpresst, dann kann es vielleicht doch sein, dass ich soeben etwas Falsches gesagt habe. Das wären dann vier Anzeichen für ein und dieselbe Emotion und damit klar zu deuten.

Was aber tun, wenn ich widersprüchliche Signale empfange? Ein Mann lächelt mich zwar an, hat aber seine Beine über Kreuz, ganz unter den Stuhl gezogen und wirkt insgesamt unsicher? Tracey Cox behauptet, dass man in so einem Fall eher der unteren Körperhälfte Glauben schenken soll. Warum? Je weiter weg von unserem Kopf, desto unbewusster laufen unsere Gesten ab. Die meisten Menschen achten auf ihren Gesichtsausdruck und was sie mit ihren Händen ausdrücken. Doch nur sehr wenige Menschen kontrollieren die Haltung ihrer Beine und ihrer Füße. Und die sagt oft eine Menge darüber aus, was der andere wirklich denkt. Die Körpersprache-Expertin behauptet, sie habe auf Partys schon Männer beobachtet, die pflichtbewusst den Oberkörper ihrer Partnerin zuwenden, während die Füße ganz woanders hinzeigen – meist in Richtung einer attraktiven Frau.

Je weniger bewusst sich jemand seiner Gesten ist, desto glaubwürdiger sind diese einzuschätzen. Dasselbe gilt für körperliche Reaktionen wie Schwitzen oder erweiterte Pupillen – Zeichen, die niemand kontrollieren kann und die daher umso glaubwürdiger sind.

Übung 25

Beobachten Sie Männer an der Bushaltestelle, im Supermarkt, auf einer Party. Können Sie widersprüchliche Signale wahrnehmen? Versuchen Sie, vier einzelne Gesten ausfindig zu machen, die alle auf ein und dieselbe Emotion hindeuten, und festigen Sie so Ihr Urteil. Tun Sie sich mit einer Freundin zusammen und achten Sie gezielt auf körpersprachliche Signale um Sie herum. Sie werden mit Sicherheit einen sehr vergnüglichen Abend erleben.

Aufmerksamkeit oder Desinteresse?

Was uns gefällt, das schauen wir gerne an. Schaut ein Mann jedoch konsequent an mir vorbei oder auf den Boden, dann sinniert er nicht etwa über das Fischgrätmuster des Parketts. Er hat ganz offensichtlich kein Interesse. Lehnt sein Unterarm lässig auf dem Tresen und seine Hand baumelt gelangweilt nach unten, dann hat er nicht etwa einen harten Arbeitstag hinter sich und muss sich unbedingt abstützen. Er hat ganz offensichtlich kein Interesse. Zeigt sein Oberkörper in meine Richtung, Kopf und Fuß sind jedoch abgewandt und sein Knie leicht gebeugt, dann hat er keinen Haltungsschaden, sondern ist bereits auf dem Sprung. Er hat ganz offensichtlich kein Interesse.

Ein Mann, der wirklich an mir interessiert ist, wird immer versuchen, mich zu beeindrucken. Alles an ihm, sein Auftreten und seine Körpersprache, werden Selbstbewusstsein, Zielstrebigkeit und Dominanz ausstrahlen:

- Er wird sich aufrecht und gerade hinstellen. Er wird die Brust rausstrecken und seinen Bauch einziehen.
- Er wird sich breitbeinig hinstellen und die Hände in die Seiten

stützen. Er wird versuchen, sich größer zu machen und mehr Raum einzunehmen. Er wird sich recken und strecken und seinen Körper zur Geltung bringen. Er will imposant erscheinen.

- Er wird breitbeinig dasitzen. Er wird mit tiefer Stimme sprechen. Er wird Sie mit festem Blick anschauen.
- Er wird nach der Lehne des Stuhls greifen, auf dem Sie sitzen, oder einen Arm hinter Ihnen auf die Sofalehne legen.

Jeder Mann versucht im Gespräch mit einer Frau, sich ins rechte Licht zu rücken. Auch er will gefallen. Sofern er interessiert ist. Es ist ein weitverbreiteter Mythos, dass nur Frauen versuchen, sich in Gegenwart eines Mannes aufzuhübschen. Auch er wird alles daransetzen, gut auszusehen. Folgende Gesten deuten auf sein unmittelbares Interesse hin:

- Er fährt sich über seine Augenbrauen. Er streicht sich durch sein Haar. Er bringt seine Frisur in Ordnung. Er richtet seine Krawatte. Er streicht sein Jackett glatt. Er zieht seine Socken hoch. Er zupft Flusen von seiner Kleidung.
- Er fängt an, mehr zu rauchen. Er nippt immer öfter an seinem Bier. Er isst plötzlich schneller. Diese Art autoerotische Ersatzhandlung fühlt sich für ihn im Augenblick nicht nur gut an, sondern lenkt auch die Aufmerksamkeit auf seine Lippen.
- Er steht breitbeinig und mit vorgeschobener Hüfte da. Er will im Grunde zeigen, was er zu bieten hat.
- Er fängt an, seine Bierflasche oder seine Armlehne zu streicheln, während er Sie sehnsuchtsvoll anblickt.
- Er verschränkt seine Arme hinter dem Kopf: Die sogenannte Axillapräsentation – das Zeigen der Achselhöhle – ist eigentlich eine Dominanzgeste. Mit diesem Imponiergehabe versucht er, Aufmerksamkeit zu erregen.

Ist ein Mann sich seiner Sache schon relativ sicher, wird er …

- Sie unauffällig berühren, sozusagen als ersten Test.
- versuchen, Sie aus der Gruppe zu isolieren, weil er Ihre ungeteilte Aufmerksamkeit sucht.
- unbewusst Ihren Blick auf ganz bestimmte Körperteile lenken – beispielsweise mit dem Finger über die Lippen fahren oder seine Krawatte glattstreichen, um sozusagen schon mal die Zielrichtung vorzugeben.
- mit dem Kleingeld in seiner Hosentasche spielen oder seinen Ring am Finger auf- und abstreifen – beides eine eindeutige Ersatzhandlung.
- seine Jacke ausziehen, seine Krawatte lockern, den obersten Knopf seines Hemdes öffnen und sich die Ärmel hochkrempeln. Sehr vielversprechend. Da legt jemand einen symbolischen Strip für Sie hin.

Wenn jetzt kaum noch Platz zwischen Ihnen beiden bleibt und er mit seinem Mund ganz nah an Ihrem Ohr ist, dann dürfen Sie dreimal raten, was jetzt kommt …

Die Blicke der Männer

Männer scannen eine Frau in der Regel von unten nach oben. Ihre Blicke wandern von den Füßen oder den Beinen über den Körper zu ihrem Gesicht – eben entsprechend ihren Prioritäten.

Männer können sich ihrer musternden Blicke selbst kaum erwehren. Solche Blicke können gleichermaßen bewundernd wie abschätzig sein. Manchmal können Männer uns mit ihren Blicken regelrecht verschlingen. Ihre Pupillen vergrößern sich, wenn ihnen gefällt, was sie sehen. Das kann ein wunderbares Kompliment sein. Fühlt sich eine Frau in ihrer Haut jedoch nicht so recht wohl, dann sind ihr die Blicke eines Mannes oft unangenehm.

Die Erfolgsautoren Allan und Barbara Pease erklären den unverhohlenen Blick eines Mannes damit, dass sein Blickfeld deutlich eingeschränkter ist als das der Frauen. Letztere werden nur selten dabei ertappt, wie sie nach einem Mann schielen. Männer müssen dagegen ihren Kopf mitdrehen, so dass viel offensichtlicher wird, wenn sie jemandem hinterherschauen.

Grundsätzlich gilt: Wenn ein Mann eine Frau immer wieder länger ansieht, ist das ein sicheres Zeichen, dass er etwas von ihr will. Wenn uns jemand nicht interessiert, dann gucken wir nur einmal kurz hin und gleich wieder weg. Wenn einem Mann gefällt, was er sieht, muss er unweigerlich immer wieder hingucken. Mindestens dreimal. Mit dem ersten Blick prüft er, ob es sich überhaupt lohnen würde, ein zweiter Blick folgt relativ bald, um das Urteil zu festigen. Riskiert er sogar noch einen dritten Blick, dann ist er auf mehr aus.

Jagdszenen

Frauen unterwegs – Teil 4

Ich dachte immer, ich hätte die Sache mit den Männern einigermaßen im Griff. Ich bin attraktiv, charmant und auch nicht gerade auf den Mund gefallen. Ich bringe also die notwendigen Voraussetzungen mit, um nicht unbedingt als Mauerblümchen zu enden. Doch auch ich musste schon feststellen, dass es nicht immer so lief, wie ich wollte.

Ich habe angefangen, mein weibliches Erscheinungsbild zu überprüfen. Vielleicht lag es ja an meinem rundum selbstbewussten, nahezu forschen Auftreten, das Männer regelmäßig leider nicht um ihren Verstand, sondern eher um ihre souveräne Haltung brachte. Sollte so mancher Flirt am Ende genau daran gescheitert sein? Nützen enge Röcke und hohe Schuhe dann auch nicht mehr viel? Was ändern, wenn ich meine Trefferquote erhöhen will?

Bei meinen nächtlichen Streifzügen durch Bars und Clubs treffe ich immer wieder eine Frau, die meinen Überlegungen über eine wirkungsvolle Strategie neue Nahrung gibt. Typ angeschossenes Reh. Eine Frau mit weit aufgerissenen Augen, staksigem Gang, X-Beinen und piepsiger Stimme. Lispeln tut sie auch noch. Allein ihre äußere Erscheinung ist eigentlich eine Ohrfeige für jede emanzipierte Frau. Doch soweit ich weiß, kann sich das Reh vor Verehrern kaum retten.

Ich muss also feststellen, dass genau das, was bei mir unwillkürlich Aggressionen auslöst, von Männern offenbar völlig anders gesehen wird. Sicher eine Erklärung dafür, warum Stöckelschuhe so gut ankommen.

Mein Freund Uli, selbsterklärter Fachmann auf diesem Gebiet, findet eigentlich alles, was keinen Pfennigabsatz hat, orthopädisch. Klar. Es geht beim Schuh ja auch nicht ums Laufen.

Das Reh gibt mir tatsächlich nachhaltig zu denken.

Der Mann hat es beim Flirten vergleichsweise einfach. Er muss sich im Prinzip nur auf seine klassische Rolle besinnen: dominant männliches Auftreten, souveränes Lächeln, dazu ein gepflegtes Äußeres. Mehr ist es eigentlich nicht.

Doch welche Spielregeln gelten nun für Frauen? Muss ich nicht nur versuchen, toll auszusehen, muss ich auch das Weibchen mimen, um auf Männer attraktiv zu wirken? Ich suche ebenfalls nach einer griffigen Formel, muss aber feststellen, dass es gar nicht so einfach ist, freiwillig hinter ein immerhin doch lange erkämpftes Frauenbild zurückzufallen.

Ich versuche es trotzdem. Schließlich bin ich eine kleine, zierliche Blondine und wecke zumindest auf den ersten Eindruck männliche Beschützerinstinkte. Das kann ja wohl nicht so schwer sein.

Ich stehe abends auf einer Party. Meine Laune ist bestens. Meine Ausstrahlung dementsprechend. Mit allen guten Vorsätzen gerüstet, stürze ich mich ins Getümmel. Ich entdecke einen gutaussehenden Mann, der einigermaßen verloren herumsteht, und spreche ihn an – allerdings mal wieder, ohne mein Set-up vorher auch nur im Geringsten zu überdenken. Ich gehe einfach zu ihm hin und frage ihn allen Ernstes, ob er überhaupt eingeladen sei, er stehe da so alleine rum … !?

Das war ganz offensichtlich das Erstbeste, das mir gerade so in den Sinn kam. Von überlegter Strategie keine Rede. Kein subtiles Spiel. Kein scheuer, aber verheißungsvoller Blickkontakt vorab. Kein raffiniertes Feuerwerk weiblichen Charmes. Kein eleganter Flirt. Nichts.

Gut. Meine Anmache war zumindest einigermaßen originell.

Das Kleid und die roten Lackstiefel, die ich dazu trug, waren auch nicht so schlecht. Der unverblümte Spruch jedoch, das wurde mir noch im selben Moment klar, demonstrierte mal wieder alles andere als weibliche Raffinesse – und widersprach nun wirklich *allen* Regeln der Kunst. Es führte trotzdem zu mehr. Aber das lag diesmal an dem Mann und nicht an der ausgefeilten Strategie.

Also wieder nix gelernt. Das Problem zwar theoretisch erkannt, mit der Umsetzung aber haperte es beträchtlich. Die Trefferquote könnte deutlich besser sein. Es ist eben ein sehr komplexes Spiel, bei dem derjenige Erfolg hat, der sich an die geltenden Regeln hält. Das habe ich inzwischen begriffen.

Doch brauchen Frauen überhaupt eine Strategie? Wenn Männer eine haben, sollte das ja theoretisch reichen.

Könnte man meinen. Doch was tun, wenn ich nun schon seit Wochen und Monaten auf den mutigen Vorstoß meines neuen Nachbarn warte, der mir zwar wiederholt verstohlene Blicke zuwirft, aber ansonsten nicht in die Pötte kommt? Was kann ich tun, um dem bislang eher zähen Annäherungsversuch endlich ein hoffnungsvolles Ende zu bereiten? Ich muss leider feststellen: Der vorsichtige Blickkontakt reicht mir nicht aus. Frauen brauchen dann doch etwas Engagement, ein unmissverständliches Signal männlichen Verlangens, den Hauch von Abenteuer, das beherzte und unerschrockene Vorgehen eines Eroberers, das einem den Atem stocken lässt, die Sinne raubt und so das weibliche Herz im Sturm erobert. Sonst ziehen wir uns in unser Schneckenhaus zurück und überlassen mal wieder ihm die Initiative. Wenn die aber nicht kommt?

Dabei gibt es so viel, was wir tun können: Die lockende Offerte, das subtile Spiel zwischen Annäherung und Verweigerung, das gewisse Maß an Unverbindlichkeit und Leichtigkeit – der perfekte Flirt ist in der Tat eine Kunstform, die nur sehr wenige Frauen von Anfang an beherrschen. So manche von uns sehnt sich angesichts solch unbeholfener, männlicher Annäherungsversuche vielleicht amerikanische Verhältnisse herbei, bei denen nach Date Nummer drei oder vier ganz einfach klar ist, wohin der Hase läuft. Das mag den Männern in den USA entgegenkommen. Den Frauen aber sicher auch.

Ganz ausgeklügelt erscheint mir so gesehen das japanische System: Schon beim ersten Date werden gleich zu Beginn sämtliche Verwandtschaftsgrade abgeklappert (»Wie geht es eigentlich deiner Oma?«, »Was machen denn deine Geschwister so?«), bis man schließlich zu der alles entscheidenden Frage nach dem Ehemann oder der festen Partnerschaft gelangt ist. Wird diese Frage auf beiden Seiten verneint, gibt es angeblich kein Halten mehr.

Das ist doch mal ein Spiel mit klar funktionierenden Regeln. Den verzagten Nachbarn hätte das sicher ein Stück weitergebracht.

Aber auch mir hätte das schon einige Male geholfen. Ich denke da an einen Mann, bei dem ich leichtfertig – doch, wie ich damals glaubte, emanzipiert und selbstbewusst – sämtliche Regeln des Flirts einfach in den Wind schlug. Mit fatalen Folgen.

Dabei sah es anfangs so gut aus. Er schien durchaus interessiert. Ich fand ihn charmant und witzig. Außerdem sehr souverän. Genau das gefiel mir. Sympathie auf beiden Seiten. Eigentlich alles prima.

Ich habe es trotzdem ordentlich versemmelt. Das wurde mir erst bei den Recherchen für dieses Buch so richtig klar. Aus einer strategischen Perspektive betrachtet, hatte ich nämlich so ziemlich alles falsch gemacht, was man falsch machen kann: Ich habe ihn angerufen. Ich hatte den Plan für einen gemeinsamen Abend. Ich hatte im Restaurant bestellt, das ich außerdem auch noch ausgesucht hatte. Ich kannte Hinz und Kunz. Im Hinblick auf den sozialen Status eines Mannes demonstrierte das eher Konkurrenz als weibliche Gefolgschaft.

Ich bewege mich außerdem in einer Männerdomäne, trinke gerne Bier, kenne mich mit Musik aus, spiele Flipper und habe eine Lieblingsfußballmannschaft. Wenn ich mich in erster Linie für *Gala* und *Sex and the City* begeistern würde, könnte man zumindest das seichte Niveau weiblichen Amüsements ein wenig belächeln. Ich aber bin sogar beim Fahrradfahren vorneweg gefahren, statt ihm die Führung zu überlassen. Diese Liste meiner Verstöße gegen geltende Spielregeln ließe sich beliebig fortführen.

Die Quittung kam prompt und überaus deutlich. Der gefoulte Mitspieler hat sich lieber einem scheu lächelnden Wesen zugewandt, bei dem männliche Führungsinstinkte eindeutiger gefragt sind. Es geht offensichtlich nichts über klar verteilte Rollen. Und ich musste einmal mehr feststellen, dass ich dieses Männerklischee einfach nicht bedienen kann. Oder will.

Und zum Glück auch nicht muss!

Was wir aber dennoch aus dieser Episode lernen können: Es schadet wohl grundsätzlich nicht, sich mal wieder ein paar neue Schuhe zuzulegen. Vielleicht komme ich doch auf das Angebot meines Freundes zurück, mir beim Kauf behilflich zu sein. Wenigstens mein Gang würde dann eindeutigere Assoziationen zulassen.

Das Reh hat das sicher längst begriffen.

Was aber die Annäherung zwischen Mann und Frau angeht, so gibt es ein paar bedeutsame Spielregeln, die wir in jedem Fall kennen sollten.

5 Zur Sache – Frau trifft Mann

Ich quatsche Männer nicht an. Ich reiße mir keinen Typen auf. Ich laufe auch keinem Mann hinterher.

Ich treffe Männer zufällig. Ich komme mit ihnen ins Gespräch. Ich wecke das Interesse eines Mannes. Wir entdecken Gemeinsamkeiten. Ich kann mich für ihn begeistern. Mein Interesse schmeichelt ihm. Mein Wesen bezaubert ihn. Manchmal führt das zu mehr.

Das ist die Evolution des Flirts.

Das Prinzip der Evolution ist einfach: Was sich als vorteilhaft herausstellt, setzt sich durch. So ist das mit dem Flirten auch. Männern hinterherzulaufen, die kein Interesse an mir haben, hat noch nie etwas gebracht. Also habe ich mein Verhalten dahingehend angepasst und dieses Vorgehen einfach aus meinem Verhaltensrepertoire gestrichen. Ich will keinen, der mich nicht will.

Heute finde ich zunächst einmal heraus, was ein Mann sucht und was er sich von einer Partnerin erwartet. Wenn ich diesen Erwartungen nicht entsprechen kann oder will, brauche ich nicht weiter in die Beziehung zu investieren. Passen die Erwartungen auf beiden Seiten zusammen, kann ich mir Gedanken über mein weiteres Vorgehen machen. Das ist die einzig sinnvolle Strategie.

Die Grundlagen des perfekten Flirts

Was geschieht eigentlich in unserem Kopf, wenn wir uns verlieben? Der Neurobiologe Andreas Bartels hat Frischverliebte in einen Kernspintomographen gelegt und ihre Hirnfunktionen untersucht. Das Ergebnis: Sobald die Probanden ein Bild ihres Liebsten oder ihrer Liebsten betrachteten, ließen sich vermehrt Hirnaktivitäten registrieren. Das menschliche Gehirn befindet sich laut Bartels in einem Zustand, als hätten die Verliebten Kokain geschnupft. Der bloße Gedanke an die große Liebe wirkt wie ein Antidepressivum. Die Hirnregionen, die für Glücksgefühle zuständig sind, leuchten auf. Die Areale, die für schlechte Stimmung verantwortlich sind, kommen zur Ruhe.

Ist Liebe nur eine Hemmung im rechten Präfrontalcortex? Muss ich einfach versuchen, das Angst- und Aggressionszentrums eines Mannes abzuschalten, und schon macht er mir einen Heiratsantrag? Verfallen mir Männer gleich reihenweise, wenn es mir nur gelingt, bestimmte Areale im ihrem Gehirn zu aktivieren? Eine recht unromantische Vorstellung. Doch im Grunde geht es genau darum.

Solche neurobiologischen Untersuchungen sind nicht mehr als ein erster wissenschaftlicher Ansatz. Sie geben noch keine Antwort auf die Frage, warum unsere Gefühle verrückt spielen, wenn wir verliebt sind. Und dennoch können wir etwas daraus lernen: Ich muss in jedem Fall das Gehirn eines Mannes dazu bringen, Glückshormone auszuschütten. Das ist die Grundlage des perfekten Flirts. Nicht mehr und nicht weniger.

Notwendige Eigenschaften der perfekten Verführerin

Doch um das männliche Gehirn dazu zu bringen, Glückshormone auszuschütten, muss ich erst einmal ein paar grundlegende Dinge berücksichtigen. Dabei handelt es sich um ganz bestimmte Eigenschaften und Voraussetzungen, die erfolgreiche Verführerinnen auf der ganzen Welt teilen.

1. Aufgeschlossenheit

Erfolgreiche Frauen sind gegenüber allem aufgeschlossen. Damit meine ich nicht, dass ich mich im Allgemeinen interessiert, kontaktfreudig und weltoffen gebe. Nicht nur. Wichtig ist auch, dass ich über so einfache, aber doch seltene Wettbewerbsvorteile wie Freundlichkeit, Spontaneität und eine ansteckend gute Laune verfüge. Doch das allein reicht noch immer nicht aus. Was die wahre Verführungskünstlerin im Grunde ausmacht, ist nichts anderes als eine gehörige Portion Neugier. Auf alles Neue. Auf andere Menschen. Auf das Leben. Das klingt profan. Doch genau darin liegt die hohe Kunst.

Die meisten Frauen träumen von einem Leben voller aufregender Partys, schönen Reisen, interessanten Menschen und natürlich tollen Männern. Ein einfacher Trick, all diese Träume Wirklichkeit werden zu lassen und ein aufregendes und erfülltes Leben zu leben, heißt: Seien Sie spontan. Probieren Sie etwas Neues aus. Sagen Sie einfach mal »ja« – ohne zu zögern, ohne lange zu überlegen. Just do it!

Eine Freundin fragt mich, ob ich sie auf eine Karaoke-Party begleite. Ausgerechnet mich. Ich kann nicht singen. Ich hasse Oldies. Das müsste sie doch eigentlich wissen. Na gut, ihr zuliebe. Widerwillig gehe ich mit. Das mit dem Singen, so stellt sich schnell heraus, ist leider traurige Realität. Doch der Gastgeber entpuppt sich als überaus charmanter und gutaussehender Single, der mich zum Abschied nach meiner Telefonnummer fragt und schon am nächsten Tag zum Essen ausführt.

Oder die Sache mit meinem neuen Nachbarn. Er hatte mich im Hausflur angesprochen und gebeten, ihm beim Kauf eines Geburtstagsgeschenks für seine kleine Nichte behilflich zu sein. Die Feier sei schon morgen und er habe absolut keine Ahnung, was sich eine Fünfjährige so wünscht. Als Frau könne ich ihm da doch sicher helfen. Ich lasse mich breitschlagen, wenn auch widerwillig. Doch am Ende gehen wir nicht nur gemeinsam in das Spielwarengeschäft, sondern anschließend auch noch ins Kino und danach in eine Bar, in der es großartige Champagner-Cocktails gibt. Und es wird einer der lustigsten Abende seit langem.

Man kann nie wissen, was einen an so einem Abend erwartet. Aber es liegt an Ihnen, ob überhaupt etwas passiert.

Gut, ich kann Ihnen nicht garantieren, dass Sie sich nicht bis auf die Knochen blamieren, wenn Sie versuchen, einen Diana-Ross-Hit mitzuträllern. Ich kann Ihnen auch nicht garantieren, dass der neue Nachbar Sie zwar für eine hoffnungslos romantische, aber leider auch nicht ganz ernstzunehmende Trulla hält, nachdem sie seiner Nichte das 24-teilige Prinzessin-Lillifee-Schmink-und-Verkleide-Set in konsequentem Rosa mit unendlich viel Tüll und Schleifchen ausgesucht haben.

Und trotzdem, wenn Sie Männer kennenlernen und erobern wollen, müssen Sie Ihre Komfortzone verlassen – also all das, was Ihnen vertraut ist und wo Sie sich sicher und geborgen fühlen: die eigene Wohnung, die Party in der Nachbarschaft, auf der ich eh schon die Hälfte der Gäste kennen, das Büro, wo Sie sich schon seit fünf Jahren mit dem netten Kollegen flirten, sich aber leider genauso lange nichts getan hat.

Scheuchen Sie sich aus Ihrer Wohlfühlzone. Lassen Sie sich auf etwas Unbekanntes ein. Erobern Sie neues Terrain. Melden Sie sich zu einem Tango-Kurs an. Gründen Sie eine Band. Treten Sie in den örtlichen Trachtenverein ein. Was auch immer.

Das interessiert Sie alles nicht? Sie haben keine Lust auf so was? Sie treffen sich lieber mit Ihrer Arbeitskollegin beim Italiener auf ein »schönes Glas Rotwein«. Wie jeden Freitag. Oder Sie bevorzugen einen gemütlichen Abend zu Hause, in Ihrem kuscheligen Wohnzimmer, mit warmen Pantoffeln, Fernbedienung in der Hand und der Pralinenschachtel in unmittelbarer Reichweite. Schön. Aber dann beschweren Sie sich hinterher nicht, dass es angeblich keine tollen Männer gibt. Die gibt es mit Sicherheit. Die sitzen nur nicht auf der Couch in Ihrem Wohnzimmer. Wie sollten sie da auch hinkommen?

Übung 26

Auch hier ahnen Sie womöglich schon, was ich von Ihnen will. Genau, die Karaoke-Bar. Unbedingt. Keine Ausreden. Außerdem der Autoscooter auf dem Oktoberfest. Sie am Steuer. Die Fahrradtour mit dem Nachbarn, obwohl Sie heute eigentlich Ihre Wohnung gründlich aufräumen wollten. Die Kletterwand mit dem Kollegen aus dem Büro. Der nächtliche Ausflug an den Badesee. Machen Sie alles mit. Lassen Sie nichts aus. Besonders dann, wenn Sie keine Lust drauf haben.

2. Einzigartigkeit

Nun behaupten Männer ja gerne, sie würden sich wünschen, auch mal von einer Frau angesprochen zu werden – Emanzipation einmal andersrum, sozusagen. Auch sie wollen hin und wieder mit einem einigermaßen originellen, möglichst geistreichen, aber doch romantischen und am besten auch noch ansatzweise zweideutigen Spruch überrascht werden.

Meiner Meinung nach gibt es da zwei grundlegende Probleme:

- Männer behaupten zwar, sie würde eine weibliche Initiative begrüßen – doch leider stimmt das so nicht ganz. Aber dazu später.
- Und das andere Problem – man muss es ganz einfach mal deutlich sagen: Weibliche Anmachsprüche sind in der Regel noch schlimmer als die der Männer.

Viele Frauen glauben, sie wären unendlich originell, wenn sie einen Mann mit einem lockeren Spruch aufreißen. Das Problem mit der Originalität ist jedoch, dass dabei alle versuchen, einzigartig zu sein – und am Ende kommen doch wieder alle auf dasselbe. An dieser Stelle reicht vielleicht eine Top Ten der schlechtesten Anmachsprüche, um deutlich zu machen, was gemeint ist. Die Auswahl ist selbstverständlich streng unrepräsentativ und unterliegt einer ausnahmslos subjektiven Wertung:

1. »Ist dein Vater Bäcker oder warum bist du so süß?«
2. »Ich würde heute gerne der Grund für deine schlaflosen Nächte sein.«
3. »Deine Klamotten würden sich ausgesprochen gut auf meinem Schlafzimmerboden machen.«
4. »Hey, ich hab meine Telefonnummer vergessen – gibst du mir deine?«

5. »Hast du ’ne Zigarette für mich? Meine sind noch im Automaten.«
6. »Du musst ein Lichtschalter sein. Jedes Mal, wenn ich dich sehe, machst du mich an!“
7. »Du siehst meinem vierten Freund ähnlich.« Er: »Wie viele Freunde hattest du denn schon?« »Drei.«
8. »Ich bin neu in der Stadt. Könntest du mir den Weg zu deiner Wohnung zeigen?“
9. »Kneif mich.« Er: »Warum?« »Du siehst so umwerfend aus – ich muss wohl träumen.«
10. »Hol schnell einen Feuerlöscher! Mein Herz steht in Flammen!«

Versuchen Sie erst gar nicht betont witzig zu sein, wenn Sie es nicht wirklich sind. Besser ist dann immer noch: »Hast du mal Feuer?« oder »Kennen wir uns nicht von irgendwoher?«. Wenn Sie es dennoch mit einem Anmachspruch versuchen, müssen Sie gleich in der ersten Sekunde demonstrieren, dass Sie anders sind – sonst lassen Sie lieber dem Mann den Vortritt.

Mein Tipp: Verlassen Sie sich bei der ersten Kontaktaufnahme lieber auf das, was Sie als Frau ohnehin perfekt beherrschen – die nonverbale Kommunikation. Ergreifen Sie ruhig die Initiative. Werden Sie aktiv, indem Sie einem Mann klar und deutlich Ihr Interesse signalisieren – aber eben nicht mit einem doofen Anmachspruch.

Übung 27

Mag ja sein, dass Sie den ultimativen Anmachspruch für jede Situation haben. Vielleicht glauben Sie das aber auch nur. Versuchen Sie es doch einmal so: Ziehen Sie los und lächeln Sie mindestens fünf Männer an oder machen mindestens einem ein ernstgemeintes Kompliment. Da kommt kein noch so guter Anmachspruch gegen an.

3. Charisma

Es gibt Frauen, die haben das gewisse Etwas. Sie betreten einen Raum, ziehen alle Blicke auf sich und bekommen von allen Seiten Aufmerksamkeit. Im englischen Sprachraum spricht man in diesem Zusammenhang von einem »It-Girl«, einem Mädchen also, das vielleicht nicht einmal besondere Fähigkeiten oder Eigenschaften besitzt – außer eben auf sich aufmerksam zu machen.

Sienna Miller ist so eine. Sie ist keine große Schauspielerin, aber ihr ist es anscheinend nicht nur gelungen, sich Männer wie Jude Law zu angeln und regelmäßig die Klatschspalten zu füllen. Auch bei Society-Anlässen steht sie zumeist im Mittelpunkt des Interesses. Sienna Miller ist hübsch. Zweifellos. Sie strahlt eine natürliche Anmut und Grazie aus. Sie ist eine Fashion-Ikone und beweist bei öffentlichen Auftritten stets Stil und Klasse.

Doch das Aussehen allein ist es nicht. It-Girls werden bewundert für etwas ganz anderes: Es ist diese unverschämte Lässigkeit und Unbeschwertheit, mit der sie Glamour und Sexappeal unter einen Hut bringen. Es ist die Leichtigkeit, mit der sie im Rampenlicht stehen, Designerklamotten tragen und sich trotzdem unbeeindruckt von all dem Glanz und Ruhm geben. Und mit dieser unkonventionellen Haltung treffen sie genau den Nerv der Menschen.

Charismatische Menschen haben etwas Besonderes an sich, etwas Außergewöhnliches, eine Aura, eine Ausstrahlung, eine ganz bestimmte Wirkung auf andere. Eine Haupteigenschaft charismatischer Menschen – da sind sich Psychologen und Rhetorikspezialisten einig – ist die Fähigkeit, bei anderen besonders starke Empfindungen hervorzurufen. Etwa dadurch, dass sie geheime Sehnsüchte vieler Menschen widerspiegeln. »Man findet einen Menschen charismatisch, der anders ist als man selbst – einen, der genauso ist, wie man selbst es gern wäre«, erklärt Gloria Beck, Autorin des Buches *Verbotene Rhetorik*.

Interessant ist dabei vor allem, dass sich viele Menschen Ähnliches wünschen und daher auch die charismatische Wirkung eines

Menschen gleich von mehreren als solche empfunden wird. Charismatische Menschen verhalten sich meist eigenwillig, orientieren sich nicht an gesellschaftlichen Konventionen und demonstrieren damit ihre Unabhängigkeit. Und genau das macht ihre Wirkung auf andere aus.

Auf die Frage eines Klatschreporters, was für sie ein billiges Vergnügen wäre, antwortete Sienna Miller einmal: »Ohne Slip einen Baum raufklettern.« Ob man da nun ähnliche Vorlieben hat oder nicht – sie versteht es auf jeden Fall, auf sich aufmerksam zu machen.

Charisma kann man übrigens erlernen. Der Psychologe Richard Wiseman von der Universität in Hertfordshire behauptet, dass solche Qualitäten nur etwa zur Hälfte angeboren seien. Der Rest ist auch Sienna Miller nicht in die Wiege gelegt worden. Sie hat nicht nur gelernt, dass man andere mit einem Lächeln bezaubern kann. Sie gibt sich darüber hinaus gerne unkonventionell, verspielt und immer ein wenig unberechenbar. Und damit versteht sie es vortrefflich, ihr Publikum bei Laune zu halten.

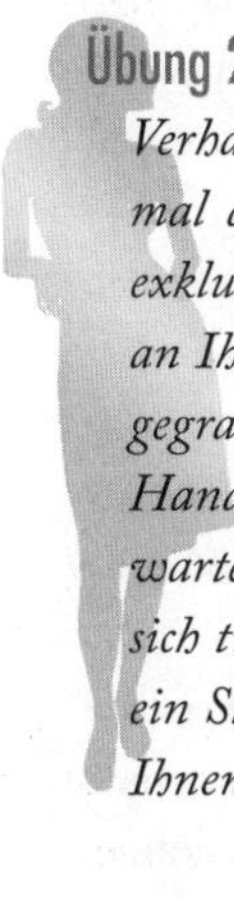

Übung 28

Verhalten Sie sich einmal bewusst unkonventionell. Ziehen Sie einfach mal die Schuhe aus und gehen Sie barfuß weiter. Bestellen Sie zum exklusiven Diner ein Pils als Aperitif. Haben Sie eine besondere Art, an Ihrem Champagnerglas zu nippen. Halten Sie an Ihrem alten abgegrabbelten Notizbuch fest, obwohl Sie ansonsten mit dem neuesten Handy, dem schnellsten Laptop und einem nagelneuen BMW aufwarten können. Kultivieren Sie Ihre Eigenheiten. Zeigen Sie, dass Sie sich trauen, den sicheren Boden der Uniformität zu verlassen und sich ein Stück Individualität zu bewahren. Damit laden Sie andere ein, es Ihnen gleichzutun.

4. Verführerische Emotionen erzeugen

Das sollte eigentlich kein Problem sein. Frauen flirten ganz selbstverständlich. Im Schnitt senden sie fünfmal mehr erotische Signale aus als Männer. Und sind damit in der Regel durchaus erfolgreich.

Schwierig wird es allerdings, wenn ein Mann bei einer Frau überhaupt nicht an Sex denkt und in ihr nur den kumpelhaften Typ sieht. Das Problem kennt sogar Hollywood-Schönheit Cameron Diaz. Mit ihr Spaß haben? Gerne. Aber mehr? Da, so berichtet zumindest das Magazin *Gala,* sei die Schauspielerin angeblich schon so manches Mal auf dem Trockenen sitzengeblieben. Der Grund: Sie ist ein echter Kumpel-Typ. Sie flucht. Sie raucht. Sie trinkt. Und sie hat ein unglaublich loses Mundwerk. Kurzum, sie ist eine Frau, mit der man Pferde stehlen kann. Die burschikose Attitüde einer Cameron Diaz ist allerdings nicht jedermanns Sache. Für so manchen Mann ist es doch recht befremdlich, wenn eine Frau lauter rülpst und ihn am Ende auch noch unter den Tisch säuft. Die Zeiten hätten sich geändert? Keineswegs. Noch immer gibt es genügend Männer, die bei so viel Hemdsärmeligkeit und emanzipiertem Selbstbewusstsein schnell mit Verunsicherung zu kämpfen haben. Sie haben schlichtweg Angst, einem weiblichen Macho nicht genug entgegensetzen zu können – und suchen eingeschüchtert das Weite.

Müssen wir in Zukunft also verstärkt auf unterwürfige Gesten, hohe Piepsstimme und den wackeligen Gang auf Zwölf-Zentimeter-Absätzen setzen?

Keine Angst, da gibt es deutlich bessere Strategien. Am Anfang der Verführung steht die genaue Beobachtung. Was will ein Mann? Was sucht er insgeheim? Wie sieht er sich selbst?

Habe ich es mit einem gestandenen Kerl zu tun, der eine echte Powerfrau an seiner Seite verträgt, dann kann ich mich auch gerne mal hemdsärmelig geben und mir meine Bierflasche mit dem Feuerzeug aufmachen. So ein Typ Mann kann auch eine maskuline Geste nicht verunsichern. Wer weiß, am Ende findet er sogar genau das besonders anziehend.

Ganz anders verhält es sich mit dem etwas feinsinnigeren Typ oder jenem, der im Allgemeinen eher zurückhaltend und schüchtern, vielleicht sogar etwas schmal und von eher kleiner Statur ist: Bei ihm kommt es garantiert besser an, wenn ich es in seiner Gegenwart verstehe, meine zarte und feminine Seite zu betonen. Das Graziöse und das Zerbrechliche wirken in der Regel auf diesen Typ Mann eher verführerisch als das Robuste und Bodenständige.

Die hohe Kunst besteht in der einfühlsamen Eroberung – und wenn es um Einfühlungsvermögen geht, dann sollten wir unsere haushohe Überlegenheit zu nutzen wissen. Wir müssen nur lernen, unser vielschichtiges Flirt-Repertoire auf den jeweiligen Mann genau abzustimmen. Wir müssen seine Seele erforschen. Wir müssen herausfinden, wonach er sich sehnt. Was sind seine geheimsten Wünsche und Bedürfnisse? Sehnt er sich nach Respekt und Anerkennung? Als was sieht er sich am liebsten? Ist er der Jäger und Sammler? Der Beschützer und Retter? Der Visionär und Macher? Fühlt er sich von den Frauen richtig verstanden?

Erst wenn ich auf sein Geheimnis stoße, habe ich den Schlüssel zu seiner Seele. Nur wenn ich einem Mann auch seelisch nahekomme, kann ich sein Interesse dauerhaft wachhalten. Ich muss erst sein Wesen erkennen und ihn darin bestärken, was ihn eigentlich ausmacht – erst dann wird er sich unwiderstehlich zu mir hingezogen fühlen. Er wird sich auf einmal wünschen, mehr Zeit mit mir zu verbringen. Und das ist der eigentliche Beginn der Verführung.

Und ewig lockt …

Grundsätzlich spielt ein weiterer Faktor bei der Bewertung weiblicher Attraktivität eine entscheidende Rolle: der Kontrast. Meine Andersartigkeit muss ein Mann natürlich als zweifellos weiblich erleben – die Zartheit der Gefühle, das Anmutige, das Anlehnungsbedürftige, all das, was in seinen Augen auf die Natur der Frau verweist.

Es ist nicht nur der große und breitschultrige Mann, der sich zur zarten Elfe hingezogen fühlt, die sich gerne anlehnt und seinen Schutz und seine Dominanz unhinterfragt akzeptiert. Es sind Eigenheiten, die vorzugsweise von männlicher Seite den Frauen zugeschrieben werden, die Männer an uns nicht nur amüsant, sondern auch durchaus anziehend finden. Den Hang, über Nichtigkeiten zu plaudern, Geheimnisse nicht für sich behalten zu können, vergnügungssüchtig und unersättlich zu sein, launisch, kapriziös und empfindsam, all das halten Männer für »typisch weibliche« Eigenheiten, die sie überraschenderweise nicht abschreckend finden – sondern im Gegenteil überaus reizvoll.

Dustin Hoffman hat einmal gesagt: »Frauen und Schuhe – das ist wie ein Ritual, es macht so viel Spaß zuzusehen.« Der weibliche Schuhtick ist eine für Männer völlig unverständliche Leidenschaft. Die einzig plausible Erklärung, die ihnen bleibt: die Irrationalität der weiblichen Psyche. Oder nehmen wir die anrührende Liebeserklärung an Meg Ryan aus dem Film *Harry und Sally:* »Ich liebe dich dafür, dass du anderthalb Stunden brauchst, um ein Sandwich zu bestellen. Ich liebe dich dafür, dass du eine Falte über der Nase kriegst, wenn du mich so ansiehst. Ich liebe dich dafür, dass ich nach einem Tag mit dir dein Parfum immer noch an meinen Sachen riechen kann. Und ich liebe dich auch dafür, dass du der letzte Mensch bist, mit dem ich reden will, bevor ich abends einschlafe.« Es sind die liebenswerten Schwächen, die Männer so sehr an uns mögen. Und das Irrationale daran ist im Grunde genau das, was sie attraktiv finden.

Die Verführungskünstlerin Doris Langley Moore rät daher, sich zuweilen selbst mit nettem Flitter und kleinen Kostbarkeiten zu verwöhnen – und zwar, weil es den Männern »kopfschüttelndes Vergnügen« bereiten wird. »Es ist ratsam, die weiblichen Makel auszuspielen, anstatt sie zu verbergen«, versichert Moore. Der Grund: »Ein Mann betrachtet eine Frau gern als Wesen mit hundert Schwächen und Ticks.« Moore behauptet sogar, dass Männer einer Frau, die niemals solche Eigenheiten entwickelt, über kurz oder lang einen Mangel an Weiblichkeit attestieren werden. Ihre Antwort darauf lautet: »Männer denken von dir, dass dein Hunger nach Kleidern, Schmuck, Düften, Pralinen und Blumen schier unstillbar ist, und die richtige Strategie ist, ihn genau das weiter glauben zu lassen.«

Warum Doris Langley Moores Strategie tatsächlich funktioniert? Solche typisch weiblichen Eigenheiten erinnern einen Mann auf anregende Weise daran, dass wir dem anderen Geschlecht angehören. Das wiederum provoziert ein ganz bestimmtes Verhalten auf männlicher Seite: Er sieht in uns ein reizendes Geschöpf, dem er liebevoll und nachsichtig begegnen muss.

Auch ich kaufe gerne Schuhe, kann mich stundenlang nicht entscheiden, was ich anziehen soll und verquatsche mich am Telefon mit meinen Freundinnen. Ich versuche gar nicht erst, mich frei von solchen Ticks und Leidenschaften zu geben. Im Gegenteil. Der Rat der Verführungskünstlerin lautet ganz klar: »Komm nicht in die Versuchung, dich in eine starke, stille Frau zu verwandeln, verliere nicht deine amüsante weibliche Geschwätzigkeit.«

Übung 29

Machen Sie in Begleitung eines Mannes große Augen vor den Auslagen eines Schuhgeschäfts. Gehen Sie mit ihm in eine Parfümerie mit dem Hinweis, dass Sie unbedingt den neuen Duft von Dior testen müssen. Probieren Sie in einer Boutique ein besonders schönes Kleid an und führen Sie es ihm vor. Riechen Sie versonnen an den Prachtlilien vor dem Blumengeschäft, an dem Sie gerade mit ihm vorbeischlendern. Kultivieren Sie ein paar typisch weibliche Eigenheiten – frei nach dem Madonna-Song »Material Girl«.

Die viktorianische Heldin

Wer nun glaubt, Doris Langley Moore propagiere das oberflächliche und geschwätzige Societygirl als Idealbild der Verführerin, der liegt völlig falsch. Ihre Realpolitik der Liebe lautet: Eine Frau erobert einen Mann nicht mit ihrer Tugendhaftigkeit, sondern in erster Linie mit Einfallsreichtum, Geschick und Prestige. Diese nahezu machiavellistische Sicht der menschlichen Natur widerspricht so ziemlich allem, was von jeher den Frauen über das Suchen und Finden der Liebe erzählt wurde. Auch moderne Liebesgeschichten à la *Pretty Woman* transportieren im Grunde noch immer das Bild vergangener Jahrhunderte vom herzensguten Mädchen, das am Ende ihren Traummann abbekommt – wenn sie sich nur ein wenig zu gedulden weiß.

Ganz anders sieht das Doris Langley Moore: Der durchschnittliche Mann, behauptet sie, sei nun mal empfänglich für Schönheit und Schmeicheleien. Und genau da müsse eine Frau ansetzen, wenn sie das eigene Glück nicht dem Zufall überlassen wolle. In der Liebe, so Moore, zählen eben attraktivere Reize als Keuschheit und Tugendhaftigkeit. Daher werde diejenige vom Glück belohnt, die ihre Verehrer geschickt zu manipulieren verstehe – ganz wie die Heldin aus der viktorianischen Literatur, die es vortrefflich verstand, mit liebreizender Zurückhaltung an den männlichen Beschützerinstinkt zu appellieren.

Wir müssen wieder lernen, unsere Reize bewusst einzusetzen und explizit weibliche Verhaltensweisen auch für taktische Manöver zu nutzen – ganz wie die Protagonistinnen aus den Jane-Austen-Romanen. Nur so können wir den Flirt kontrollieren.

Das weibliche Prestige

Man kann natürlich das berechnende Kalkül einer Doris Langley Moore kritisieren und all ihre Empfehlungen empört zurückweisen. Doch ihr geht es nicht um billige Manipulation oder Täuschung. Ihr geht es darum, im Umgang mit Männern eine längst in Vergessenheit geratene weibliche Kunst zu rehabilitieren: die des weiblichen Prestiges. Was damit gemeint ist? Noch einmal finden wir die Antwort darauf in der Literatur des 19. Jahrhunderts.

Wer die Liebesromane aus dieser Zeit kennt, weiß, dass selbst der tränenreichen, bebenden, errötenden und enthaltsamen viktorianischen Heldin eine gewisse Arglist und ein strategisches Kalkül unterstellt werden müssen: Ist es nicht so, gibt Doris Langley Moore zu bedenken, dass die scheinbare Unschuld der damaligen Frau der hohen Schule der Schauspielerei entsprang? Dass sie Offerten abwehrte, nach denen sie sich doch sehnlichst verzehrte, und dadurch erst zu weiteren Offerten einlud? Zeigte sie sich nicht vollends überrascht von Liebeserklärungen, auf die sie doch so akribisch hingearbeitet hatte?

Damit ist im Grunde schon umrissen, was mit dem Begriff weibliches Prestige gemeint ist. Attraktivität allein, so behauptet Doris Langley Moore, reiche bei weitem nicht aus. Eine Frau, die Erfolg bei Männern haben will, müsse vor allem lernen, ihre weiblichen Tugenden strategisch einzusetzen. So wie die großen Verführerinnen des 19. Jahrhunderts, die es vortrefflich verstanden, ihr Prestige und die Tugendhaftigkeit jener Zeit für ihre Zwecke zu nutzen – etwa indem sie vorgaben, nichts von der Welt zu wissen, was auf Männer nach wie vor ungeheuer anziehend wirkt. Damit verfügten selbst die unschuldigen Heldinnen aus den Jane-Austen-Romanen über genau jene »Arglist«, die in den Augen der Verführungskünstlerin jede Frau »förmlich unbesiegbar« macht.

Der Begriff Prestige, wie Moore ihn verwendet, ist demnach das, was eine Frau als »Verführungskraft« investiert und was ihr gleichsam eine ungeheure Attraktivität verleiht. Hohes weibliches Prestige hat, wer über mehr Anmut als Tugendhaftigkeit verfügt, über mehr Einfallsreichtum und Geschick als keusche Zurückhaltung und über mehr weibliche Raffinesse, die, so Moore, ohnehin mehr zählt als alle häuslichen Fähigkeiten zusammen. Prestige ist das, was man mit den »Waffen einer Frau« gleichsetzen könnte. Es ist das, was bei Männern Begehren weckt und Frauen dadurch mit einer Art »sexuellen Macht« ausstattet.

Doch warum lassen sich Männer überhaupt auf ein solches Spiel ein, aus dem sie im Grunde als die Schwächeren hervorgehen? Auch dafür gibt es eine einfache Erklärung: Männer, so Doris Langley Moore, lassen sich noch leichter bei ihrer Eitelkeit und Gefallsucht packen als Frauen, »was heißt, dass sie sich lieber mit einer Frau zeigen, die es geschickt versteht, ihr Faszinationspotenzial voll einzusetzen, als mit dem wertvollsten Geschöpf auf Erden, dem das Talent fehlt, bewundernde Blicke auf sich zu ziehen«. Es ist also die Eitelkeit der Männer, die wir geschickt bedienen müssen, wenn wir uns ihnen erfolgreich nähern wollen.

Wie kann ich nun im Umgang mit Männern ein hohes weibliches Prestige erkennen lassen? Im Wesentlichen geht es darum, sich nicht unhinterfragt den Wünschen der Männer anzupassen und sich von deren Zuneigung abhängig zu machen. Die perfekte Verführerin gibt sich grundsätzlich immer etwas distanziert. Sie ist eine Frau, die ihr eigentliches Interesse um keinen Preis durchblicken lässt. Sie spielt ihre Begeisterung für ihn herunter. Sie heuchelt mitunter sogar Desinteresse. Und sie signalisiert damit, dass sie mit ihren eigenen Angelegenheiten genug zu tun hat. Genau dadurch strahlt sie Souveränität und Unabhängigkeit aus. Und das ist noch immer das wirksamste Prinzip der Verführung.

In dem Film *Hautnah* betrügt Jude Law seine Filmfrau Natalie Portman mit einer von Julia Roberts gespielten erfolgreichen Fotografin. Zur Rede gestellt, ob er sich für die andere Frau entschieden habe, weil sie so erfolgreich sei, antwortet dieser: »Nein, es liegt daran, dass sie mich nicht braucht.«

Es ist der »bezaubernde Hauch der Unberührbarkeit«, der auf Männer so unwiderstehlich wirkt. Zeigt sich eine Frau rundum zufrieden und unabhängig, gibt es für sie offenbar keinen Grund, sich auf etwas Neues einzulassen – außer eben, sie trifft auf einen Mann, der sie derart beeindruckt, dass sie es trotzdem tut. Und diese Vorstellung schmeichelt natürlich seinem Ego.

Auch wer in seinem Leben noch keine wirkliche Eigenständigkeit erreicht haben sollte, der, so die Verführungskünstlerin, solle zumindest lernen, eine gewisse Unabhängigkeit vorzugeben. Denn der sicherste Weg, Prestige aufzubauen und unwiderstehlich zu wirken, ist ihrer Meinung nach, »im Geiste unabhängig zu sein oder wenigstens so zu tun«.

Übung 30

Halten Sie es wie die von Roger Cicero besungene Frau in dem Lied »Sie will es nun mal«: Setzen Sie Ihren eigenen Kopf durch. Er möchte Sie zum Essen ausführen. Sie wollen aber lieber ins Kino. Er möchte gerne indisch essen gehen. Sie konnten das aber noch nie leiden. Er lädt Sie zu einer Spritztour mit dem Auto ein. Ihnen würde aber eher ein Ausflug mit dem Fahrrad vorschweben. Er schlägt ein Wochenende in Paris vor. Sie wollten aber ewig schon mal wieder nach New York. Sonst fahren Sie eben alleine hin.

Wesentliche Voraussetzungen der perfekten Verführung

Hohes weibliches Prestige ist die Basis jeder erfolgreichen Verführung. Es ist der Fallstrick, über den ein Mann stolpern wird. Wer hohes Prestige besitzt, dem wird es mühelos gelingen, das Interesse eines Mannes zu wecken und sein Begehren zu entfachen. Ob allerdings tiefere Gefühle daraus erwachsen, hängt ganz von dem weiteren Geschick und Talent ab, Männer für sich zu gewinnen. Folgende Dinge müssen wir dabei beachten:

1. Den richtigen Mann wählen

Das Balzverhalten des Anna-Kolibris ist an Action und Dramatik kaum zu überbieten: Das gerade mal fünf Gramm schwere Vögelchen rast zunächst hoch in den Himmel, um sich kurz darauf aus mehr als 30 Metern Höhe mit einem spektakulären Looping wieder herabzustürzen. Dabei beschleunigt der kleine Kolibri seinen Flug auf über 80 Kilometer pro Stunde. Mit dieser eindrucksvollen Darbietung versucht er, das am Boden wartende Kolibri-Weibchen zu bezirzen. Dieses wartet jedoch erst einmal ab und besieht sich in aller

Ruhe den eifrigen Wettstreit um ihre Gunst. Schließlich entscheidet sie sich nicht für den Erstbesten.

Die teure Essenseinladung, der Kurztrip nach New York, der schwarze Jaguar mit den weißen Ledersitzen – all das ist nett, hat aber im Grunde genauso wenig zu sagen wie das prächtige Gefieder des Kolibri-Männchens. Will das Vögelchen das wirkliche Interesse seiner Angebeteten erwecken, muss es deutlich machen, dass es darüber hinaus noch mehr zu bieten hat.

Was die Kolibri-Dame wirklich beeindruckt, ist nicht das bunte Gefieder, sondern der Tanz des Männchens, um sie in Paarungsbereitschaft zu bringen. Hier zeigt sich der kleine Vogel tollkühn, stark und wild. Er kennt keine Furcht. Ihm erscheint keine Herausforderung zu groß und kein Hindernis zu schwer. Er ist getrieben von dem Wunsch, sie zu erobern. Und er will alles in seiner Macht Stehende tun, um sie glücklich zu machen.

Ein Jaguar ist ein schönes Auto, keine Frage. Doch mein Herz kann ein Mann damit nicht gewinnen. Wenn er mir allerdings ein Liebeslied schreibt, dann kann er von mir aus auch ein erfolgloser Träumer sein, den ich vielleicht sogar mein Leben lang durchfüttern muss. Das ist mir dann im Grunde egal. Hauptsache, er scheut keine Mittel und Wege, meine Zuneigung zu erringen. In diesem Punkt bin auch ich mal hoffnungslos romantisch.

Doch wenn Sie genauer wissen wollen, welchen Männern Sie in Zukunft besser aus dem Weg gehen sollten, so hat Doris Langley Moore auch zu diesem Thema ein paar wichtige Punkte anzumerken:

- »Männer, bei denen du immer, aus welchem Grund es auch sein mag, den ersten Schritt machen müsstest, um eure Beziehung aufrechtzuerhalten.«
- »Männer, mit denen du dich immer nur heimlich treffen kannst. (…) Sich dauerhaft zu verstecken, ist für eine Frau erniedrigender als für einen Mann, und wenn du dich dem fügst, wird er schnell den Respekt vor dir verlieren.«

- »Schließlich hüte dich vor Männern, die für ihr Lotterleben bekannt sind. (…) Einen Verschwender oder heruntergekommenen Menschen auf den rechten Weg zurückbringen zu wollen, ist eine Herausforderung, der du dich auch im trügerischen Namen der Wohltätigkeit nicht stellen solltest.«

2. Fixierung vermeiden

Greg Behrendt, langjähriger Berater des Drehbuchteams von *Sex and the City* hat eine einfache Formel gefunden, um eines der überflüssigsten Probleme der Frauen (und ganz nebenbei auch noch die dümmsten Ausreden der Männer) zu entlarven: Wenn ein Mann Ihnen vorschlägt, es lieber erst mal langsam angehen zu lassen, wenn er behauptet, dass ihm Freundschaft wichtiger sei als Sex, wenn er auf einmal wahnsinnig viel um die Ohren hat oder glaubt, seine letzte Trennung noch nicht ganz überwunden zu haben, dann gibt es dafür im Grunde nur eine einzige plausible Erklärung: Er steht einfach nicht auf Sie.

Ein Mann, der etwas von Ihnen will, wird alles daran setzten, das auch zu bekommen. Männer haben einen starken Willen und jede Menge Durchsetzungsvermögen – und es gibt nichts, was einen (geistig gesunden) Mann davon abhalten wird, sein Ziel zu verfolgen. Was allerdings genauso pauschal auf alle Männer zutrifft: Ihnen fehlt grundsätzlich die Fähigkeit, einer Frau direkt ins Gesicht zu sagen, dass sie ihn eigentlich nicht im Geringsten interessiert.

Doch auch, wenn er einer Frau gegenüber nicht explizit sagen kann, dass er keinerlei Interesse hat, so wird ein Mann dies doch unmissverständlich zum Ausdruck bringen. Und zwar so: Ich möchte es lieber erst mal langsam angehen lassen. Freundschaft ist mir wichtiger als Sex. Ich habe gerade wahnsinnig viel um die Ohren. Ich glaube, ich habe meine letzte Trennung noch nicht ganz überwunden …

Es sind aber nicht nur die Ausreden, die Männer sich für uns einfallen lassen. Es sind die Frauen selbst, die den Männern derlei dürftige Erklärung andichten. »Der menschliche Geist, besonders der von Frauen, neigt dazu, jeden Freiraum mit Sinn und Inhalt zu füllen«, behauptet Flirt-Experte Oliver Kuhn. Beim Thema Männer heißt das: Alles, was eine Frau nicht konkret weiß, wird sie mit ihrem Wunschbild ausfüllen. Frauen sind erstaunlich schnell bereit, die Zurückweisung eines Mannes zu übergehen und nach einer plausiblen Erklärung zu suchen, warum er leider gerade im Augenblick nicht mit ihr zusammen sein kann, obwohl er es ja im Grunde seines Herzens eigentlich doch möchte.

Viele Frauen suchen sich mit großer Treffsicherheit immer wieder diejenigen Männer aus, von denen sie enttäuscht werden. Dabei offenbaren Frauen oftmals einen erschreckenden Hang zur Selbstaufgabe und sind bereit, ein vermeintlich schicksalhaftes Los bedingungslos zu akzeptieren. Schnell sind aus der Verarbeitung der ersten großen Liebe (von der man mit der besten Freundin betrogen und dann schnöde sitzengelassen wurde) ein paar Jahre geworden – Jahre, in denen sie insgeheim auf ihn wartet und die Hoffnung nicht aufgeben will, dass er sich womöglich doch noch anders entscheidet. Oder nehmen wir das Beispiel einer Frau, die sich klaglos in die Rolle der ewigen Geliebten fügt und an seine ständigen Beteuerungen klammert, dass er sich mit Sicherheit von seiner Frau trennen wird, wenn die Kinder erst einmal aus dem Haus sind.

Frauen beklagen sich in solchen Fällen nicht, sondern sehen die Zurückweisung eines Mannes als ihr unausweichliches (wenn auch selbst gewähltes) Schicksal. Das ist auch der Grund, warum solche Frauen besonders zur Fixierung auf einen bestimmten Mann neigen.

Dabei ist nicht wirklich davon auszugehen, dass ein Mann zu einer Frau zurückkehren wird, wenn er sich erst einmal gegen sie entschieden hat. Er wird vermutlich auch seine Frau und seine Kinder nicht verlassen, um mit seiner Geliebten eine neue Familie zu gründen. Solche hoffnungsvollen Erwartungen zeugen eher von einem erstaunlichen Talent, die bittere Wahrheit zu verdrängen. Ein Mann, der eine Frau mit vagen Versprechungen hinhält, mag ein Schuft sein. Doch zu einem nicht unerheblichen Teil ist er auch ein

Mann, der aus den Ausreden besteht, die sich eine Frau für ihn einfallen lässt – und zwar eine, die blind vor Liebe ist und die die Augen vor der Wahrheit verschließt.

Doch die gute Nachricht: Haben wir das Problem erst einmal erkannt, dann brauchen wir in Zukunft keine Zeit mehr an einen Kerl zu verschwenden, der sich angeblich nicht festlegen will oder kann. Es gibt keinen Mann, der zu beschäftigt ist, unter Bindungsunfähigkeit leidet oder aus irgendwelchen anderen Gründen noch nicht bereit ist für eine neue Beziehung – zumindest nicht, wenn er ein wirkliches Interesse an uns hat. Wenn wir aufhören, Männern diese Dinge anzudichten, dann wird diese Sorte Mann ganz einfach aus unserem Leben verschwinden. Von heute auf morgen. Ein für allemal.

Für den Fall der hartnäckigen Fixierung auf einen ganz bestimmten Mann hat die Gemeinde der Verführungskünstler außerdem eine etwas unkonventionelle, aber durchaus pragmatische Empfehlung parat: Lassen Sie sich einfach mal mit einer Reihe anderer Männern ein und prüfen dann, ob nach dem zehnten Lover der verzweifelt Angebetete immer noch so interessant ist, wie er anfangs erschien.

Spätestens an dieser Stelle glauben Sie wahrscheinlich, das Buch, das Sie in Händen halten, habe ein Mann geschrieben. Eine Frau kann so etwas doch unmöglich gutheißen. Wahrscheinlich würden Sie mir das Buch jetzt am liebsten um die Ohren hauen. Aber ich sag's ja nur ... sozusagen der Vollständigkeit halber ... ich will Ihnen doch nichts vorenthalten ... und mal abgesehen davon: da ist durchaus was dran!

3. Die richtige Fokussierung

Das Burgfräulein, die Pfauendame und das Kolibri-Weibchen – sie alle haben eines gemeinsam: die richtige Orientierung im Umgang mit dem anderen Geschlecht.

Das Prinzip: Die Aufgabe einer Frau beschränkt sich darauf, für den Galan so interessant wie möglich zu sein. Die Aufgabe des Mannes besteht hingegen darin, so lange um eine Frau zu werben, bis sie ihn schließlich erhört. Der Mann ist also derjenige, der alles daran setzen muss, eine Frau für sich zu gewinnen.

Nehmen wir etwa das Burgfräulein. Die gab sich stets würdevoll und souverän. Sie besah sich in aller Ruhe einen Bewerber nach dem anderen und prüfte sehr genau, was jeder von ihnen zu bieten hatte. Sie forderte Beweise dafür, dass die jeweiligen Anwärter ihren hohen Ansprüchen überhaupt genügen konnten. Sie ließ sich von ihnen umschwärmen und bewundern. Gleichzeitig wusste sie aber die Lobpreisungen jedes Einzelnen zu würdigen. Sie begrüßte seine Ehrerbietungen und nahm sie huldvoll entgegen. Sie beglückte den einen oder anderen damit, dass sie ihm Audienz gewährte. Und sie traf schließlich nach reiflicher Überlegung ihre Entscheidung.

Ich bin eine Frau. Es gibt viele Männer, die sich für mich interessieren. Auch ich bin nicht abgeneigt, wenn es sich um einen wirklich interessanten Mann handelt. Ich mache allerdings deutlich, dass sich ein Mann meine Aufmerksamkeit erst verdienen muss. Ich gebe ihm die Gelegenheit, sich zu qualifizieren. Ich gebe ihm die Möglichkeit, sich für mich attraktiv zu machen. Ich bin grundsätzlich interessiert – aber keineswegs leicht zu haben. Ich habe sehr hohe Ansprüche, schließlich habe auch ich einiges zu bieten. Und ich lasse mir nichts vormachen. Denn letzten Endes entscheide ich selbst über mein Glück und meine Zufriedenheit.

Die Struktur des Flirts

Ein Flirt ist die erotisch motivierte Annäherung zwischen zwei Menschen, ausgelöst durch einen charmanten, aber unverbindlichen Kontakt. Diese erste Annäherung verfolgt im Grunde noch keine konkrete Absicht. Der Flirt ist nur eine Andeutung, ein Augenzwinkern, ein Kompliment. Dem Flirt haftet zwar ein Hauch von Erotik und Sexualität an, doch er lebt vom ungezwungenen Spiel mit erotischer Spannung.

So viel zur Definition. Doch Wissenschaftler wollten es genauer wissen. Eine der Ersten, die das Flirten systematisch erforscht haben, ist die amerikanische Anthropologin Margaret Mead. Der Untersuchungsgegenstand: das Verhältnis zwischen jungen Engländerinnen und amerikanischen Soldaten, die während des Zweiten Weltkrieges zu Hunderttausenden in Europa stationiert waren.

Die Wissenschaftlerin unterteilte den Flirt in 30 Einzelstufen, die in der Regel von beiden Seiten gleichermaßen durchlaufen werden. Die eigentliche Überraschung: Die jeweiligen Eskalationsstufen wurden von beiden Geschlechtern völlig unterschiedlich bewertet. Die Mädchen gaben zu Protokoll, dass sie sich vielfach überrumpelt fühlten, wenn die Soldaten innerhalb kürzester Zeit den Versuch unternahmen, sie zu küssen. Die Amerikaner wurden von ihnen als mehr oder weniger aufdringlich empfunden. Auf der weiblichen »Eskalationsleiter« rangierte ein Kuss offenbar viel weiter oben als auf der der Männer.

Die Soldaten hingegen waren überrascht, wie schnell die Engländerinnen auch zu mehr bereit waren, wenn sie erst einmal beim Küssen angelangt waren. Die Amerikaner gaben an, dass im Hinblick auf ein näheres Kennenlernen die letzten paar Stufen dann auch kein allzu großes Hindernis mehr darstellten.

Was sagt uns das? Beide Seiten haben offenbar ganz eigene Vorstellungen davon, wie die Interaktion zwischen Mann und Frau abzulaufen hat. Und beide Seiten haben genauso offensichtlich Schwierigkeiten, sich in das andere Geschlecht hineinzuversetzen. Doch je mehr ich über das jeweilige Flirt-Verhalten weiß, desto besser kann ich mein Kommunikationsverhalten optimieren. Je mehr ich über die Vorstellungen und Erwartungen der Männer weiß, desto besser und effektiver kann ich meine Strategie entwickeln. Und nur darauf kommt es an.

Das Flirtverhalten funktioniert im Grunde nach dem immer gleichen Muster. Bas Kaast beschreibt in seinem Buch *Die Liebe und wie sich Leidenschaft erklärt* folgende Phasen, die in der Regel jedes Paar durchläuft, bevor es gemeinsam eine Bar oder einen Club verlässt:

- *Phase I:* Jemand erregt Aufmerksamkeit. Blickkontakt wird hergestellt, die Person wird angesprochen.
- *Phase II*: Man kommt sich näher. Das Gespräch beginnt. Attraktivität wird aufgebaut.
- *Phase III:* Das Gespräch wird vertieft. Es erfolgt eine emotionale Annäherung. Die Flirtenden wenden sich einander immer mehr zu. Es folgen erste zufällige Berührungen.
- *Phase IV:* Die Bewegungen von Mann und Frau geraten in einen Gleichtakt. Das ist der Ausgangspunkt für mehr.

So viel zu den Grundlagen und Voraussetzungen. Was wir nun lernen müssen, ist, den genauen Ablauf des Flirts zu kontrollieren. Unser Ziel: Wir richten unsere Fernbedienung auf den Mann unserer Träume und drücken ganz behutsam einen Schalter nach dem anderen. Wir gehen dabei der Reihenfolge nach vor und schalten immer weiter, bis wir schließlich das richtige Programm gefunden haben. Wir wissen nun, dass es verschiedene Eskalationsstufen des Flirts gibt, die wir der Reihe nach durchlaufen müssen. Natürlich könnte man auch hin und her zappen. Wir aber gehen systematisch vor, um sicherzugehen, dass wir den Flirt kontrollieren. Nur so wird er uns ins Netz gehen.

Frauen unterwegs – Teil 5

Es ist mal wieder so weit. Sibylle sitzt herausgeputzt in einem Café und entdeckt einen Mann, mit dem sie gerne ins Gespräch kommen würde. Breite Schultern, schöne Hände, gepflegtes Auftreten – auf den ersten Blick ein Volltreffer. Doch schon taucht das erste Problem auf: Sie versucht ihn ins Auge zu fassen, und das erfordert Konzentration. Dabei will sie im Augenblick doch alles andere als konzentriert aussehen. Schon wird sie ein wenig nervös. Nun gut, vermutlich hat er Sibylle ohnehin noch nicht erspäht und sie kann ihn in aller Ruhe in Augenschein nehmen.

Und nun? Was soll sie jetzt machen? Freundlich lächeln und versuchen, nett auszusehen? Oder besser, unwiderstehlich? Einzige Gefahr: Wenn eine Frau zu gut aussieht, kann es ihr auch passieren, dass sie überhaupt nicht mehr angesprochen wird – weil kein Mann sich mehr an sie herantraut. Im Grunde hat Sibylle keine Ahnung, wie sie jetzt am besten vorgeht. Also sucht Sie erst einmal Blickkontakt, lächelt hin und wieder, lehnt sich ansonsten zurück und tut so, als hätte sie von Emanzipation noch nie etwas gehört. Anmachen ist schließlich Männersache.

20 Minuten später steht Sibylles Traummann immer noch an der Bar und unterhält sich angeregt mit seinem Kumpel. Würde er mitbekommen, dass eine Frau sich für ihn interessiert, würde er seinen Freund wahrscheinlich sofort links liegenlassen. Er ist ein Mann. Jedes weibliche Interesse schmeichelt ihm. Nur hat er leider absolut keine Ahnung, dass er im Augenblick das Objekt der Begierde ist.

Männer übersehen Andeutungen, die zu zaghaft sind. Eine Frau denkt sich: »Das muss er doch sehen. Warum unternimmt er nichts?« Aber der Mann merkt es einfach nicht. Auch nicht im Fall von Sibylle.

Also beschließt sie, die Sache selbst in die Hand zu nehmen. Nur, wie geht sie jetzt am besten vor? Rübergehen und ihn ansprechen mit den Worten: »Hi, wie geht's?« Sagenhaft charmant. Oder versuchen, an seinen Helferinstinkt zu appellieren. »Kannst du mir mal erklären, wie ich da und da hinkomme?« Na und. Dann folgt vermutlich die Wegbeschreibung. Und weiter? Augenkontakt halten. Ist klar. Aber wenn er schon wieder ins Gespräch mit seinem Kumpel vertieft ist? Und die »Tschuldigung, du gefällst mir. Hättest du Lust, dich mal mit mir zu treffen?«-Nummer funktioniert natürlich am besten, wenn man aussieht wie Angelina Jolie. Bei allen anderen Frauen wirkt der Spruch vermutlich doch etwas aufgesetzt. Außerdem bekommt er so sicher den Verdacht, dass sie solche Aktionen routinemäßig durchführt und mit diesem Spruch alle Männer anquatscht.

Egal. Im Zweifelsfall wird mir schon eine passende Bemerkung einfallen, denkt Sibylle. Fehlt nur noch der Startschuss. Im Kopf geht sie noch mal eben die Klassiker durch: Zigarette? Rauchen darf man eh nicht mehr. Drink? Hat er schon. Bist du öfter da? Ja-oder-nein-Frage, ganz schlecht. Lust zu tanzen? Keine gute Idee, so richtig wohl fühlt sie sich auf der Tanzfläche sowieso nicht.

Langsam macht sich bei Sibylle Panik breit. Sie versucht sich zu beruhigen. Schließlich erhalten Frauen von Männern nur selten eine Abfuhr. Mit ernstzunehmender Gegenwehr ist sowieso nicht zu rechnen. Das einzige Kriterium der Männer: äußerlich ansprechend. Nun gut, wozu stand sie eine halbe Stunde im Badezimmer. Was ihn darüber hinaus noch besonders anspricht, kann sie ohnehin nicht wissen. Warum kommt er nicht einfach vorbei und sagt etwas? Jetzt vielleicht? Nein, gerade bestellt er noch einen Drink. Für sich und seinen Freund. Sie lächelt unbeholfen und hofft weiter auf Ihren Einsatz.

Nach einer weiteren halben Stunde gibt Sibylle auf und beschließt, dass das Objekt der Begierde entweder schwul ist oder bereits vergeben. Oder dumm wie Brot.

Beleidigt geht sie nach Hause und schimpft über die Männer. Und zwar alle.

6 Phase I: Die Kontaktaufnahme – trickreiches Fallenstellen

Das mit dem Ansprechen ist ja so eine Sache. Ich persönlich glaube nicht, dass man als Frau mit irgendeinem Anmachspruch den ersten Schritt wagen sollte – vor allem dann nicht, wenn dieser betont locker und dabei auch noch möglichst geistreich sein soll. Solche Sprüche sind nämlich in der Regel alles andere als locker und geistreich. Und wenn doch, dann bringt so ein perfekter Spruch den Mann womöglich nicht um den Verstand, sondern eher um seine souveräne Haltung. Ein Mann in der Defensive – ganz schlecht.

Das heißt aber noch lange nicht, dass Frauen nicht die Initiative ergreifen sollen. Nur haben wir da weit bessere Optionen zur Verfügung.

Maßnahmen gegen Unsicherheit und Nervosität

Früher empfand ich, jedes Mal wieder, wenn ich einen Mann ansprechen oder ihm auch nur einen verheißungsvollen Blick zuwerfen wollte, dieses flaue Gefühl im Magen. Ich merkte regelrecht, wie die Nervosität in mir aufstieg – dieses Gefühl, das sich auch nach dem hundertsten Flirt nicht so recht legen wollte.

Was in so einer Situation passiert? Unser Nervensystem spielt verrückt. Je toller der Mann, desto schlimmer. Plötzlich steht man mit hochrotem Kopf da, obwohl man doch gerade einen souveränen Auftritt hinlegen wollte. Passiert immer dann, wenn man es überhaupt nicht brauchen kann. Männer finden so ein sanftes Erröten ja angeblich süß. Aber das hilft mir wenig. Ich will nicht süß sein, sondern betören. Und die glühenden Wangen haben mich jedes Mal wieder ordentlich aus dem Konzept gebracht.

Die ganze Aufgeregtheit hat aber auch ihr Gutes. Unser Nervensystem versetzt uns in Alarmbereitschaft. Unser Körper schüttet Adrenalin aus. Wir sind hellwach und konzentriert, der nötige Kick, um die Initiative zu ergreifen. Angst ist ein wunderbares Doping – solange wir uns davon nicht so weit beherrschen lassen, dass wir keinen Ton mehr herausbringen.

Doch was lässt sich gegen übermäßige Nervosität und Unsicherheit tun? Die erste Regel lautet: üben, üben, üben. Nicht nur mit der besten Freundin fünfmal am Tag telefonieren und ansonsten vielleicht noch mal mit der Nachbarin die üblichen Höflichkeitsfloskeln austauschen, sondern in der Öffentlichkeit gezielt fremde Menschen ansprechen. An der Ampel frage ich nicht die vertrauensselige ältere Dame nach dem Weg, sondern ganz bewusst den Businesstypen im Anzug, der angestrengt auf seinem Blackberry herumtippt. Vielleicht ist er kurz angebunden. Vielleicht freut er sich aber auch, wenn er behilflich sein kann und dafür ein charmantes Lächeln erntet.

Das Leben ist voller verpasster Chancen. Jedem Mann, dem ich nicht einen Blick zuwerfe oder ein Lächeln schenke, weil ich glaube, es wäre gerade nicht der richtige Ort oder der richtige Zeitpunkt, ist ein verlorener Mann. Im nächsten Augenblick ist er nämlich wieder weg. Und zwar für immer. Der eigenen Feigheit zum Opfer gefallen.

Damit es gar nicht erst dazu kommt, hat der amerikanische Flirt-Guru Mystery die sogenannte Drei-Sekunden-Regel aufgestellt: Sobald ich jemanden sehe, der mich interessiert, muss ich unverzüglich handeln. Innerhalb von drei Sekunden. Entweder gehe ich einfach hin und spreche ihn an, oder ich mache mich anderweitig bemerkbar. Ohne Zögern. Ohne Ausflüchte. Denn wer zögert und erst einmal abwartet, dem kommen immer genügend Gründe in den Sinn, warum gerade nicht die richtige Zeit oder der richtige Ort wäre, einen Mann anzusprechen. Und schon ist sie da, die analytische Lähmung – und das Objekt der Begierde im Zweifelsfall schon längst wieder weg.

Die drei Sekunden sind dabei nicht wörtlich zu nehmen. Doch mit jeder Minute, die ich warte, verliere ich an Selbstsicherheit – und das schadet meinem Auftreten. Ich muss die Dynamik des Augenblicks nutzen. Wenn ich erst einmal anfange, mir zu überlegen, wann und ob überhaupt der richtige Moment zum Ansprechen gekommen sei, dann leidet nicht nur meine Spontaneität, sondern vor allem auch meine Souveränität. Er könnte sich gerade gestört fühlt. Womöglich hat er schon eine Freundin. Vielleicht hat er gar keine Lust, sich mit mir zu unterhalten. Vielleicht steht er nur auf Blondinen.

Es gibt tausend Gründe, einen Mann nicht anzusprechen. Doch jedes zaghafte Rumgedruckse minimiert meine Chance – und zwar von Minute zu Minute. Ich aber will von der ersten Sekunde an überzeugen. Also darf ich nicht lange überlegen, sondern muss aktiv werden, ohne langes Nachdenken.

Das ist das einzig erfolgversprechende Konzept der Annäherung.

Wer ergreift die Initiative?

Eine große Mehrheit der Männer würde es Umfragen zufolge begrüßen, wenn eine Frau die Initiative ergreift. Das ist nicht weiter verwunderlich, denn für jeden Menschen ist es schmeichelhaft, wenn er umworben wird. Das eine sind die Umfrageergebnisse. Andererseits ist es jedoch so, dass Männer im Grunde immer noch Angst haben, dass ihnen die Felle davonschwimmen, wenn sie einer Frau das Terrain überlassen. Vor allem beim Flirt.

In einer Befragung gaben über 1000 Singlemänner zu Protokoll, dass sie es durchaus schmeichelhaft fänden, um ein Treffen gebeten zu werden. Doch sobald sie, auf Nachfragen der Forscher hin, das Thema vertieften, wurden die Befragten zunehmend nervös und fingen an, von dominanten, drängenden Frauen zu reden, die unnatürlich und bedrohlich auftreten würden. Von begrüßenswertem Rollentausch war plötzlich keine Rede mehr.

Die unbestimmte Angst der Männer: Übernimmt die Frau die Initiative, macht das einen Mann angreifbar. Männer mögen sich darüber beschweren, dass von ihnen stets die Initiative erwartet wird. Doch letztlich möchte keiner von ihnen die Kontrolle tatsächlich abgeben.

Gleichzeitig ergab jedoch eine neuere Gewis-Umfrage, dass rund 61 Prozent der Männer nur dann den ersten Schritt wagen, wenn eine Frau ihnen bereits deutliches Interesse signalisiert hat.

Ein echtes Dilemma.

Der Ausweg: Ich ergreife die Initiative. Ich werde aktiv, und zwar indem ich dem Mann signalisiere, dass ich nicht abgeneigt wäre. Mit Blicken. Mit Gesten. Mit einer unverfänglichen Bemerkung. Ich steuere die Annäherung. Jedoch unbemerkt, so dass er sein höchstes Gut, sein Ego, nicht aus der Hand zu geben braucht. Bei fast allen Balzritualen im Tierreich täuscht das Weibchen Passivität vor, während es das Männchen subtil dazu auffordert, den ersten Schritt zu machen. Das funktioniert noch immer am besten.

Sobald ein Mann erst einmal angebissen hat, ist es wiederum vorteilhaft, ihm die Initiative zu überlassen. »Ich war schon ewig nicht mehr im Kino« oder, etwas konkreter, »Nächste Woche läuft hier der neue Woody Allen, wollte ich unbedingt sehen« sind solche verdeckten Hinweise, auf die ein Mann sofort anspringen und sich ermutigt fühlen wird, mich ins Kino einzuladen. Wenn er ein gemeinsames Essen vorschlägt, habe ich ihm vielleicht vorher erzählt, wie gerne ich einmal die libanesische Küche ausprobieren würde. Meine Rolle beschränkt sich also zunächst darauf, ihm die Gelegenheit zu geben, Entschlossenheit zu demonstrieren und die Initiative zu ergreifen. Und in dieser Rolle wird sich jeder Mann wohl fühlen.

Ich muss nicht gleich mit der Tür ins Haus fallen. Es reicht, wenn ich einen Mann nur ganz vorsichtig anspiele. Ist er interessiert, wird er den Ball ganz einfach zurückwerfen.

Untersuchungen zufolge werden etwa zwei Drittel aller zustande gekommenen Dates von Frauen initiiert. Die Annäherung wird also in den meisten Fällen von Frauen gesteuert. Die Frau ist immer der Jäger – das weiß der Mann im Grunde auch. Er kann es nur nicht ausstehen, wenn man ihn in diesem Spiel zum Statisten degradiert. Am besten, ich gebe ihm meine Telefonnummer und er hat die Möglichkeit, ein Treffen aktiv herbeizuführen.

Natürlich bin ich ein netter Mensch. Ich unterstütze ihn in seinem Flirt-Vorhaben, falls er unsicher oder schüchtern ist. Ich werde ihm eine geeignete Vorlage für ein mögliches Wiedersehen liefern. Ich bestärke ihn. Jederzeit. Aber er muss den entscheidenden Schritt tun.

Das ist der feine Unterschied zwischen einen Mann ermutigen und ihm hinterherlaufen.

Das Problem forscher Frauen

Zu viel Forschheit kann allerdings auch abschreckend wirken. Der amerikanische Psychologe Michael Cunningham fand heraus, dass weibliche Großstadtsingles zwischen 20 und 30 von Männern häufig als zu offensiv wahrgenommen werden. Viele Männer fühlen sich davon schnell verunsichert.

Dabei ist die forsche Herangehensweise nicht grundsätzlich zu beanstanden. In Berliner Biomärkten ist es derzeit in Mode, gezielt nach männlichen Singles Ausschau zu halten. Immerhin ist damit schon mal klar, dass dieser Typ Mann Wert auf seine Ernährung legt. Die Berlinerinnen haben dieses Potenzial offenbar erkannt. Es wurden schon Frauen beobachtet, die kurzerhand irgendwelche Garantiesiegel von Bioprodukten abrissen, darauf ihre Nummer kritzelten und dem anvisierten Mann mit den Worten in die Hand drückten: »Ich glaub, du hast da was vergessen.«

Nun mag Herr Cunningham andere Zahlen zu den forschen Großstädterinnen haben, aber Tatsache ist: Eine Studie unter 1200 frisch verliebten Paaren ergab, dass in Berlin nicht etwa der Biergarten, die Strandliegewiese oder das Eiscafé das Flirt-Revier Nummer eins ist – nein, die meisten Pärchen haben sich im Jahr 2006 im Biomarkt gefunden. Jetzt können Sie selbst entscheiden, ob Sie eher der Wissenschaft oder dem Praxistest Glauben schenken wollen.

Natürlich kann ich, emanzipiert und unabhängig, wie wir heute sind, auf einen Mann zugehen und ihn um ein Rendezvous bitten.

Doch grundsätzlich gilt: Beim Flirten geht es nicht darum, Eigenschaften wie Durchsetzungsvermögen und Ellbogenmentalität unter Beweis zu stellen. Es geht um meine Anziehungskraft als Frau. Und die lässt nun mal stark nach, wenn ich in der Interaktion mit einem Mann allzu offensichtlich die Führung an mich reiße.

Eine Frau sollte jederzeit die Initiative ergreifen und ihr eigenes Glück nicht dem Zufall überlassen. Doch wenn wir mal ehrlich sind, entspringt das Bedürfnis, die Führung zu übernehmen, nicht selten dem Versuch, jeden Aspekt unseres Lebens unter Kontrolle zu haben. Auch die Liebe. Frauen versuchen, sich beim Flirten mit übertriebenem Aktionismus vor Enttäuschungen zu schützen – gehen damit aber auch das unnötige Risiko ein, zurückgewiesen zu werden.

Eine Verabredung zu forcieren ist nichts anderes, als einem Mann hinterherzulaufen. Ich bringe mich damit um das Vergnügen, mich begehrt zu fühlen. Und mit Verführung hat das sowieso nichts mehr zu tun.

In diesem Sinne halte ich mich stets an den Rat der Verführungskünstlerin Doris Langley Moore: »Wenn du kannst, lass es so aussehen, als ob er sich um dich bemüht hat und nicht umgekehrt.«

Welche Männer soll man ansprechen?

Die meisten Frauen verhalten sich Männern gegenüber rein passiv. Sie lassen sich ansprechen. Das schränkt die Auswahl jedoch radikal ein. Und das ist ein echtes Problem. Denn der eine ist vielleicht draufgängerisch, aber eben nicht unbedingt mein Typ. Der andere schon eher. Aber der guckt nur schüchtern zu mir herüber und schweigt beharrlich. Nur, was will ich mit einem Mann, der sich nicht mal traut, mich anzusprechen? Da mag ich mir gar nicht ausmalen, was der sonst noch alles nicht kann.

Gutaussehende Frauen werden noch seltener angesprochen, weil Männer da ein hohes Risiko vermuten und erst recht Hemmungen haben.

Wie man es dreht und wendet, ein schwieriges Thema.

Zunächst einmal gilt: den *richtigen* Mann ansprechen. Die erfolgversprechendste Methode besteht darin, solche Männer auszuwählen, bei denen ich mir auch gewisse Chancen ausrechne. Das heißt jetzt nicht, dass ich mich als absolute Topfrau nur noch an die Kleinen und Unansehnlichen halten muss, die nun wirklich für jede Form der Aufmerksamkeit dankbar sein müssen. Es ist nur wenig sinnvoll, ausgerechnet solche Männer anzusprechen, die im Club bereits von einem ganzen Rudel Blondinen umringt sind. Oder Männer, die im Pulk eine Bar aufsuchen, um sich gemeinsam das Finale der Champions League anzuschauen. Wer da nicht aussieht wie Pamela Anderson, hat einfach schlechte Karten.

Auch mit Männern, die gerade nicht in Flirt-Laune sind, könnte es schwierig werden. Die Flirt-Spezialistin Tracey Cox rät, auf Blockaden zu achten, die andere um sich herum errichten. Die meisten Menschen setzen unbewusst ihren Körper oder verschiedene Gegenstände als Blockaden ein, wenn sie an einem Flirt nicht interessiert sind: Arme, Beine, Schultern und die Richtung, in die ein Mann seinen Kopf dreht. Aber auch Stühle, Taschen, Gepäck oder Garderobe können einem Flirt im Weg stehen. Wenn ich eine Absicht dahinter vermute, suche ich mir einfach den nächsten.

Aber selbstverständlich kann ich das George-Clooney-Double ansprechen, das möglicherweise allein in einer Bar wartet. Oder den Mann mit dem charmanten Kinngrübchen, der schon seit zehn Minuten vor dem Weinregal im Supermarkt steht und sich offenbar nicht entscheiden kann. Oder den großen Blonden mit dem gutsitzenden Anzug, der allein im Bordrestaurant des ICE vor seinem Schnitzel »Wiener Art« sitzt und gegen eine reizende Unterhaltung sicher nichts einzuwenden hätte.

Das sind die richtigen Männer. Sie haben Zeit. Sie sind nicht in Eile. Sie wissen weibliche Aufmerksamkeit zu schätzen und freuen sich über eine hinreißende Gesprächspartnerin wie mich.

Wie mache ich es richtig?

Wenn Frauen einen Mann ansprechen, dann sind sie entweder zu schüchtern oder zu forsch. Ist meine Annäherung zu zaghaft, nimmt der Mann mich gar nicht erst wahr. Ist meine Masche betont locker und offensiv, dann hat er den Eindruck, dass ich denselben Spruch heute schon mindestens fünfmal losgeworden bin. Ist die Anmache auch noch extrem witzlos oder gar peinlich (»Ist dein Vater Bäcker ...«), kann der Spruch nur einigermaßen charmant rüberkommen, wenn er eindeutig als Farce erkennbar ist. Ansonsten wirkt so ein Anmachspruch auf jeden halbwegs vernünftigen Mann so daneben, wie er nun mal ist. Ist meine Anmache zu verbissen oder gebe ich mich besonders schlau, dann hält jeder Mann mich für eine Spaßbremse. Vermutlich zu Recht.

Wenn ich Männer frage, wie sie am liebsten von einer Frau angesprochen werden wollen, dann sagen alle erst einmal, sie hätten keine Ahnung, denn sie werden sowieso nie von einer Frau angesprochen (und dass sie sich wünschen würden ... jaja, das kennen wir schon). Diejenigen, die dann etwas länger darüber nachdenken, wie es eine Frau wohl anstellen müsste, so dass ein Mann darauf eingehen würde, sagen beispielsweise: »Zunächst müsste eine Frau irgendwie vorher schon mal auf sich aufmerksam gemacht haben.« Und ein anderer: »Wenn sie mich von hinten an die Schulter tippt und fragt, ob sie mich mal treffen könne, dann würde ich mich schon etwas überfahren fühlen.«

Gut, also nicht von hinten und das mit dem »irgendwie vorher schon mal ... « heißt natürlich: Erst einmal Blickkontakt aufnehmen, ein geheimnisvolles Lächeln wagen – all das eben, was einer Frau an nonverbalem Repertoire zur Verfügung steht. Also merken wir uns: Erst einmal in das Blickfeld des anvisierten Objekts begeben und dort eine ganze Weile aufhalten. Von wegen, Männer können besser gucken. Die Antilope am Horizont vielleicht. Aber für alles andere braucht der Durchschnittsmann eben doch einen etwas nachhaltigeren visuellen Reiz.

Erst dann muss ich mir über die richtigen Worte Gedanken machen.

Drei Erfolgsstrategien, einen Mann anzusprechen

Der Psychologe Michael Cunningham unterscheidet zwischen drei verschiedene Flirt-Strategien:

- Die direkte Methode: »Ich würde dich gerne kennenlernen.«
- Die harmlose Strategie: «Lecker, so ein kühles Bier, nicht wahr?«
- Die freche Anmache: »Na, gab's das Hemd auch in deiner Größe?«

Cunningham hat die verschiedenen Strategien auf ihre Wirksamkeit hin untersucht. Das Ergebnis: Am besten funktioniert die harmlose und unverbindliche Methode. Mit ihr hatten im Test nahezu 100 Prozent der Frauen Erfolg. Mit der frechen Anmache kamen 88 Prozent zum Ziel. Und sogar mit der direkten Strategie erhielten immerhin noch 81 Prozent der Frauen eine positive Reaktion. Fazit: Frauen, die Männer ansprechen, sind also durchweg erfolgreich – und zwar deutlich erfolgreicher als jeder Mann. Sie müssen sich nur trauen.

Was lernen wir daraus? Frauen, die Männer ansprechen, haben absolut nichts zu befürchten. Männer lassen sich bereitwillig anquatschen und erteilen Frauen nur selten eine Abfuhr. Die Wahrscheinlichkeit, dass ich von einem Mann einen Korb erhalte, ist verschwindend gering.

Also, was kann mir schon passieren? Mehr als »nein« sagen kann er nicht. Außerdem kommt es offenbar gar nicht so sehr darauf an, was wir sagen. Alle drei Strategien sind im Grunde erfolgreich. Wer allerdings auf Nummer sicher gehen will, der sollte einen Einstieg wählen, der möglichst harmlos vorgetragen wird. Die Erfolgsrate: nahezu 100 Prozent.

Oder aber Sie wählen eine der folgenden Strategien:

Strategie Nr. 1

Ich bitte einen Mann höflich um einen Gefallen. Das ist natürlich der harmlosen Variante zuzuordnen. Diese Strategie ist kein bisschen frech und absolut unoriginell – aber genau deswegen so erfolgreich: »Hast du mal Feuer?«, »Kannst du mir sagen, wie spät es ist?«, »Weißt du, wann die nächste U-Bahn kommt?« oder »Ist hier noch frei?«. Unverfänglicher geht nicht. Der Vorteil: Ich habe direkten Blickkontakt und bin sofort im Gespräch. Erfolgsaussichten: hoch.

Ein einfacher Tipp, die Erfolgsaussichten der harmlosen Strategie noch zu erhöhen: Ich schaue mir den Mann, der mein Interesse geweckt hat, einfach mal genauer an. Was ist er für ein Typ? Wie tritt er auf? Wem oder was schenkt er Aufmerksamkeit? Was sagt seine Kleidung über ihn aus? Hält er einen Autoschlüssel in der Hand? Mit ein bisschen Phantasie lässt sich fast immer irgendetwas zusammenreimen und daraus eine gezielte Frage oder Bitte ableiten. Ganz besonders gut klappt nämlich die harmlose Methode, wenn man einen Mann dabei auch noch ganz unverfänglich um Rat fragt. Das schmeichelt seinem Ego.

Zum gutangezogenen Braungelockten mit Intellektuellenbrille vor dem Weinregal im Supermarkt sage ich: »Du siehst so aus, als hättest du Ahnung von Wein. Kannst du mir was empfehlen?« Den Technikfreak im Elektrofachgeschäft mit Kopfhörer im Ohr frage ich: »Diese MP3-Player sehen für mich alle gleich aus. Kennst du dich damit aus?« Den hemdsärmeligen Typen im grün-grauen Karohemd an der Tankstelle bitte ich: »Ich hab keine Ahnung, was dieser Wagen tankt. Normal oder Super?« Und gegenüber dem stolzen Besitzer eines Motorrads täusche ich ein plötzlich aufgetretenes Handy-Problem vor.

Männer macht es glücklich, wenn sie um Rat gefragt werden. Und schon ist die Hürde der ersten Kontaktaufnahme elegant genommen.

Strategie Nr. 2

Ich stelle eine offene Frage. Den jungen hübschen Kerl, der im Club immer wieder schüchtern zu mir herüberschaut, frage ich nicht: »Bist du öfters hier?« – darauf kann er nämlich nur mit »Ja« oder »Nein« antworten, und das war es dann möglicherweise schon mit der Unterhaltung. Besser sind Fragen, die eine ausführlichere Antwort erfordern, wie zum Beispiel: »Ist das dein Lieblingsclub, oder kennst du noch bessere in der Stadt?« Der Vorteil: Seine Antwort dürfte etwas länger ausfallen und damit auch der Blickkontakt. Noch besser ist es, ihn auch diesmal um seine Meinung zu bitten: »Wo geht man eigentlich in dieser Stadt am besten hin?« Da fühlt er sich natürlich gebauchpinselt, wenn man ihn als Kenner der Szene identifiziert hat. Erfolgsaussichten: sehr hoch.

Eine ähnliche Funktion hat auch der harmlose Gesprächseinstieg. Irgendetwas Unverfängliches, was sich aus der Situation ergibt. Mein Anliegen muss natürlich wieder so formuliert werden, dass der Mann etwas weiter ausholen kann. Auf einem Konzert frage ich den Typen neben mir: »Kennst du die Band? Haben die schon mehrere Alben rausgebracht?« Auf einer Party frage ich den gutaussehenden Studienkollegen des Gastgebers: »Wie genau habt ihr euch kennengelernt?« Im Theater frage ich den Mann, der mir galant die Tür aufhält: »Haben Sie das Stück schon mal in einer anderen Inszenierung gesehen?« Im Club frage ich den begeisterten Tänzer: »Von wem war das Lied gleich noch mal?« Es ist wirklich schrecklich einfach. Und funktioniert einfach immer.

Wenn Ihnen nun absolut rein gar nichts einfallen sollte, dann nehmen Sie halt das Wetter als Gesprächseinstieg. Ein Klassiker mit durchaus guten Erfolgschancen. Zum Mann mit dem herrlich verträumten Blick sage ich: »Es riecht schon so nach Frühling draußen. Ob es wohl noch lange dauert?« Auch wenn ein Thema wie das Wetter noch so banal erscheint, es erfüllt doch seinen Zweck. Je allgemeiner das Thema, desto wahrscheinlicher hat er dazu etwas zu sagen. Smalltalk nennt man das. Und dabei geht es weniger um den

Austausch von Informationen als vielmehr darum, Beziehungen zu knüpfen. Und genau das wollen wir ja.

Eine etwas fortgeschrittenere Variante ist es, mit dem harmlosen Gesprächseinstieg gleich von Anfang an deutlich zu machen, das ich ein bisschen anders bin als all die anderen. Auch nichts Tiefgründiges, aber dennoch etwas spritziger als das Wetterthema sind Fragen wie »Welche Eissorte magst du am liebsten?«, »Was war die erste Platte, die du dir gekauft hast?«, »Welche Musik läuft gerade in deinem Auto?«.

So kann man ganz nebenbei schon mal seine Vorlieben sondieren.

Strategie Nr. 3

Ich bitte einen Mann, mir zu helfen. Jeder Mann trägt insgeheim ein Heimwerkermützchen auf dem Kopf, sagt John Gray, Autor des Bestsellers *Männer sind anders. Frauen auch.* »Der Mann an sich« sei seiner Meinung nach am glücklichsten, wenn er irgendwo behilflich sein und die Welt retten kann. Und natürlich hoffen Männer die ganze Zeit, dass ihre handwerklichen Fähigkeiten auch irgendwann zum Einsatz kommen.

Männer wollen gebraucht werden. Sie lieben es, Dinge für uns zu tun. »Das liegt ganz einfach daran, dass sie lieber etwas tun, als über etwas zu reden«, behauptet Flirt-Spezialistin Meike Rensch-Bergner. Der andere Grund ist natürlich, dass sie gelobt werden wollen und sich dann toll finden können. Männer sind beständig auf der Jagd und fühlen sich erst dann wirklich als Mann, wenn sie mit ihrem besonderen Wissen und ihren Fähigkeiten bei uns punkten können.

Das Erstaunliche an dieser Strategie ist, dass ein Mann sich nicht einmal wundern wird, warum ich ausgerechnet ihn dazu auserkoren haben, meinen Ölfilter zu wechseln. Er wird sich denken: Es handelt sich um ein Auto und das ist schließlich Männersache. Dass ich ihm eigentlich schöne Augen machen will, das merkt ein Mann erst mal lange Zeit überhaupt nicht. Da steht er meist wunderbar auf dem Schlauch. Auch der Bitte, mir bei Gelegenheit den Computer neu zu konfigurieren, wird er mit Begeisterung nachkommen. Dabei ein weitergehendes Interesse zu vermuten, liegt ihm zunächst einmal fern. Ein solcher Annäherungsversuch bleibt daher stets unverfänglich.

Ich bitte also den Mann an der Tankstelle, ob er mir beim Ölwechsel behilflich sein kann. Ich habe so was noch nie gemacht. Oder diese blöden Autoreifenventile an meinem Mountainbike. Krieg ich irgendwie keine Luft rein. In meinem Schlafzimmer steht schon seit Wochen ein neu verpacktes Billy-Regal. Für jeden Mann doch eine Kleinigkeit. Vielleicht auch gleich noch die Glühbirne auswechseln? Kann ich ja eigentlich selbst, aber nicht bei dieser alten Lampe. Da komme ich nicht so einfach dran. Ohne Schraubenzieher geht da gar nichts. Außerdem habe ich keine Leiter. Altbau, Sie wissen schon. Eine Steuererklärung mit ELSTER ans Finanzamt übermitteln? Keine Ahnung. Hab ich noch nie gemacht. Der Videorecorder hat leider keine Gebrauchsanweisung mehr. Hab ich gebraucht gekauft. Eine Sendung damit programmieren? Geht mit Sicherheit, nur wie? Die CD von neulich brennen? Gerne. Aber irgendwie spinnt mein Roxy-Toaster-Programm zurzeit. Könnte er sich ja vielleicht mal anschauen.

Beinahe jeder Mann nimmt einer Frau bereitwillig Dinge ab, die ihm eindeutig leichterfallen, die er gerne macht oder die er einfach tut, weil es ihn freut, mich glücklich zu machen. Da fällt mir immer wieder etwas Neues ein.

Das Spiel mit Klischees

Nichts ist natürlich so unverbindlich (und daher so erfolgversprechend) wie der Zufall. Und dennoch ist das achtlos weggeworfene Taschentuch vielleicht doch etwas zu auffällig, um den Mann meiner Träume an einen Zufall glauben zu lassen. Auch die gerissene Einkaufstüte im Supermarkt, die nach einem helfenden Retter verlangt, ist ein eher leicht zu durchschauendes Manöver. Ganz zu schweigen vom Herumlungern vor seinem Büro, das man wenig überzeugend mit einem »Ich war gerade zufällig in der Nähe« kommentiert.

Ganz anders ist es allerdings, wenn deutlich erkennbar wird, dass ich eine altmodische Flirt-Strategie bewusst aufgreife und mit dem Klischee spiele. Mein Lieblingsspruch: »Hast du eine Briefmarkensammlung? Ich würde mich dafür interessieren.«

Oder mir könnte etwas runterfallen. Genau vor seine Füße. Ich grinse betont frech. Er hebt es natürlich trotzdem auf. Schließlich ist er gut erzogen. Und er hat einen Riesenspaß, bei diesem altmodischen Spiel mitzuspielen. Natürlich muss ich mich dafür umgehend bei ihm revanchieren. Ich würde ihn auf ein Glas Limonade einladen. Von Latte Macchiato hat schließlich in den 50er Jahren noch keiner was gehört.

Oder ich spreche den Mann in Jeansjacke und Baseballkappe, der etwas verloren in einer Bar herumsteht, mit den Worten an: »Werden Sie bereits erwartet?« Ein wunderbar altmodischer Spruch. Wenn er verneint, sage ich »Dann möchten Sie sich vielleicht zu mir setzen?«. Er grinst schon über das ganze Gesicht, während ich noch meine Tasche zur Seite räume.

Der Grund, warum solche ironischen Spielchen so gut funktionieren: Es lädt den anderen ein, mitzumachen. Der Mann kann ebenfalls spielerisch agieren. Ich verhalte mich unkonventionell und gebe dem anderen damit die Möglichkeit, dies ebenfalls zu tun.

Gleichzeitig biete ich ihm eine kleine Herausforderung. Er kann zeigen, dass er alles andere als ein angepasster Langweiler ist. Und das kann nun wirklich kein Mann auf sich sitzen lassen: »Der Vorwurf, langweilig zu sein«, weiß auch Doris Langley Moore, »wird den Ehrgeiz von jemandem anstacheln, der normalerweise zu schmeicheln versteht. Selbst wenn er also eine Sekunde zuvor dachte, dich niemals wieder sehen zu wollen, wird seine Eitelkeit dich nicht mit der Meinung ziehen lassen, dass er ein Langweiler ist.« Er wird also mit Sicherheit darauf einsteigen.

Die verschiedenen Männertypen erkennen

Ich versuche immer, mich in einen Mann hineinzuversetzen. Was ist er für ein Typ? Was strahlt er aus? Wie sieht er sich wohl selbst am liebsten? Männer sind sehr sensibel dafür, ob ich wirklich an ihnen als Mensch und als Persönlichkeit interessiert bin. Jeder ist das.

Ganz egal, wie ich mit einem Mann in Kontakt trete, die beste Anmache entsteht aus einer einmaligen Situation und passt nur genau zu diesem Moment und zu diesem Mann. Ich muss ihm das Gefühl geben, dass ich mein Lächeln nicht routinemäßig jedem schenke, sondern dass genau er derjenige ist, der mit seiner Art und seinem Wesen mein Interesse geweckt hat. Er muss das Gefühl haben, dass ich mit diesem Spruch noch nie zuvor einen Mann angesprochen habe.

Es gibt verschiedene Männertypen, von denen jeder nach einer eigenen Strategie verlangt. Wenn ich mich einem Mann erfolgreich nähern möchte, so muss ich bereits beim ersten Zusammentreffen die passende Strategie im Hinterkopf haben. Schon wenn ich ihn das erste Mal anlächle, muss ich im Grunde wissen, wie er verführt werden will. Es gibt nicht die *eine* richtige Flirt-Strategie, sondern es bedarf zunächst einer präzisen Analyse der geheimen Sehnsüchte und Bedürfnisse eines Mannes. Erst dann kann eine Strategie folgen, die auch Erfolg verspricht.

Nahezu jeder Mann hat ein unbefriedigtes Verlangen nach Freiheit und Abenteuer. Gleichzeitig haben jedoch fast alle Männer ein nicht minder ausgeprägtes Bedürfnis nach Nähe und menschlicher Wärme. Absolut jeder Mann sehnt sich nach Respekt und Anerkennung. Und nicht zu vergessen: Jeder Mann möchte sich natürlich als Held fühlen. Doch welches dieser Bedürfnisse und Sehnsüchte ist bei ihm besonders ausgeprägt? Wie ist ein Mann genau einzuschätzen? Erst wenn ich die verschiedenen Männertypen und ihre jeweiligen Bedürfnisse kenne, kann ich einen Mann tief im Inneren berühren.

Habe ich den jeweiligen Männertyp erkannt, ist der Rest relativ einfach: Ich muss nur lernen, meine Zielgruppe richtig einzuschätzen. Dann kann ich genau jene Seite an mir betonen, die seinem Ideal von einer Traumfrau am nächsten kommt. Eine Frau, die auf einen Mann anziehend wirkt, ist wie ein Cocktail – von allem ist etwas drin: die Elfe, die Göttin, das Teufelsweib. Dabei geht es keinesfalls darum, einem Mann etwas vorzumachen. Allerdings muss ich die Fähigkeit besitzen, einzelne Seiten besonders hervorzuheben. Nur dann kann ich ihn davon überzeugen, dass er in mir genau das gefunden hat, was er schon immer gesucht hat.

Das weibliche Flirt-Arsenal muss im Prinzip für jeden Typ Mann eine eigene Waffengattung zur Verfügung haben – und natürlich muss ich wissen, wie man damit umgeht. Will ich beispielsweise an den Beschützerinstinkt eines Mannes appellieren, so muss ich wissen, wie ich das an mir unterstreichen kann, worin ich Kind geblieben bin. Wenn ich jedoch dem jugendlichen Lover mit dem Typus des kleinen Mädchens komme, dann weckt das mit ziemlicher Sicherheit nicht dessen Beschützerinstinkt, sondern eher seinen Fluchtimpuls.

Im Folgenden daher eine kleine Orientierungshilfe:

Der Schweigsame

Sein ganzes Leben spielt sich in seinem Kopf ab. Er fühlt sich im Grunde nur in seiner eigenen Welt wirklich zu Hause. Er ist zum Beispiel leidenschaftlicher Fußballfan. Er verpasst kein Auswärtsspiel, obwohl es nicht immer Freude bereitet, einem Drittligisten in irgendein Kuhdorf hinterherzureisen. Aber das ist nun mal seine Lieblingsmannschaft – ist es immer gewesen und wird es auch immer bleiben. Oder er ist ein wandelndes Musiklexikon. Mehrmals die Woche geht er auf Konzerte von Bands, deren Namen man nicht einmal googeln kann. Er verbringt seine Nachmittage in den bestsortierten Plattenläden der Stadt, die zu 95 Prozent von ähnlich hingebungsvollen Musikfreunden frequentiert werden, die dort mit Sicherheit ebenfalls jeden Tag anzutreffen sind. Er redet nicht viel, aber er ist nicht leidenschaftslos. Im Gegenteil. Nur kann er seine Leidenschaft eben schwer mit anderen Menschen teilen.

Ich zeige mich interessiert. Ich steige auf jedes beliebige Thema ein. Ich höre ihm aufmerksam zu. Ich frage nach. Ich gebe ihm damit das Gefühl, dass er ein interessanter Gesprächspartner ist und dass er durchaus etwas zu sagen hat. Er blüht in meiner Gegenwart förmlich auf, weil er sich noch nie so gut verstanden fühlte. Endlich kann er seine Leidenschaft mit jemandem teilen. Er ist nahezu euphorisiert – und diese Euphorie wird sich auf mich übertragen.

Jetzt kann ich nur noch hoffen, dass er in der Lage ist, irgendwann auch einmal das Thema zu wechseln.

Der Frauenversteher

Er kann gut zuhören, keine Frage. Er tröstet mich wie meine beste Freundin und kocht mir unaufgefordert Kamillentee, wenn es irgendwo zwickt. Er ist vielleicht mit drei Schwestern aufgewachsen und kennt sich einfach aus in der Seele der Frauen. Das ist noch die bessere Variante. Vielleicht hat er aber einfach auch nicht begriffen, dass der Typ Softie vielleicht mal in den Anfängen der Emanzipationsbewegung kurzzeitig gefragt war. Doch der Frauenversteher der 70er und 80er Jahre ist leider so soft geblieben, dass ihm heute bedauerlicherweise vor allem eines fehlt: Sexappeal.

Doch auch solche Männer haben eine maskuline Seite, die ich zum Klingen bringen kann. Ich mime die Femme fatale. Mein Aussehen, mein Auftreten, meine Stimme strahlen vor allem eines aus: Sex. Ich gebe mich unnahbar und sende dennoch unmissverständliche Signale aus. Ich schüre sein Verlangen. Ich sage ihm, dass er mir die Sinne raubt und meinen Atem zum Stocken bringt. Ich hauche ihm die Seele des machtvollen Eroberers ein.

Und das wiederum wird ihm die Sinne rauben.

Der Karrieretyp

Seine Karriere ist ihm verdammt wichtig. Eigentlich braucht er nur seinen Blackberry und die *Financial Times.* Er geht gern teuer essen, aber nicht, weil er ein Genießer ist, sondern weil das eben zum Lifestyle des Karrieristen gehört. Er protzt mit Erfolgsattributen, weil er gelesen hat, dass Erfolg und Geld sexy machen. Dazu gehören auch schöne Frauen. Doch die Nächte mit ihm sind kurz, denn am nächsten Morgen muss er früh raus: ein Meeting, Schatz, du verstehst.

Ich zeige ihm die einfache Seite des Lebens. Die Schönheit der Natur. Barfuß im taufrischen Gras spazieren. Nachts im nahegelegenen Weiher baden. Ich gehe mit ihm auf den Flohmarkt. Wir kaufen Sachen, die andere Leute nicht mehr brauchen – und wir eigentlich auch nicht. Ich zeige ihm, wie man sich auch an kleinen Dingen erfreuen kann. Ich lade ihn zum Essen ein. Es gibt Pfannkuchen mit Speck. Ich stelle am Wochenende den Wecker aus, und er stellt überrascht fest, dass er doch noch in der Lage ist, bis mittags zu schlafen.

Er wird es vermissen, sein neues Leben, wenn er am Montag wieder im Büro ist. Und er wird dieses Gefühl des Vermissens mit mir in Zusammenhang bringen.

Der Gentleman

Er hält mir die Türen auf und vergisst nie, mich in den höchsten Tönen für mein reizvolles Aussehen zu loben. Er kann grammatikalisch einwandfreie Sätze bilden und engagiert sich für Schulprojekte in der Dritten Welt. Am Sonntag durchstreift er zwei oder drei Museen, bevor er dann in gepflegter Atmosphäre seine Eltern zum Mittagessen trifft. Er ist gut erzogen, zuvorkommend und höflich – aber leider auch ein bisschen langweilig und sehr, sehr altmodisch.

Ich bleibe mit ihm das ganze Wochenende im Bett. Wir gucken einen Owen-Wilson-Film, und er muss zugeben, dass er schon lange nicht mehr solche Tränen gelacht hat. Ich locke ihn aus der Reserve. Er muss beim Spaziergang seine feinen Budapester ausziehen und mit hochgekrempelter Hose durch den eiskalten Fluss waten. Ich appelliere an das Jungenhafte und Unvernünftige in ihm. Wir spielen auf dem Weg in die Oper »Ich sehe was, was du nicht siehst«. Wir klauen Kaugummis an der Kasse im Supermarkt.

Er hat sich schon seit Jahren nicht mehr so lebendig gefühlt wie mit mir.

Der Lebenskünstler

Er ist vor allem eines: unkonventionell. Er hat jede Menge toller Ideen im Kopf – nur leider konnte er noch keine einzige davon jemals verwirklichen. Er hat keinen richtigen Job, keinen geregelten Tagesablauf, keine Kohle, dafür jede Menge Pläne und Visionen. Im schlechtesten Fall ist er ein absoluter Loser, den ich mein Leben lang durchfüttern muss und der zu allem Überfluss auch noch einem starren Rollenbild anhängt, nämlich: Er, der Lebenskünstler, und die Frau, sein Groupie.

Es kann aber auch sein, dass es sich bei ihm um einen Mann handelt, der nur so vor Energie sprudelt und ganz für seine Visionen lebt. Er wartet stündlich auf seinen Durchbruch. Vielleicht wird er nie richtig erfolgreich sein, aber dafür besitzt er eine ganz besondere Eigenschaft: Er genießt sein Leben in vollen Zügen.

Ich strahle Selbstbewusstsein aus. Ich bin durch und durch organisiert und effizient. Ich zeige ihm, dass ich eine starke Frau bin, die im Leben wunderbar auch ohne ihn zurechtkommt. Das gibt ihm Raum, sich zu entfalten. Gleichzeitig bin ich seine Muse. Ich entfache seine Kreativität. Ich sporne ihn zu Höchstleistungen an. Seine genialen Ideen begeistern mich. Bei mir findet er immer ein offenes Ohr.

Ich werde der wichtigste Mensch in seinem Leben sein.

Der kernige Typ

Er ist ein echter Draufgänger. Er liebt seine Freiheit. Und die spürt er am allermeisten, wenn er auf dem Surfbrett steht oder im Tiefschnee die Gletscher herunterrast. Die Kataloge der Outdoor-Ausrüster stapeln sich bei ihm auf dem Klo. Er ist der braungebrannte Sonnyboy mit dem Charme eines Abenteurers.

Mein Tipp: Das ist der einzige Typ Mann, bei dem Sie gar nicht erst versuchen sollten, nach irgendeiner verborgenen Seite zu forschen. Der kernige Typ hat in der Regel ein schlichtes Gemüt. Überreden Sie ihn niemals, sich in Abendgarderobe in einer exklusiven Cocktailbar zu treffen. Er wird sich so unwohl fühlen wie ein Konfirmand in seinem ersten Anzug. Planen Sie auch keinen Besuch im Theater, kein Essen im Nobelrestaurant und auch keinen Abend, der mit einer Buchlesung beginnt – das ist ganz einfach nix für ihn.

Ich frage den kernigen Typ lieber, ob er mir mit seinem alten VW-Bus die Umzugskartons wegbringt, ob er den Boiler repariert, den Keller entrümpelt oder sonst irgendetwas für mich tun kann, wo er zupacken und seine Tatkraft unter Beweis stellen kann. Ich stimme daraufhin einen Lobgesang an, in dem so oft wie möglich das Wort »toll« vorkommt, und erzähle ihm irgendwas im Sinne von: »Ich ungeschicktes Ding hätte das ohne deine Hilfe sicher nicht hinbekommen.«

Damit treffe ich nicht nur seinen Helferinstinkt, sondern auch mitten in sein Herz.

Die Sportskanone

Auch er ein Abenteurer. Er ist im Grunde immer noch ein Teenager – dauerhaft unreif und spaßfixiert. Aber eben sehr sportlich und daher hübsch anzusehen. Er genießt sein Leben in vollen Zügen. Er verbringt jedes Wochenende mit seinen Kumpels bei Paintball, Freeclimbing oder Mountainbiking.

Unter Umständen lebt er mit Mitte dreißig immer noch bei seiner Mutter, aber nicht, weil er sich verkriechen will. Ganz im Gegenteil: Er ist attraktiv, sympathisch und hat einen guten Job. Er genießt das pralle Leben mit Dates und Extremsport. Und genau deshalb hat er keinerlei Ambitionen, das elterliche Nest zu verlassen. Schließlich wird ihm bei Mama das Frühstück serviert, die Wäsche gebügelt und sein Zimmer in Ordnung gehalten. Welchen Grund sollte es also für den Sunnyboy geben, diesen Luxus aufzugeben?

Mein Tipp: Wenn Sie an eine solche Sportskanone geraten, hilft nur eines – überprüfen Sie Ihren Unfallversicherungsschutz, und dann ab aufs Snowboard, zum Bungeejumping, zum Canyoning.

Die richtige Strategie: Ich bin das weibliche Gegenstück zum spaßfixierten Sunnyboy und suche vor allem eines – Ablenkung und Spaß. Ich bin stets gut gelaunt und für alle Schandtaten zu haben. Ich weiß, dass der jungenhafte Mann den koketten Teenagertyp bevorzugt, der immer und überall mithalten kann.

Der jugendliche Lover

Diese Augen. Dieser durchtrainierte Körper. Dieser jungenhafte Charme – an der Kategorie Mann kommt leider keine Frau so einfach vorbei. Sie sind überall. Sie sprießen wie Pilze aus dem Boden. Diese jungen Kerle haben es einfach drauf. Sie sehen mich auf eine Art und Weise an, dass ich wieder die Schmetterlinge meiner Teenagerzeit im Bauch spüren kann.

Im Grunde ist er wie ein junger Hund. Er will nur spielen. Also nehme ihn nicht an die Leine, sondern spiele mit ihm. Ich gebe mich unnahbar. Ich fordere ihn heraus. Ich bin unberechenbar und anspruchsvoll. Und ich bin vor allem eines: wahnsinnig aufregend. Denn sonst macht er, was alle jungen Hunde tun: Er tollt draußen herum und sucht nach Abenteuern.

Der Sugardaddy

Er ist Manager oder Chefarzt. Sein Erfolg und sein Selbstbewusstsein haben ihren Zenit erreicht. Er muss sich nichts mehr beweisen. Er besitzt Geld, Macht und Ansehen. Das Einzige was ihm jetzt noch zu seinem Glück fehlt: Er will seine verlorene Jugend zurück. Und was gibt es da besseres als eine junge Geliebte? Ihm gefällt die Rolle des Beschützers. Er kann mit seiner Erfahrung, Lebensweisheit und nicht zuletzt mit seiner finanziellen Unabhängigkeit punkten. Und was er dafür bekommt, ist mit Geld ohnehin nicht aufzuwiegen: Die junge Freundin wertet die Männlichkeit des Mittfünfzigers entscheidend auf. Seit er mit ihr zusammen ist, gilt er in seinem Freundeskreis als männlich und agil.

»Man muss den Fisch mit einem Köder locken, der ihm schmeckt«, hat der britische Premier Lloyd George einmal gesagt. Also appelliere ich an den Beschützerinstinkt des älteren Mannes. Ich verhalte mich wie ein kleines Mädchen mit dem Habitus einer etwa Zehnjährigen. Ich mache kleine Schritte und falte vor Schüchternheit die Hände in meinem Schoß. Ich stehe wie Paris Hilton oder Sienna Miller konsequent mit einem leicht nach innen gedrehten Fuß da. Was auf den ersten Blick etwas unbeholfen wirkt, löst bei Männern spontan die immer gleiche Assoziation aus: wahnsinnig süßes Geschöpf! Ein wenig unsicher vielleicht, verletzlich, beinahe rührend, jedoch nicht ohne eine gehörige Portion verspielter Lolita-Sexiness. Zu dieser Unschuldspose trage ich luftige Sommerkleidchen mit Blumenmuster. Ich bin anschmiegsam wie eine Katze. Ich lasse mich nach Strich und Faden verwöhnen. Und genau das wird ihn unendlich glücklich machen.

Der Selbstdarsteller

Hat was. Ich mag Männer, die sich selbstbewusst in Szene setzen. Typ Alpha-Männchen. Da bin ich etwas schlicht veranlagt. Mir ist schon klar, dass der Selbstdarsteller natürlich immer sein Publikum braucht. Er hört sich gerne reden. Doch wenn er wirklich was zu erzählen hat, habe ich damit kein Problem.

Ich lasse dem Selbstdarsteller seinen Raum. Ich konkurriere nicht mit ihm. Ich mache allerdings deutlich, dass ich selbst einiges zu bieten habe. Vor allem Charme und Persönlichkeit. Im Grunde suchen auch dominante Männer nach einem gleichwertigen Gegenüber. Und da ist er bei mir genau an der richtigen Adresse.

Der Blender

Nah dran am Selbstdarsteller. Er sucht noch mehr das Rampenlicht. Er ist noch dominanter, noch auffallender, noch lauter und noch mehr von sich eingenommen. Nur leider nix dahinter. Ich habe ja grundsätzlich nichts dagegen, wenn Männer ein bisschen angeben. Schließlich will er mir imponieren. Da soll er ruhig zeigen, was er so draufhat. Aber es kommt natürlich ganz entscheidend darauf an, dass man den Worten auch Taten folgen lässt.

Ich denke da an einen Mann, der sich mir gegenüber ziemlich selbstverliebt als Mr. Superlover präsentierte. Er hielt sich offenbar für den größten Liebhaber aller Zeiten. Den ganzen Abend hat er mich überschwenglich umgarnt und mir leidenschaftliche Dinge ins Ohr geraunt – so etwas wie: »Der Geruch deiner Haut bringt mich um den Verstand.« An sich nicht schlecht. Hört jede Frau natürlich gerne. Nur als es dann zur Sache ging, war der gute Mann in gerade mal fünf Minuten fertig.

Das Problem des Blenders: Von ihm ist leider nicht viel zu erwarten. Und zwar in keiner Hinsicht. Mein Tipp: Nutzen Sie Ihren gesunden Menschenverstand, wenn es darum geht, den Blender zu erkennen. Völlig überdimensionierte Uhren oder teure Sportwagen können ein Hinweis sein. Lassen Sie sich weder davon noch von seinem selbstverliebten Imponiergehabe blenden.

Es lohnt sich ganz einfach nicht.

Der Weinkenner und andere Nervensägen

Diese häufig anzutreffende Kategorie ist dem Buch *Männer verstehen* von Peter Lückemeier entliehen und trifft die Sache so ziemlich auf den Punkt: Er hält sich für einen echten Kenner. Aber nicht nur das, er will vor allem sein Publikum an seiner Kennerschaft teilhaben lassen. Er ist womöglich Hobbykoch und kann stundenlang über die Gaumenfreuden sautierter Jakobsmuscheln in Rosmarinbutter monologisieren. Nun gut, dann hat er wenigstens eine sinnliche Ader und ein Hobby, mit dem er sich ab und an nützlich machen kann.

Vielleicht ist er aber Hobbyfotograf, der ein ganz besonderes Sujet wiederentdeckt hat, nämlich das Stillleben – und zu jedem der 550 Aufnahmen, die er mir beim ersten Date auf seinem Laptop mitgebracht hat, die Belichtungszeit und den Bildausschnitt kommentiert. Das dauert.

Am schlimmsten ist jedoch der Weinkenner, der mit unnachahmlichem Ernst und einer Wichtigkeit auf jedem Schluck herumkaut, gurgelt und spült, dass mir der edle Tropfen schließlich im Halse stecken bleibt. Wenn er dann auch noch über Farbe, Alter, Anbaugebiet und Rebsorte doziert und irgendwas von »überzeugend langes Finish mit feiner Was-auch-immer-Note im Abgang« faselt …, dann muss er schon wirklich verdammt gut aussehen.

Ich rette mich mit der Vorstellung, dass nur sein hoher Testosteronspiegel ihn dazu anhält, mir derartige Vorträge zu halten. Er buhlt um meine Aufmerksamkeit. Hoffentlich hat er noch ein paar andere brauchbare Eigenschaften auf Lager, denn im Grunde habe ich ihn bereits für mich gewonnen, sonst würde er nicht so vehement versuchen, bei mir Eindruck zu schinden. Ich lasse ihn also ein wenig gewähren und dann gebe ich ihm dezent zu verstehen, dass er seine Männlichkeit ruhig beim Bezahlen der Rechnung unter Beweis stellen kann.

Wenn es aber so schlimm ist, dass mir bereits ein »Halt endlich die Klappe« auf der Zunge liegt, dann bleibt mir nur noch eines: testen, ob sein hoher Testosteronspiegel wenigstens für einen anständigen Kuss reicht. Vielleicht wiegt das ja so einiges auf.

Grundsätzlich gilt: Manche Männer mimen vielleicht den ehrgeizigen Karrieristen, sind aber tief im Inneren verträumt und kindlich. Andere geben den jugendliche Draufgänger, obwohl sie sich eigentlich schon lange nach einer festen Beziehung sehnen. Selbst der Lebenskünstler kann insgeheim schon seit geraumer Zeit einen ausgeprägten Kinderwunsch hegen.

Jeder Mann trägt verschiedene Seiten in sich. Ich versuche immer, auch seine nach innen gerichtete Seite anzusprechen. Nur so fühlt er sich von mir wirklich verstanden.

Die Wahl des Ortes

Ich treffe überall auf interessante Männer. Es ist im Grunde völlig egal, wohin ich gehe. Ob es nun der Club ist, in dem ich vorzugsweise Männer in Partylaune treffe, oder der Buchladen, der mit Sicherheit den besseren Rahmen für eine etwas geistreichere Unterhaltung bietet – jeder Ort hat so seine Vorzüge. Für eine Verführungskünstlerin gibt es ohnehin keinen Ort, der *nicht* zum Flirt geeignet wäre.

Von Vorteil wäre es allerdings, wenn Sie sich dahin begeben, wo Männer auch vermehrt anzutreffen sind. Die Handarbeitsgruppe im Gemeindezentrum ist es vermutlich nicht. Und auch nicht die Diskothekentour mit Ihren schwulen Freunden.

Wenn Sie eher zu den Schüchternen und Zurückhaltenden gehören, dann ist jeder Ort geeignet, an dem Sie nicht eine unter vielen sind und in irgendeiner Form aus der Menge herausragen müssen. Es geht beim Flirten nicht darum, möglichst große Schwierigkeiten zu überwinden, sondern im Gegenteil darum, es sich besonders einfach zu machen. Bevor Sie jetzt also den lasziven Hüftschwung üben, weil Sie gehört haben, dass man im Club am besten Männer kennenlernt, finden Sie lieber heraus, ob Sie damit wirklich Ihr passendes Flirt-Revier gefunden haben.

Grundsätzlich gilt: Sie müssen sich dahin begeben, wo es ein oder mehrere interessante Männer für Sie gibt. Das muss aber nicht die Disco sein. Das kann auch der Volkshochschulkurs »Italienisch für Anfänger« sein. Am einfachsten ist es für einen ungeübten oder schüchternen Flirter, immer dort mit anderen in Kontakt zu treten, wo Menschen gleiche Interessen verfolgen. Ob der Club oder die Volkshochschule dafür besser geeignet ist, dass entscheiden Sie am besten für sich.

1. Im Club

Das naheliegendste Flirt-Revier. Der Grund: die erotisch aufgeladene Atmosphäre. Leicht bekleidete Menschen trinken Alkohol und bewegen sich zu treibenden Beats und heißen Rhythmen. Die Männer haben sich die Haare gestylt und ihr coolstes Hemd angezogen. Alle haben sie sich herausgeputzt und sind wild entschlossen, sich zu amüsieren.

Der Club hat natürlich auch Nachteile. Es ist dunkel. Es ist laut. Es ist unübersichtlich. Wer weiß, ob der Braungelockte mit dem charmanten Dreitagebart, der gerade herüberwinkt, auch wirklich mich meint. Es ist wenig erfolgversprechend, im Club ausschließlich auf verbale Kommunikation zu setzen. Also versuche ich hier gar nicht erst, mit einem besonders tiefsinnigen Gespräch zu punkten. Ich vertraue voll und ganz auf meine nonverbalen Verführungskünste. Die beherrsche ich ohnehin perfekt. Schließlich bin ich eine Frau.

Also denke ich nicht lange über eine Strategie nach, sondern amüsiere mich. Ich gehe tanzen. Ich schäkere mit den Männern. Ich präsentiere mich in Partylaune. Genau das kommt an beim anderen Geschlecht.

Dass es in einer Disco möglicherweise zu laut ist für die eine oder andere Form des Flirts, wissen Sie sicher selbst. Dass es aber dennoch wahrscheinlicher ist, einen Mann in einem Club kennenzulernen als beim sonntäglichen Besuch Ihrer Großtante, dürfte Ihnen vermutlich auch klar sein.

Wenn es allgemein um die Flirt-Tauglichkeit des Clubs geht, dann wissen Sie selbst am besten, ob das musik- und alkoholgeschwängerte Ambiente der richtige Ort und die richtige Gelegenheit für Sie ist, sich in bester Flirt-Laune zu präsentieren. Manche Frauen tanzen für ihr Leben gerne. Sie strahlen Selbstbewusstsein und Erotik aus, sobald sie die Tanzfläche erobert haben. Wer gerne und gut tanzen kann, zeigt deutlich, dass er sich in seiner Haut wohl fühlt und mit seinem Körper in Einklang ist. Und das wirkt auf Männer besonders anziehend.

Die weibliche Initiative

Das A und O im Club ist der Blickkontakt. Zunächst muss ich mich in Sichtweite eines Mannes begeben, der mein Interesse geweckt hat. Am besten gehe ich quer über die Tanzfläche, oder ich stelle mich einfach unmittelbar in seine Nähe – auf jeden Fall muss ich dafür sorgen, dass ich wahrgenommen werde.

Dazu muss ich wissen, dass wir in der Regel unsere Umgebung im Abstand von rund sieben Metern scannen und nur in diesem Radius andere um uns herum wahrnehmen. Wenn uns jemand gefällt, so die amerikanische Körpersprache-Expertin Jan Hargrave, nähern wir uns auf etwa eineinhalb Meter, um unser Urteil zu festigen. Verringern wir den Abstand bis auf 45 Zentimeter, dann wird das bereits als persönliche Zone gewertet. Alles darunter gilt als Intimzone.

Gleichzeitig achte ich sehr genau darauf, welcher Mann im Raum mich eine Sekunde zu lang anschaut und ob er vielleicht noch ein zweites oder drittes Mal herüberschaut. Tut er das (und gefällt er mir), dann muss ich ihm mein Interesse signalisieren – das heißt, ich muss seinen Blick erwidern.

Die Hamburger Flirt-Trainerin Nina Deißler rät: »Halten Sie seinem Blick so lange stand, bis Sie innerlich ›einundzwanzig‹ gesagt haben.« Ein zu kurzer Blick, so Deißler, wirke wie zufällig, ein langes Starren zu offensiv. Guckt er erneut zu mir herüber, muss ich ihn »heißmachen«, wie die Flirt-Trainerin es nennt. Was zunächst ein bisschen billig klingt, bedeutet ganz einfach: lächeln.

Das Ansprechen

Bekomme ich ein Lächeln zurück, muss ich aktiv werden. Doch wie geht es weiter? Von einem Mann wird immer noch erwartet, dass er es ist, der aktiv die Distanz zwischen den Flirt-Partnern überwindet. Im besten Fall kommt er also herüber und spricht mich an. Doch was tun, wenn er genau das nicht macht?

Nina Deißler rät in diesem Fall zu einer recht unverfänglichen Strategie: Gehen Sie auf einen Mann zu, und sagen Sie etwas in der

Art wie: »Ich habe mit meiner Freundin gewettet, dass du nicht älter als fünfunddreißig bist. Wenn ich diese Wette jetzt verloren habe, musst du mir einen ausgeben.« Vermutlich unterhalten Sie sich bereits angeregt, noch bevor der Kellner überhaupt die Drinks gebracht hat.

Der »Radio-Flirter« Phillip von Senftleben, bekannt für seine besonders geistreichen und feinfühligen Strategien, Menschen am Telefon für sich zu gewinnen, gibt allerdings zu bedenken: Wenn ich als Frau zu offensiv auf einen Mann zugehe, wird er vermutlich automatisch denken: »Moment mal, es ist eigentlich meine Aufgabe, etwas zu sagen.« Statt die weibliche Initiative zu begrüßen, so Senftleben, würde so mancher Mann unter Umständen ins Grübeln kommen und sich Gedanken machen, was denn an der Situation, der Frau oder dem Spruch nicht stimme.

Es kommt nicht oft vor, meint Senftleben, dass eine wirklich attraktive Frau einen Mann anspricht. Es ist daher seiner Meinung nach immer besser, »so sanft wie es nur geht« die eigene Bereitschaft zu signalisieren. Und das sanfteste Signal, das Männer als Offerte ansehen, ist nun mal ein Lächeln.

Dennoch brauche ich eine Strategie für den Fall, dass der Mann zu schüchtern ist, mich anzusprechen – auch wenn ich ihm schon seit geraumer Zeit mein geheimnisvollstes Lächeln schenke. Phillip von Senftleben empfiehlt folgendes Vorgehen: Ich nehme zu einem Mann Blickkontakt auf. Dann passe ich einen günstigen Moment ab und gehe auf den Mann meiner Wahl zu – allerdings nicht frontal, sondern besser schräg von vorne oder von der Seite. (Achtung: Niemals von hinten an die Schulter tippen.) Optimal ist es, so Senftleben, wenn ich dabei meinen Kopf ein bisschen zur Seite drehe.

Nun muss ich eine kleine Bemerkung machen, vielleicht irgendetwas, dass mir an ihm aufgefallen ist – eine auffällige Brille, ein besonderer Tanzstil, ein schönes Hemd. Geeignet ist an dieser Stelle auch ein kleines Kompliment, etwa: »Ausgefallene Brille. Kann nicht jeder tragen.« Irgendetwas in der Art.

Doch das Wichtigste: Ich gehe danach sofort wieder weg, so dass er gar keine Zeit hat zu antworten. Männer fühlen sich erstaunlich schnell bedrängt, sobald Frauen die Initiative ergreifen. Ich tauche also nur kurz auf und lasse eine charmante Bemerkung fallen. Ganz egal, was ich sage, Hauptsache ich bleibe nicht stehen, sondern gehe weiter. Der Mann wird wissen, dass er jetzt am Zug ist. Ich war offensiv – allerdings ohne mich im Geringsten anzubiedern oder aufdringlich zu wirken. Perfekt.

Was nun passiert, ist Folgendes: Ist die Bemerkung gut, sprich, ist sie nicht beliebig und austauschbar, sondern genau auf den Mann und die Situation bezogen, wird es anfangen, in ihm zu arbeiten – aber nur, wenn meine Bemerkung auch wirklich genau auf ihn zugeschnitten war. Wer erfolgreich auf andere zugehen will, der muss glaubwürdig sein. Und beim Flirten heißt das: Ich meine genau dich.

Ein Kompliment ist nur dann gut, wenn der Empfänger sich in seinem Wesen oder seiner Persönlichkeit wirklich erkannt und richtig gedeutet fühlt. Ein Mann muss das Gefühl haben, dass ich speziell an ihm, an seiner Person interessiert bin. Und dieses Gefühl wird sich bei ihm nicht einstellen, wenn er den Eindruck hat, dass die Stelle (als Liebhaber, Partner oder was auch immer) schon ausgeschrieben war, bevor ich ihn überhaupt getroffen habe.

Habe ich mit meiner Bemerkung genau seinen Nerv getroffen, wird er sich vielleicht über den kurzen Auftritt ein wenig wundern – aber mit Sicherheit angenehm überrascht sein. Er wird anfangen, über das Gesagte nachzudenken, und überlegen, was ich damit bezwecken will. Bin ich ihm sympathisch, wird er irgendwann zu mir herüberkommen und vielleicht so etwas sagen wie: »Die habe ich von einem Optiker aus Berlin. Die haben richtig gute Brillen … «

Von nun an kann ich mich zurücklehnen und den Flirt ganz entspannt genießen.

Ansprechsituationen meistern

Wenn Sie mit dieser offensiven Art des Ansprechens Probleme haben, dann gibt es verschiedene Möglichkeiten, sich ein wenig Sicherheit anzutrainieren. Eine der wichtigsten Flirt-Regeln überhaupt: Üben Sie den Umgang mit anderen Menschen. Egal, ob ich mit der älteren Dame an der Ampel über das Wetter rede oder im Supermarkt nach dem Weinregal frage – beim Flirten geht es darum, den Kontakt zu anderen Menschen zu suchen und auf andere zuzugehen.

Ich hole mir beim Bäcker nicht nur ein frisches Brot, sondern ich beginne auch ein kurzes Gespräch mit der Bäckereifachverkäuferin, und das aus einem einfachen Grund: Ich will mich im Smalltalk üben. Ich rede auch mit dem Taxifahrer, der Apothekerin, dem Nachbarn und der Frau am Schalter in meiner Bank ein Wort mehr als nötig, sobald sich die Gelegenheit dazu ergibt. Nur so bekomme ich Routine im Umgang mit anderen Menschen. Das nimmt die Nervosität und gibt mir Sicherheit für den Fall, dass ich auf einen Mann treffe, der mich wirklich interessiert und ich den Mund nicht aufbekommen sollte.

Wenn ich allerdings die Männer anziehen will wie die Motten das Licht, dann muss ich noch einen Schritt weitergehen: Jede romantische Begegnung beginnt mit einem Lächeln. Also nehme ich mir fest vor, jeden Mann anzulächeln, der mir über den Weg läuft – egal, ob ich ihm nun jeden Tag bei der Arbeit begegne oder das erste Mal zufällig auf der Straße. Ich lächle den Mann an, der im Café sitzt und telefoniert, den Wartenden in der Schlange vor dem Kino und den Kollegen im Büro am Nachbarschreibtisch. Ich fange gleich damit an – und nicht erst nach dem Urlaub, wenn ich abgenommen habe oder wenn die Kinder aus dem Haus sind und ich endlich einen tollen Job habe. Ich lächle ganz einfach jeden Mann an, der mir über den Weg läuft.

Und nicht nur das. Ich nehme mir außerdem gezielt vor, mindestens einmal am Tag einen Mann mit einem ernstgemeinten Dankeschön oder einem aufrichtigen Kompliment zu bedenken – sei es der Kollege, der mir in der Kantine die Tür aufhält, der Typ im Aufzug, dessen Anzug mir gefällt, oder der Mann im Supermarkt, der mich an der Kasse vorlässt. Wichtig ist, sich derlei Aufmerksamkeiten Männern gegenüber regelrecht anzugewöhnen. Damit baue ich nicht nur Selbstvertrauen auf, sondern verhindere auch, dass ich bei jedem kleinen Flirt unnötig in Panik gerate.

Menschen, die von Berufs wegen auf andere zugehen müssen – wie etwa Stewardessen oder Verkäufer –, bekommen in ihrer Ausbildung noch einen anderen Kniff beigebracht: Betrachte ich eine Situation mit Humor oder bagatellisiere sie, erhalte ich innerlich genug Abstand, um ruhig zu bleiben. Psychologen sprechen hier von »kognitiver Restrukturierung«. Nicht ohne Grund raten manche Bewerbungstrainer, sich im Vorstellungsgespräch den zukünftigen Chef in Unterhose vorzustellen, um etwas gegen die eigene Anspannung zu unternehmen und zu einer gewissen Lockerheit zurückzufinden. Und außerdem: Wenn ich mir im Gespräch mit einem Mann klarmache, dass ich im Prinzip nichts zu verlieren habe, fällt es mir leichter, eine lockere Ausstrahlung zu bewahren. Nicht ich verpasse etwas, sondern er – das ist die richtige Grundhaltung, um Ansprechsituationen zu meistern.

Eine weitere wirksame Strategie ist die sogenannte Visualisierung: Ich stelle mir eine Ansprechsituation erst einmal in Gedanken vor und versuche so, eine positive Einstellung dazu aufzubauen. Sabine Wery von Limont vom Online-Singleportal *Parship* rät: Sie können einer angstbesetzten Situation viel von ihrem Schrecken nehmen, wenn Sie sich diese nur oft genug plastisch ausmalen. Dazu die Psychologin: »Spielen Sie alles immer wieder durch – mit sich selbst in der Hauptrolle.« Wenn Sie sich dann beispielsweise im Club in der Situation wiederfinden, einen Mann anzusprechen, können Sie deutlich entspannter reagieren.

Eine andere Möglichkeit, Verkrampfungen zu lösen, besteht darin, sich einfach einen Vorwand zu suchen, warum ich den Braungelockten mit dem charmanten Kinngrübchen jetzt unbedingt ansprechen muss. Ich gebe beispielsweise vor, gerade unterwegs zu einem Termin zu sein. Dummerweise habe ich aber meine Uhr vergessen. Er kann mir doch sicherlich sagen, wie spät es ist. Vielleicht sind ja sogar noch zehn Minuten für einen Kaffee drin? Das sind kleine Notlügen, um eine erste Unsicherheit zu überwinden und den Einstieg zu erleichtern. Wenn ich aber erst einmal erfolgreich mit Männern ins Gespräch gekommen bin, werde ich schnell feststellen, dass ich diese kleine Hilfestellung nach kürzester Zeit nicht mehr nötig habe.

Das Ansprechen von Gruppen

Männer sind nicht selten zu zweit oder in Gruppen unterwegs. Das ist grundsätzlich kein Problem. Im Gegenteil: »Wenn es einer Frau in einer kleinen Gruppe von zwei oder drei Männern nicht gelingt, das Objekt ihrer Begierde zu erobern«, so schreibt Doris Langley Moore in *Die Kunst der Verführung,* »muss sie sich schon sehr ungeschickt anstellen.« Um an den Mann meiner Wahl heranzukommen, brauche ich nur eine geeignete Strategie, mit der ich solche Gruppen aufbrechen kann.

Als Frau eine reine Männergruppe anzusprechen ist besonders einfach, behauptet auch Flirt-Expertin Nina Deißler. Ich gehe einfach zu der Gruppe hin und sage: »Ist das eine reine Männerrunde, oder darf ich mich noch dazustellen?« Aus ihrer langjährigen Erfahrung weiß sie: Es dauert wahrscheinlich nur wenige Minuten, und schon haben Sie ein Bier in der Hand.

Ich achte außerdem gezielt auf Männer, die in einer Gruppe zusammenstehen, aber deren Blicke nach außen gerichtet sind – die wollen meist »erlöst« werden und freuen sich, wenn sie angesprochen werden.

Wenn ich mich einer gemischten Gruppe nähere, spreche ich immer zuerst eine Frau an. Das ist wunderbar einfach – schließlich ist sie eine Frau und denkt und fühlt genauso wie ich. Also rede ich über das, was mir gerade in den Sinn kommt. Wichtig ist, sich immer gleich mit den Frauen in einer gemischten Gruppe zu solidarisieren. Ich kann mich nicht an ihnen vorbei einem Mann in ihrer Mitte zuwenden. Da werden Frauen sofort stutenbissig.

Zunächst versuche ich, die soziale Dynamik einer Gruppe zu ermitteln. Ich stelle gleich zu Beginn die Frage: »Woher kennt ihr euch?« So finde ich schnell heraus, ob es sich bei der Gruppe um ein lockeres Zusammensein von Arbeitskollegen handelt, die nach Büroschluss eben noch mal einen trinken gegangen sind. Oder ich erfahre, dass ich es mit einer Gruppe von drei fest liierten Pärchen zu tun habe, die hier traditionell ihren Freitagabend verbringen, und an einer neuen Konstellation (im weitesten Sinne) keinerlei Interesse haben. Mit dieser harmlosen Frage erhalte ich wichtige Informationen darüber, welcher der Männer überhaupt an einem Flirt interessiert sein könnte. So lässt sich ein unnötiger Korb vermeiden.

Grundsätzlich gilt jedoch: Ich nehme einen Korb nie persönlich. Am besten, ich versuche die Ansprechsituation völlig zu »entemotionalisieren«. Der Mann mag seine Gründe dafür haben, mir einen Korb zu erteilen, die womöglich nicht einmal etwas mit mir zu tun haben. Vielleicht hat er ganz einfach schon eine Partnerin. Da nützt es wenig, wenn ich all meinen Mut zusammennehme und ihn charmant anspreche. In so einem Fall denken ich mir einfach: Pech für ihn. Dem Mann entgeht was. Der Nächste, bitte.

Wenn es gut läuft, stellt mich die Frau, die ich zuerst angesprochen habe, den anderen aus der Gruppe vor. Doch Vorsicht: Wenn ich dann mit den Männern ins Gespräch komme, darf ich auf keinen Fall den Fehler begehen, den Frauen den Rücken zu zeigen und mich nur noch mit den Männern zu unterhalten. Denn wenn ich die anderen Frauen plötzlich missachte, werden sie mir bei nächster Gelegenheit den Mann meiner Wahl wieder abspenstig machen (»Wir gehen jetzt noch woanders hin. Du kommst doch noch mit, oder?«). Also muss ich die Frauen in meine Unterhaltung möglichst mit einbeziehen. Im Idealfall bin ich derart charmant und unterhaltend, dass ich in einer gemischten Gruppe sowohl die Männer als auch die Frauen für mich gewinnen kann. Oder besser noch: Ich bin so ausgesucht liebenswert zu den anwesenden Frauen, dass meine Freundlichkeit gegenüber den Männern überhaupt nicht auffällt.

Habe ich es auf einen bestimmten Mann innerhalb einer Gruppe abgesehen, dann achte ich darauf, dass die anderen Frauen meine Bühne bilden, auf der ich mein raffiniertes Feuerwerk weiblichen Charmes entzünden kann. Wie ich das mache? Eine genaue Anleitung dazu findet sich bei Doris Langley Moore: »Schmeichel den Frauen, funkel sie an, mach sie zu den Adressatinnen (...) eines unwiderstehlichen Lächelns und beziehe den Mann so subtil in deine Unterhaltung ein, dass es kaum auffällt.« Ein überaus kluges Vorgehen.

Mein Ziel ist es, die volle Aufmerksamkeit eines Mannes auf mich zu lenken. Stelle ich für die anderen Frauen in der Gruppe keine Gefahr mehr dar, weil ich mich vorher mit ihnen angefreundet habe, kann ich loslegen. Meine eigentliche Strategie dem Mann meiner Wahl gegenüber ist folgende: Ich ignoriere ihn. Allerdings sende ich hin und wieder eindeutige Flirt-Signale aus (ein Lächeln, ein abgewendeter Blick), so dass ich sein Interesse weiter wachhalte. Ich unterhalte mich angeregt mit seinen Freunden – nur nicht mit ihm. Das wird ihn herausfordern. Meine Ignoranz wird ihn sanft pikieren. Und genau deswegen wird er versuchen, mit mir ins Gespräch zu kommen.

Männer mögen es, wenn eine Frau von anderen umschwärmt wird, und fangen automatisch an, auch um ihre Aufmerksamkeit zu buhlen. Erfährt eine Frau von allen Seiten Bewunderung, so Doris Langley Moore, macht das die Reize der Auserwählten für einen Mann nur noch sichtbarer. Er wird »anerkennend bemerken, was für ein entzückendes Geschöpf du bist – begehrt und bewundert«. Und genau das wird seinen Ehrgeiz anstacheln. Doch was noch viel entscheidender ist: »Seine eigene Leidenschaft wird angefacht, wenn er sieht, dass du dich mit deiner Anmut einem anderen zuwendest.«

In diesem Punkt sind noch immer alle Männer gleich.

2. In der Bar

Es gibt so manchen Flirt-Ratgeber, in dem der Bar ähnliche Nachteile wie dem Club nachgesagt werden. Auch hier werden das schummrige Licht und die laute Musik bemängelt, oder es wird gar vor den nicht mehr ganz nüchternen Bar-Besuchern gewarnt. Nun glaube ich zum einen nicht, dass Sie für derlei Informationen unbedingt Ihr Geld ausgeben wollten. Zum anderen muss ich für meinen Teil sagen, dass ich in eine Bar gehe, genau weil dort Menschen in schummriger Atmosphäre und bei einigermaßen lauter Musik einen Drink zu sich nehmen. Warum sonst?

Das Geheimnis einer Bar ist ja gerade die Stimmung, die dort herrscht und in die ich je nach Lust und Laune eintauchen kann. Sei es das loungige Ambiente einer eleganten Bar, die zum Cocktailtrinken einlädt, oder aber die ausgewählte Musik in der Kneipe mit eigenem DJ – die Stimmung macht den Flirt. Wenn ich in guter Stimmung bin, flirtet es sich viel leichter. Und eine gewisse Leichtigkeit ist Voraussetzung für jeden erfolgreichen Flirt.

Also mache ich mir solche Stimmungen zunutze: Ich hören vorher meine Lieblingsmusik, ziehe mir etwas an, in dem ich fabelhaft aussehe, und wähle eine Bar, in der ich mich wohl fühle. Das ist bereits die halbe Miete. Bier trinken kann ich natürlich auch zu Hause. Doch da fehlt dann das stimmungsbildende Drumherum – der öffentliche Raum, das kollektive Amüsement, die laute Musik.

Meiner Meinung nach ist die Bar ein hervorragendes Flirt-Revier. Und zwar deshalb, weil die Stimmung einer Bar im besten Sinne abfärbt auf meine eigene Stimmung.

Stimmungen lassen sich beeinflussen. Dazu gibt es ein sehr anschauliches Experiment: Ein Forscherteam lud Probanden zu einem Kinoabend ein. Alle sollten mit dem Auto kommen. Die eine Gruppe sah einen James-Bond-Film, die andere einen besonders langen und epischen Liebesfilm. Anschließend wurde das Fahrverhalten beider Gruppen untersucht. Das Ergebnis: 85 Prozent der Bond-Zuschauer überschritten auf dem Nachhauseweg das Tempolimit, von der anderen Gruppe taten das nur acht Prozent. Fazit: Wir können unsere Stimmungen also willentlich beeinflussen, denn wie wir uns fühlen, hängt ganz wesentlich von den äußeren Umständen ab.

Die richtige Bar, die richtige Musik, die richtigen Leute – all das ist entscheidend und unterliegt unserem eigenen Gusto.

Die Flirt-Chancen in einer Bar sind für eine Frau ohnehin sehr gut. Dafür spricht, dass Frauen in der Regel nur sehr selten ohne Begleitung im Nachtleben anzutreffen sind. Im Grunde brauche ich also nichts weiter zu tun, als mir ein Getränk zu bestellen und darauf zu warten, dass ich angesprochen werde. Und das werde ich mit Sicherheit.

Natürlich folgt auch darauf in einschlägigen Flirt-Ratgebern sofort der übliche Einwand: Eine Frau, alleine in einer Bar, wird schnell für »Freiwild« gehalten und unverzüglich dumm angequatscht. Aber zum einen sind wir alle emanzipierte Wesen und in der Lage, uns unliebsame Verehrer vom Leibe zu halten. Zum anderen würde ich nicht darauf wetten, dass ich als Frau per se *dumm* angequatscht werde. Und wenn doch, liegt es vielleicht daran, dass ich mir die falsche Bar ausgesucht habe.

Doch nehmen wir mal an, ich nehme die Warnungen der Flirt-Experten tatsächlich beim Wort, was ist dann mit all den charmanten, aufmerksamen, feinfühligen und interessanten Männern, die ich ebenfalls nicht kennenlernen werde? Wenn Sie von jeher gerne in eine Bar gehen, weil das ein Ort ist, an dem Sie gerne einen Drink, Musik und ein angeregtes Gespräch genießen, dann würde ich sogar sagen: Das ist genau der richtige Ort zum Flirten. Denn aus ebendiesem Grund sind auch alle anderen gekommen.

Ich setze mich in einer Bar grundsätzlich an den Tresen. Ich kann mit absolut jedem Mann ins Gespräch kommen, wenn ich mich nur einfach neben ihn setze. Männer sind grundsätzlich offen für einen Flirt. Außerdem hat der Tresen den Vorteil, dass ich mich immer noch mit dem Barkeeper unterhalten kann, wenn der Mann neben mir zwar umwerfend aussieht, sich aber bereits nach den ersten zwei Minuten als gnadenloser Langweiler entpuppt.

Sollte ich tatsächlich einmal dumm angequatscht werden, dann halte ich es wie die Flirt-Kolumnistin Beate Kruse. Sie verrät uns im *Playboy,* wie man hartnäckige Verehrer souverän aus dem Feld schlägt. Auf die anbiedernde Frage eines schon recht angetrunkenen Typen, nach ihren drei wichtigsten Eigenschaften, antwortete sie betont freundlich: »Eigenbrötlerisch, lesbisch, hochbegabt.« Daraufhin, so berichtet Kruse, hatte der Mann es plötzlich sehr eilig und verschwand mit einem entschuldigenden »er müsse dann mal los«.

Na also, geht doch.

3. In Cafés und Restaurants

Auch hier bin ich nicht unnötig schüchtern. Ich frage den sympathischen Mann am Nachbartisch, ob er mir etwas empfehlen kann. Oder ich deute ganz einfach auf seinen Teller und frage, was er bestellt hat. Das verschafft mir eine wunderbare Gelegenheit, ihn später noch einmal für seine vortreffliche Wahl zu loben.

Mein Tipp: Der Mittagstisch im Büroviertel. Massenweise Männer, meist im Pulk unterwegs und dankbar für jede charmante Abwechslung. Je nachdem, in welche Richtung es mich zieht, kann ich hier ganz gezielt nach dem Juristen, dem Werbetexter oder dem Architekten Ausschau halten. Einfach die Firmenschilder in der näheren Umgebung sondieren. Der Vorteil: Die Wahrscheinlichkeit, denselben Mann ein zweites Mal in einem bestimmten Lokal zur Mittagszeit anzutreffen, ist nicht gerade gering. Ich kann also ganz in Ruhe meine Strategie entwickeln und muss nicht gleich mit der großen Liebe auf den ersten Blick rechnen.

Ein neuer Flirt-Trend, den uns das landesweite Rauchverbot beschert hat: »Smirting«, die Kombination aus »Smoking« und »Flirten«. Wenn ich im Café oder Restaurant sehe, dass der Mann meiner Wahl Anstalten macht, zum Rauchen vor die Tür zu gehen, dann gehe ich wie zufällig mit – und kann draußen mit dem Klassiker »Hast du mal Feuer?« ganz einfach ins Gespräch kommen.

4. Am Arbeitsplatz

Nach wie vor das Flirt-Revier Nummer eins. Erstaunliche 30 Prozent aller Paare lernen sich am Arbeitsplatz kennen. Franz Beckenbauer, Jürgen Schrempp und Hans-Dietrich Genscher – sie alle haben sich in ihre Sekretärinnen verliebt. Rein rechnerisch habe ich also gute Karten, wenn ich es auf einen Kollegen oder Vorgesetzten abgesehen habe. In den USA mündet allerdings jede vierte Büro-Affäre in eine Klage. Aber gut, so sind sie eben, die Amerikaner.

Der Vorteil: Beziehungen, die ihren Anfang am Arbeitsplatz genommen haben, wird eine gewisse Haltbarkeit nachgesagt. Warum? Ich kann vorab schon in aller Ruhe das Objekt meiner Begierde in Augenschein nehmen. Wie ist er drauf? Welche Vorlieben hat er? Welche Abneigungen und Gewohnheiten? Außerdem verbringen wir ohnehin die meiste Zeit am Arbeitsplatz, auch mal später am Abend oder am Wochenende. Wenn Menschen eng zusammenarbeiten, entstehen natürlich Bindungen. Darauf kann man wunderbar aufbauen. Außerdem: Wer hat schon Lust und Zeit, nach einem langen Arbeitstag noch auf die Pirsch zu gehen? Der Arbeitsplatz scheint der bequemste und – was die Zahl der Gelegenheiten angeht – auch der wahrscheinlichste Ort, einen Partner fürs Leben zu finden.

5. In der U-Bahn und an der Bushaltestelle

Ich liebe es, in öffentlichen Verkehrsmitteln zu flirten. Jeden Tag sind hier Hunderttausende Männer unterwegs und warten auf U-Bahnen und Busse. Erst stehen sie an der Haltestelle und haben nichts zu tun. Dann sitzen sie im Zug und haben nichts zu tun. Und dann komme ich und bin eine wunderbar charmante Abwechslung.

Folgende Strategien haben sich bewährt:

- *Ein Mann liest in der U-Bahn Zeitung:* Ein idealer Aufhänger. Ich spreche ihn auf ein aktuelles Thema an und frage nach seiner Meinung.
- *Hilfestellung und Orientierung:* Der alte Trick – ich frage nach

dem Weg, in welche Richtung die U-Bahn fährt oder an welcher Haltestelle ich am besten aussteige, um da und da hin zu kommen. Ebenso banal wie wirkungsvoll.

- *Kreuzworträtsel in der U-Bahn:* Ein wunderbares Instrument, um mit einem Mann ins Gespräch zu kommen. »Weißt du einen afrikanischen Fluss mit drei Buchstaben?«

6. Auf Flughäfen und im ICE

Ich saß mal im Nahverkehrszug von Bottrop nach Gelsenkirchen und hatte nichts zu lesen dabei. So ein kleiner Flirt, dachte ich, wäre jetzt eigentlich genau das Richtige.

Doch auf der abgelegenen Nahverkehrsstrecke zwischen Rhein und Ruhr war ich plötzlich mit einem Problem konfrontiert, mit dem ich gar nicht gerechnet hatte: Kein Flirt-Partner weit und breit. Überall Schüler, Pendler und Hausfrauen. Aber nicht ein Mann, mit dem ich gerne ins Gespräch gekommen wäre. Da wurde mir schnell klar: Ich muss den ICE nach Hamburg oder Berlin nehmen – und zwar erster Klasse. Harald Schmidt reist ja angeblich auch nur so.

Ein anderes ergiebiges Terrain: der Flughafen. Selbst ein Promi wird nicht mehr mitgenommen, wenn er nicht mindestens 30 Minuten vor Abflug eingecheckt hat. Da sind die Fluggesellschaften streng. Welch ein Glück. Diese halbe Stunde, in der alle gemeinschaftlich auf das Boarding warten, gehört natürlich mir.

7. Auf der Straße

Stadtplan in der Hand, eine hilfloser Blick in alle Himmelsrichtungen – noch bevor ich überhaupt nach dem Weg fragen kann, steht schon ein Ortskundiger neben mir und bietet mir an, mich ein Stück des Weges zu begleiten. Zum Dank muss ich ihn selbstverständlich auf einen Kaffee einladen. Die Touristen-Masche funktioniert am besten am Wochenende in der belebten Innenstadt.

Die Straße ist ein schwieriges Terrain. Man läuft immer Gefahr, von irgendjemandem angequatscht zu werden. Viele geben sich daher grundsätzlich eher abweisend. Männer auf der Straße sind immer in Eile. Also achte ich auf das Energielevel eines Mannes und gebe mich genauso schwungvoll und energisch. Ich bitte ihn eben mal im Vorbeigehen um Feuer – und signalisiere damit: Ich bin eigentlich gleich schon wieder weg. Aber mein Lächeln ist natürlich unwiderstehlich. Außerdem habe ich ihn unmerklich an der Hand berührt, als er seine schützend um die Flamme gelegt hat. Er kann gar nicht anders, er muss sich einfach noch mal nach mir umdrehen. War doch klar.

Auf der Straße suche ich nach Situationen, in denen ich den Mann nicht stoppen muss. Es ist immer schwierig, wenn er in Bewegung ist. Ich achte auf Männer, die sich gerade eine Zigarette anzünden oder an der Ampel stehen geblieben sind. Schaufenster ziehen Männer eher selten an. Es sei denn, es handelt sich um ein Elektrogeschäft. Also positioniere ich mich vor den Auslagen dieser Geschäfte – allerdings bevorzuge ich nicht den Laden mit Gebrauchthandys, sondern das Fachgeschäft für Plasmafernseher und hochwertige Hi-Fi-Anlagen.

Grundsätzlich gilt: Ich muss dem geschäftigen Treiben auf der Straße etwas entgegensetzen. Am besten weibliche Anmut und Grazie. Ich trage kein strenges Businesskostüm, sondern ein luftiges Sommerkleid. Ich setze der seriösen Geschäftswelt etwas Leichtes, Lebendiges und Verspieltes entgegen. Allein dadurch lenke ich schon die Blicke auf mich. Im Vorübergehen. Nebenbei. Ganz locker.

8. Im Supermarkt

Ein wunderbares Flirt-Terrain. »Könnten Sie mir eben mal helfen? Ich komme da oben nicht dran.« Ich mag große Männer. Aber auch die weniger Großen können mir gerne einen Wein empfehlen, mir den Weg zum Kühlregal weisen oder mich an der Kasse vorlassen. Ich möchte ja nur schnell meine Flasche Prosecco bezahlen. Natürlich werde ich mich dafür betont charmant bedanken.

Der Blick in den Einkaufskorb verrät so einiges über den großen Blonden mit dem charmanten Lächeln. Sind die Tüten von der

Wurst- und Käsetheke eher klein, handelt es sich aller Erfahrung nach um einen Single. Hat er eine Flasche Weichspüler in seinem Wagen, vergessen Sie ihn – das hat seine Frau auf den Einkaufszettel geschrieben, Männer kaufen so einen Quatsch nicht. Schiebt er Bier, Pizza und Fertiggerichte vor sich her, ist er zwar garantiert noch zu haben, aber eben kein Genießer. Auch eher uninteressant.

Prima sind natürlich Feinkostläden und Weinhandlungen. Da finden sich Männer, denen ein gewisses Savoir-Vivre nicht unbekannt ist. Der beste Termin, um mit Männern über Sushi und Entrecote zu fachsimpeln, ist der Samstagnachmittag. Noch besser: der Biomarkt – Männer, die auf ihre Ernährung achten, sind auch ansonsten in der Regel eher feinsinnig und anspruchsvoll. Und schmecken besser.

9. Im Fitnessstudio oder im Sportverein

Zugegeben, wenn Sie selbst nicht gerade eine Sportskanone sind, haben Sie vielleicht ein kleines Problem. Und dennoch: Wenn Sie jemanden kennenlernen wollen, dann müssen Sie sich dahin begeben, wo Männer auch vermehrt anzutreffen sind. Klingt logisch, nicht wahr?

Also unterschreibe ich im Fitnesscenter und melde mich im Handballverein an. Mein Vorteil: Es fällt gar nicht auf, dass ich auf der Suche bin. Ich will ja nur etwas für meine Figur tun. Ich wähle natürlich solche Sportarten, die einen besonders hohen Männeranteil versprechen: Kickboxen, Beachvolleyball, Judo, Rudern. Wenn ich schon sportlich unterlegen bin, kann ich wenigstens auf meinen Exotenstatus als Frau setzen.

Im Fitnessstudio frage ich den hübschen Kerl am Gerät neben mir erst mal nach dem korrekten Übungsablauf. Beim Kickboxen hab ich auch nicht so richtig verstanden, was der Trainer eigentlich von mir will. Ich frage vorsichtshalber noch mal den großen Schlanken mit den dunklen Locken. Beachvolleyball macht ja einen Riesenspaß. Aber die Regeln sind mir immer noch nicht geläufig. Der braungebrannte Mannschaftskollege könnte mir das ja später bei einem Bier noch mal genauer erläutern.

Ähnliches gilt für Sportveranstaltungen. Auch hier finden sich vornehmlich Männer im Publikum. Also rein ins Fußballstadion oder das Vereinslokal – und der große Auftritt ist Ihnen garantiert. Ich muss allerdings zu bedenken geben, dass der Typ, den Sie sich da möglicherweise anlachen, vermutlich auch weiterhin jeden Samstag und Sonntag dort anzutreffen sein wird. Davon können Sie mal ausgehen. Also doch lieber einen Angelschein machen? Da kann man sich wenigstens schon mal ein bisschen näherkommen, solange die Fische nicht beißen.

10. Bei Konzerten und in Plattenläden

Auch ein Ort, an dem ich fast nur auf Männer treffe. »Wie hieß das erste Album von den Stooges gleich noch mal?« Plattenläden sind genial. Drei Mann hinter der Theke, 20 wühlen in den Plattenfächern, in der Regel keine einzige Frau – eine bessere Quote gibt es nirgendwo.

Konzerte sind ebenfalls ein großartiges Flirt-Revier. Der Vorteil: Ich habe einen plausiblen Grund hinzugehen – die Musik, ganz klar. Ich habe einen Drink in der Hand und treffe Gleichgesinnte. Es gibt genug Zeit davor und danach, die sich mit einer angeregten Unterhaltung füllen lässt. Das einführende Thema ist auch klar – die Musik, natürlich. Während der Show kann ich entspannen und genießen. Oder im dichten Gedränge auf Tuchfühlung gehen.

Ein Konzert bietet eigentlich alles, was ein Flirt-Vorhaben so braucht. Einschließlich der guten Stimmung, sofern ich mir das richtige Konzert ausgesucht habe. Also gleich mal das Programm der einschlägigen Clubs studieren. Vielleicht ist ja heute noch was geboten?

11. Bei Messen und Fortbildungen

Fun-Sportler auf der ISPO, Zahnärzte auf der Dentalmesse und Manager im IT-Fortbildungskurs – hier kann ich ganz zielgerichtet nach bestimmten Typen und Branchen Ausschau halten. Und nebenbei mein Wissen erweitern.

Für die »Auto Mobil International« kaufe ich mir ein Tagesticket und bin unter all den Männern eine derart willkommene Abwechslung, dass ich in kürzester Zeit auf jede Messeparty und jedes Abendevent eingeladen werde. Wenn ich dann erst einmal mit einem Cocktail und köstlichem Fingerfood versorgt bin, höre ich auch gerne bewundernd jedem Mann zu, der mir die Vorzüge dieses oder jenes technischen Wunderwerks näherbringen will.

Aber auch das Stressbewältigungstraining für Manager kann entspannend sein. Im besten Fall liegt man gemeinschaftlich mit dem Topverdiener am Boden auf einer Gummimatte und versucht, tief in den Bauch zu atmen. Das ist eine ganz neue Erfahrung – vor allem für den stressgeplagten Manager. Bereitwillig biete ich an, im Anschluss die Sache mit der Entspannung bei einem Glas Rotwein noch zu vertiefen. Funktioniert immer.

7 Phase II: Der Balanceakt – ob mehr daraus wird ...?

Das Spiel mit der gegenseitigen Anziehung muss immer etwas Leichtes und Spielerisches haben. Flirten darf niemals gezielt der Partnerfindung dienen. Es ist nicht das ernsthafte Werben, sondern die spielerische Annäherung, die dem Flirt die nötige Leichtigkeit verleiht. Der perfekte Flirt ist nicht mehr und nicht weniger als ein zwischenmenschliches Intermezzo.

Flirten – richtig verstanden – ist der nette Blickkontakt im Vorbeigehen oder das Lächeln eines Fremden. Es ist eine Zufallsbegegnung, in der das spontane Gefühl gegenseitiger Anziehung mehr oder weniger unvermittelt aufblitzt. Gerade das Unbekannte und Neue macht einen Flirt so anregend. Und das Wissen, dass die prickelnde Begegnung vergänglich ist, gehört in jedem Fall dazu. Diese Flüchtigkeit, das Spiel mit dem Augenblick macht erst den besonderen Reiz des Flirtens aus.

Oberstes Prinzip: Unverbindlichkeit

Flirt-Forscher haben herausgefunden, dass, ganz egal wie man sich dem anderen nähert, der Flirt umso erfolgreicher ist, je unverbindlicher sich die Flirtenden geben.

Unverbindlichkeit heißt zunächst einmal: Es dürfen zwar jede Menge Flirt-Signale ausgetauscht werden, doch die Kommunikation sollte sich ausschließlich auf einer nonverbalen Ebene bewegen. In zahlreichen Tests wurde dies bestätigt: Sowohl weibliche als auch männliche Probanden zeigten beim Flirt zwar deutliche Sympathiebekundungen (wiederholter Blickkontakt, offensives Lächeln oder Verlegenheitsgesten wie das Zurechtzupfen der Kleidung oder das Zwirbeln von Haarsträhnen), doch beide Seiten verwendeten offenbar viel Sorgfalt darauf, das Gespräch als solches möglichst neutral zu halten.

Das Geheimnis des perfekten Flirts lautet demnach: Ich kann so viele nonverbale Flirt-Signale aussenden, wie ich will. Nur sollte ich dabei versuchen, mein Interesse so lange wie möglich zu tarnen. »Tu was du willst«, schreibt Doris Langley Moore, »solange keiner merkt, welches Ziel du verfolgst.« Flirten Sie ruhig, was das Zeug hält, doch machen Sie Ihre eigentliche Absicht nie ausdrücklich zum Thema. Jedes allzu eindeutige Vorgehen erhöht ganz einfach die Wahrscheinlichkeit, dass sich ein Mann im Zweifelsfall wieder zurückzieht.

Selbst ein einfaches »Ich würde dich gerne kennenlernen«, so Christiane Bongertz in ihrem *Flirtbuch für Frauen*, widerspricht im Grunde schon dem Postulat der Unverbindlichkeit. Der Mann, der möglicherweise kein Interesse hat, muss sich nun irgendwie aus der Situation herauswinden oder aber der Frau auf den Kopf zusagen, dass er sie unattraktiv, uninteressant oder was auch immer findet. Und das setzt den Flirt-Partner unnötig unter Druck.

Bei einem unverbindlichen Flirt kann dagegen jeder für sich in Ruhe herausfinden, ob er interessiert ist oder nicht – ohne sich gleich festlegen zu müssen. Beide Seiten sollten immer die Möglichkeit haben, ohne Gesichtsverlust und ohne Rechtfertigung den Flirt jederzeit zu beenden. Das ist vor allem für Männer sehr wichtig. Greg Behrendt, Autor des Buches *Er steht einfach nicht auf dich*, behauptet: Ein Mann würde lieber den Arm aus dem Busfenster halten und ihn sich abreißen lassen, als schlicht und ergreifend zuzugeben »Du bist es einfach nicht«.

Das ist auch der Grund, warum auswendig gelernte Flirt-Sprüche nicht funktionieren. Eine vermeintlich originelle Anmache wie »Ich würde heute gerne der Grund für deine schlaflosen Nächte sein« ist alles andere als unverbindlich. Der Mann wird augenblicklich zu einer Entscheidung gedrängt: Findet er mich attraktiv? Bin ich ihm sympathisch? Ja oder nein? Ganz schlecht, denn sobald wir zu etwas gedrängt werden, wehren wir erst einmal spontan ab. Das ist eine typisch menschliche Reaktion. So eine Anmache geht also meist nach hinten los – mal ganz abgesehen von dem niveaulosen Spruch selbst und der Beliebigkeit, mit der dabei die Einzigartigkeit des Gegenübers ignoriert wird.

Die Unverbindlichkeit gehört zu den wichtigsten Spielregeln des Flirts. Und das Einhalten dieser Regel entscheidet am Ende darüber, ob mehr daraus wird oder nicht. Die unverbindliche Annäherung ist genau das, was es dem anderen so leicht macht, auf einen Flirt einzusteigen – solange gewährleistet ist, dass ich mich jederzeit wieder aus der Sache zurückziehen kann. Beide Seiten müssen den Grad der Nähe selbst bestimmen können. Sobald eventuelle Hintergedanken oder konkrete Absichten im Spiel sind, die mein Gegenüber womöglich nicht teilt, funktioniert der Flirt nicht.

So gesehen ist der Flirt zunächst einmal ein kommunikatives und weniger ein amouröses Abenteuer.

Das Gespräch und was ich damit erreichen will

Sinn und Zweck eines Gesprächs ist es, mein Gegenüber in irgendeiner Form für mich zu gewinnen. Grundsätzlich gibt es zweierlei Motive, mit anderen Menschen ins Gespräch zu kommen: Entweder, weil ich muss (»Kannst du mir sagen, wie spät es ist? Ich hab meine Uhr vergessen«), oder zu meinem eigenen Vergnügen.

Auch den Mann mit der Uhr will ich für etwas gewinnen – nämlich dafür, mir die genaue Uhrzeit zu nennen. Wenn ich mich jedoch nur zum Spaß mit jemandem unterhalte, dann will ich zumindest ein gewisses Vergnügen befriedigt wissen: Ich erwarte beispielsweise, dass mein Gesprächspartner mich angeregt unterhält. Oder ich möchte mich attraktiv fühlen und Komplimente hören. Vielleicht suche ich nach Bestätigung, um mein Selbstwertgefühl aufzupolieren. Oder ich will einfach nur ein gutes Gefühl dabei haben.

Doch um meine eigenen Erwartungen erfüllen zu können, ist es wichtig, dass auch mein Gesprächspartner etwas aus der Unterhaltung mitnehmen kann, dass auch er am Ende seine Bedürfnisse befriedigt weiß. Was macht nun ein gutes Gespräch aus?

Das ganze Geheimnis eines guten Gesprächs hat der britische Charisma-Trainer Marcus Oakey folgendermaßen beschrieben: »Leave someone better off than you found him.« – Sorge dafür, dass sich jemand nach einem Zusammentreffen mit dir besser fühlt als vorher. Wenn ich diesen Leitsatz schließlich als Lebenshaltung kultiviere und grundsätzlich darum bemüht bin, anderen Menschen ein gutes Gefühl zu geben – und zwar aus einem Selbstzweck heraus, also ohne erkennbaren Grund –, dann ist das seiner Meinung nach genau das, was einen charismatischen Menschen ausmacht.

Jeder Mensch hat in dieser Hinsicht ähnliche Bedürfnisse. Ich kann also getrost von mir auf andere schließen, wenn ich wissen will, was sich andere von einem Gespräch erwarten. Frauen sind meist mehr noch als Männer auf Zuspruch und Bestätigung angewiesen. Das macht sie unter Umständen empfänglicher für Schmeicheleien – und damit für bestimmte Verführungsstrategien. Doch auch Männer brauchen eine ausreichende emotionale Stimulation, um ein weitergehendes Interesse an einer Frau zu entwickeln.

Verführungskünstler haben vielfältige Strategien ersonnen, um das weibliche Gehirn dazu zu bringen, Hormone freizusetzen, die dafür sorgen, dass eine Frau sich zu einem Mann hingezogen fühlt. Um dieses Ziel zu erreichen, bedienen sich manche Flirt-Profis der Methoden des Neurolinguistischen Programmierens (NLP) und der Gesprächshypnose, um positive Emotionen zu erzeugen und dieses gute Gefühl mit sich in Verbindung zu bringen. Die Grundprinzipien und positiven Aspekte dieser Techniken sind auch aus weiblicher Sicht anwendbar.

Einen Menschen, den ich verführen will, muss ich in einen anderen emotionalen Zustand versetzen als in den eines neutralen und unbeteiligten Gesprächspartners. Das ist das Grundprinzip der Verführung: Ohne positive Gefühle gibt es keine emotionale Annäherung. Für die Frage nach der Uhrzeit ist eine gewisse Neutralität durchaus angebracht. Für das Erobern eines Mannes mit Sicherheit nicht.

Also muss ich mir Gedanken darüber machen, wie ich auf den Gefühlszustand eines Mannes Einfluss nehmen kann. Oder einfacher gesagt: Ich muss zunächst versuchen, im Gespräch mit einem Mann ein gewisses Maß an Attraktivität aufzubauen, um dann, in einem zweiten Schritt, seine Emotionen anzusprechen und damit ein weiter gehendes Interesse zu wecken. Das ist im Grunde alles: Erst muss er mich attraktiv finden, dann muss er sich in mich verlieben.

Doch was sind die Bedürfnisse eines Mannes? Was erwartet er sich von einem Gespräch? Ein schönes Gefühl? Eine angenehme Überraschung? Beglückende Stunden? Eine positive Veränderung in seinem Leben? Etwas zu besitzen, was andere begehren?

Um das herauszufinden, ändere ich einfach meine Perspektive. Ich sehe mich durch die Augen eines Mannes. Und plötzlich merke ich: Es ist überhaupt nicht schwer zu erraten, zu welchem Typ Frau ein Mann sich am meisten hingezogen fühlt – nämlich zu einer, die genau jene Emotionen von Glück, Stolz und Zufriedenheit in ihm erzeugt. Also präsentiere ich mich als jemand, der eine kurzweilige Ablenkung verspricht. Oder eine angenehme Überraschung. Oder einfach nur als eine, die ein schönes Gefühl bei ihm auslöst. Oder vielleicht sogar die Aussicht auf mehr erkennen lässt. Und damit kann ich nicht nur die Aufmerksamkeit eines Mannes auf mich lenken, sondern auch jede Menge Attraktivität aufbauen.

Wie funktioniert ein Gespräch?

Die Interaktion zwischen Mann und Frau ist eine Kunstform. Es wird auch in Zukunft keinen Computer geben, der ein wirklich gutes Gespräch simulieren kann. Immer wieder wurden Programme geschrieben, die auf einer rationalen Ebene perfekte Antworten gaben, und dennoch hatten die Nutzer stets sehr schnell den Eindruck, es würde keine Gesprächsdynamik entstehen.

Eine gute Verführungskünstlerin führt ein Gespräch so, dass es immer auch zu einer emotionalen Annäherung kommt. Sobald das

Gespräch in Gang gekommen ist, steuere ich weg vom Smalltalk und hin zu einem tiefer gehenden Austausch. Ich frage nach den Hintergründen: »Warum hast du dich für diesen Beruf entschlossen?, »Was gefällt dir an deiner Arbeit besonders?«, »Was fasziniert dich an …?«. Ab einem gewissen Punkt darf sich unser Gespräch nicht mehr allein um »Fakten« drehen, sondern muss auf die Ebene von Nähe und Vertrautheit gelenkt werden. Nur so kann ich schließlich meinem Gesprächspartner die nötigen Emotionen entlocken.

Um wirklich verstehen zu können, was bei einem Gespräch passiert, ist es sinnvoll, sich die Erkenntnisse der Kommunikationswissenschaft zunutze zu machen. Kommunikationswissenschaftler unterscheiden eine ganze Reihe von Kriterien, wenn sie Unterhaltungen als soziale Handlung untersuchen. Mir hat es sehr geholfen, mich mit diesen Kriterien theoretisch zu beschäftigen, denn dabei wurde mir klar, welche Faktoren für den Verlauf eines Gesprächs wichtig sind.

Zunächst sollen daher einige grundsätzliche Techniken vorgestellt werden, bevor wir uns dann als erste Stufe der erfolgreichen Annäherung im Gespräch mit der Steigerung der Attraktivität beschäftigen.

- *Zahl der Kommunikationsteilnehmer:* Am besten bin ich natürlich im Selbstgespräch. Ein Gespräch verändert sich dramatisch, je nachdem, ob ich mit einem Mann, mehreren Männern oder mit einer gemischten Gruppe spreche. Wenn ich mit größeren Gruppen spreche, geht es mir mehr darum, zu unterhalten und mein Prestige auszubauen, im Zweiergespräch geht es in erster Linie um die Annäherung.
- *Verhältnis der Teilnehmer zueinander:* Immer die erste Frage: »Woher kennt ihr euch?« Ich versuche den Grad der Vertrautheit zu verstehen. Wie sind die Körperhaltungen und die Orientierungswinkel zueinander? Wie groß ist der Körperabstand, wie beobachten oder berühren sich die Gesprächsteilnehmer? Je vertrauter die anderen untereinander sind, umso größer ist deren Einfluss.

- *Rang und Status:* Wer ist der Chef der Gruppe? Wer entscheidet darüber, ob ich von der Gruppe akzeptiert werde? Jede Gruppe hat gewöhnlich einen Alpha-Führer – das gilt auch für reine Frauengruppen. Häufig ist es diese Person, die entscheidet, ob ich integriert werde oder nicht. Aber auch wenn der Mann allein ist, ist das ein sehr wichtiger Aspekt: Welchen Status hat er? Wie schätzt er meinen Status ein? Demonstriere ich im Hinblick auf seinen sozialen Rang eher Konkurrenz als weibliche Gefolgschaft? Fühlt er sich dadurch gegebenenfalls verunsichert?
- *Thematik:* Welche Themen sind angebracht? Was interessiert ihn? Was begeistert ihn? Welches Thema gibt ihm Gelegenheit zu glänzen?
- *Themenbehandlung:* Ich problematisiere nicht. Ich versteige mich nicht in anstrengende Debatten und Argumentationen. Ich beherrsche die Tugend des aktiven Zuhörens.
- *Art der Themenfixierung:* Wie kommen wir auf das Thema? Wer setzt das Thema? Nun, scheinbar er. Im Grunde aber ich, indem ich sein Interesse ködere.
- *Öffentlichkeitsgrad:* Wie verhalten sich meine Wortwahl und meine Stimme, wenn unsere Themen persönlicher werden? Wie kann ich eine Gesprächssituation intimer werden lassen?
- *Subjektive Situation:* Wie angenehm fühlt sich der Mann in der Gesprächssituation? Wie hoch ist sein Selbstvertrauen? Wie stark ist er auf mich fokussiert? Wie kann ich sein Wohlgefühl, seine Souveränität und seine Aufmerksamkeit noch weiter erhöhen?

Erfolgreiche Gesprächstechniken

1. Zuhören können

Schon Doris Langley Moore war sich des grundsätzlichen Dilemmas bewusst: »Du musst dich immer interessiert an der Unterhaltung mit ihm zeigen; Anflüge von schwindender Aufmerksamkeit gilt es in jedem Fall zu verbergen, aber konzentriere dich auch nicht zu sehr auf seine Worte, sonst wird er glauben, das Gespräch mit ihm bereite dir solche Freude, dass er gar nicht mehr aufhören möchte zu reden.«

Männer hören sich gerne reden. Alle Männer tun das. Frauen wiederum wollen gefallen. Darum haben sie gelernt, höflich und empathisch auf ihren Gesprächspartner einzugehen und dabei ein möglichst interessiertes Gesicht zu machen. Doch spätestens, wenn er so viel redet, dass ich am liebsten die Flucht ergreifen würde, spätestens dann hat das mit einem guten Gespräch nichts mehr zu tun.

Ein Gespräch funktioniert natürlich nur, wenn beide Seiten ihren Teil zur Unterhaltung beitragen. Wenn nur er redet, ist das ein Problem. Doch wenn auch ich die ganze Zeit nur ungeduldig auf mein Stichwort warte, um meine eigenen Geschichten loszuwerden und damit bei ihm zu punkten, wird auch dieses Gespräch schnell wieder zu Ende sein. Es geht im Gespräch nicht darum, möglichst interessant, sondern darum, möglichst interessiert zu sein. Und nichts wirkt sympathischer als jemand, der voller Anteilnahme seinem Gegenüber zuhört. Meine ungeteilte Aufmerksamkeit ist mein größtes Kompliment.

Ich bin aufmerksam. Ich zeige mich interessiert. Ich frage nach. Ich denke nicht darüber nach, ob ich schon wieder vergessen habe, die Spülmaschine anzustellen, oder ob mein Auto im Halteverbot steht. Ich lasse meine Blicke nicht durch den Raum wandern oder bin sonst irgendwie abgelenkt. Ich beuge mich leicht in seine Richtung. Mein Blick ist auf ihn fokussiert.

Ich lächle und suche die ganze Zeit Blickkontakt. So ermutige ich ihn, das Gespräch fortzuführen. Auch ein schlichtes Nicken ist eine einfache, aber wirksame Geste, einen Mann zum Weitersprechen zu animieren. Ich kann auch ohne Worte mein Interesse signalisieren. Ich reagiere auf das Gesagte, indem ich seine Emotionen widerspiegle. Ich zeige mich amüsiert, wenn er etwas Amüsantes zu erzählen hat. Und ich bin mit dem nötigen Ernst bei der Sache, wenn er selbst eine ernste Miene macht. Doch das Wichtigste ist immer noch mein

Lachen. Es ist das größte Erfolgserlebnis für einen Mann, eine Frau zum Lachen zu bringen.

Ein Gefühl von Vertrautheit entsteht immer dann, wenn ich einen Mann wissen lasse, dass ich das Gesagte wahrnehme: »Ich habe den Eindruck, du magst an deinem Job besonders …« Manchmal wiederhole ich auch einfach seine Worte: »Ach echt, du findest also … « Vermutlich hat er sich schon lange nicht mehr so gut verstanden gefühlt.

Was die meisten Männer bei einer Frau suchen, ist die Fähigkeit, Zuhören zu können und Einfühlungsvermögen zu zeigen. Doch im Grunde möchte er die Gelegenheit erhalten, seine Geschichten zu erzählen und sich ins rechte Licht zu rücken. Das Maximale, was ich demnach im Gespräch mit einem Mann erreichen kann, ist, ihn zu ermutigen, die Unterhaltung zu bestreiten und sein Selbstvertrauen auf diese Weise zu stärken. Das klingt nach wenig, ist aber das ganze Geheimnis erfolgreicher Frauen.

2. Dem Mann schmeicheln

Die Schriftstellerin Virginia Woolf hat einmal gesagt: »Frauen haben all die Jahrhunderte über als Spiegel gedient, der die märchenhaften Fähigkeiten und die betörende Macht hatte, den Mann in der doppelten seiner eigentlichen Größe zu reflektieren.« Daran hat sich bis heute nichts geändert. Einem Mann zu schmeicheln ist nach wie vor eines der effektivsten Mittel ihn zu erobern.

Letztlich interessiert sich jeder Mann nur für eines: sich selbst. Am liebsten redet er über sich. Er will bewundert werden. Er sehnt sich nach Lob, Anerkennung und Bestätigung. Also ermutige ich einen Mann dazu, über sich zu sprechen.

Männer reden gerne über ihren Job und ihre Erfolge. Ich frage ihn, wie er zu seinem Beruf gekommen ist? Welche Tätigkeit ihm besonders viel Spaß macht? Wie er in so kurzer Zeit so erfolgreich geworden ist? »Du arbeitest als Arzt im Krankenhaus? Das ist doch ein Knochenjob.« Ich drücke damit meine Anerkennung aus. Und er wird – angespornt von meiner Bewunderung – bereitwillig Auskunft geben. So erfahre ich ganz nebenbei wichtige Details über ihn, ohne aufdringlich zu wirken.

Jeder Mensch ist bis zu einem gewissen Grad für derartige Schmeicheleien empfänglich. »Was ihm wirklich schmeichelt«, so Doris Langley Moore, »ist die Tatsache, dass du ihn der Schmeichelei für wert hältst.« Männer blühen unter dem sanften Einfluss weiblichen Interesses und reizvoller Worte förmlich auf. »Selbst die Uneingebildetsten«, so die Verführungskünstlerin, »haben in ihrem Herzen ein kleines Plätzchen für ein gelungenes Kompliment, und wirklich eitle Menschen schreckt auch das lauteste Lob nicht ab.« Ich kann also im Grunde nichts falsch machen.

Doris Langley Moore warnt allerdings davor, einem Mann gleich seine tiefsten Geheimnisse zu entlocken. Ich versuche stets, ihn zu ermutigen, über sich zu reden, jedoch nur auf eine – wie Moore es nennt – »leichte und oberflächliche Weise«. Ihr berechtigter Einwand: Wenn ich mit einem Mann zu schnell zu persönliche Dinge austausche, wird er mich eher als Vertraute betrachten und mich als umwerbende Frau möglicherweise übersehen. Der Rat der Verführungskünstlerin lautet daher: »Lass ihn auf der Oberfläche ruhig sein ganzes Leben vor dir ausbreiten, wenn ihm das gefällt, aber versuch nicht, von dir aus dahinterzuschauen.«

3. Mit Komplimenten steuern

Für Männer ist es keineswegs selbstverständlich, dass man ihnen etwas Nettes über ihr Aussehen oder bestimmte Eigenschaften sagt. Und genau hier liegt das Potenzial eines guten Kompliments.

Ich mache einem Mann ein Kompliment zu etwas, das mir an ihm aufgefallen ist. Am besten in Bezug auf irgendwelche Eigenschaften. Die Klassiker: mutig, stark, großzügig. Wem das zu archaisch ist, der kann sein Durchsetzungsvermögen, seinen Humor oder seine gute Orientierung kommentieren. Grundsätzlich erhalten Männer ein Kompliment lieber für etwas, was sie selbst geleistet haben – das kann das abgeschlossene Mathematikstudium sein, aber auch das dicke Auto, dass er sich schließlich nur leisten konnte, weil er jeden Tag so hart arbeitet.

Ein paar nette Worte zu irgendwelchen Äußerlichkeiten machen einen Mann in der Regel eher verlegen. Schon Oscar Wilde wusste: »Frauen werden durch Komplimente niemals entwaffnet. Männer stets.« Ich bringe ihn ganz bewusst in Verlegenheit. Am besten mit einem Kompliment, das ihm die Schamesröte ins Gesicht treibt – nicht weil es besonders anzüglich ist, sondern weil Männer es nicht gewohnt sind, mit solchen Komplimenten bedacht zu werden. Ich suche immer nach Situationen, die intensive Gefühle auslösen. Scham und Verwirrung sind ganz hervorragend geeignet, um die Ausschüttung von Hormonen in seinem Gehirn anzukurbeln. Ein Kompliment kann ihn wunderbar aus der Fassung bringen. Ich sage beispielsweise, dass ich so schöne Hände bei einem Mann noch nie gesehen hätte. Er ist vermutlich etwas irritiert. Gut so. Ein bisschen aus der Fassung bringen wollen wir ihn ja.

Die Wirkung eines Kompliments: Ich interessiere mich für ihn. Ich will ihn verstehen. Ich deute ihn. Das erzeugt bei ihm ein wohliges Gefühl. Er fühlt sich geschmeichelt. Aber mehr noch: Er wird automatisch denken, dass ich in besonderer Weise dazu auserwählt bin, mir ein solch treffendes Urteil zu erlauben. Es ist eine charmante menschliche Schwäche, dem Urheber eines gelungenen Kompliments gleichsam eine entsprechende Kompetenz zuzuschreiben. Fühlt er sich besonders geschmeichelt, wird er mich sogleich zur Koryphäe in Sachen Männer erklären – was wiederum für mein Prestige ungemein förderlich ist. Komplimente funktionieren also stets in einem doppelten Sinn.

Mit einem guten Kompliment kann ich ein Gespräch dirigieren. Komplimente sind beim Flirten deswegen so wichtig, weil ich damit das Gespräch auf die nächste Ebene lenken kann. »Du lachst so ansteckend. Wie heißt du?« Erst wenn ich seinen Namen kenne, wird unser Gespräch persönlicher. Oder ich nutze ein Kompliment am

Ende eines Gesprächs, um ihn zu ermutigen, mich um ein Wiedersehen zu bitten. »Es macht Spaß, sich mit dir zu unterhalten. Möchte man gar nicht mehr aufhören. Leider muss ich jetzt weiter …«

Das Wichtigste an einem Kompliment: Es muss frei sein von bloßer Schmeichelei, Anbiederei und Unterwürfigkeit. Ein Kompliment ist immer das Feststellen einer Wahrheit. Es ist aber nur dann gut, wenn ein Mensch sich dadurch in seinem Wesen oder seiner Persönlichkeit wirklich erkannt fühlt. Ich muss diese Wahrheit zunächst einmal erkennen. Ich muss bei einem anderen Menschen irgendeine Besonderheit wahrnehmen und diese dann auch richtig deuten. Darin liegt die eigentliche Kunst.

Es gibt nichts Schlimmeres als ein belangloses oder austauschbares Kompliment (»Du hast schöne Augen«). Selbst wenn es zutreffen sollte, ist es so ziemlich das Allgemeinste, was man über einen Menschen sagen kann. Auch Wörter wie »nett« und »schön« taugen in der Regel nicht für ein feinsinniges und treffsicheres Kompliment.

Am besten, ich überlege, was ein Mann an sich besonders mag. Was kehrt er im Gespräch heraus? Wie sieht er sich selbst am liebsten? »Was du schon alles erlebt hast«, ist für den Mann von Welt genau das richtige Kompliment. Noch subtiler wirkt ein Kompliment, wenn ich genau beschreibe, was diese besondere Eigenschaft in mir bewirkt: »Wenn du so erzählst, sehe ich plötzlich alles ganz deutlich vor Augen. Es ist beinahe so, als säße ich in einem wunderbaren Film.«

Flirt-Profi Phillip von Senftleben wendet bei Komplimenten meist noch einen kleinen Trick an: Mit einem überraschten Tonfall, behauptet er, lasse sich die Wirkung eines Kompliments ungemein steigern. Damit bringe ich zum Ausdruck, dass ich über die Erkenntnis, die in meinem Kompliment steckt, selbst ein wenig erstaunt bin, dass mich diese Erkenntnis geradezu überfällt. »Unglaublich. Selten jemanden getroffen, der mich so zum Lachen gebracht hat.« Je überraschter ich mich gebe, desto beeindruckter bin ich offenbar. Und das macht ein gutes Kompliment noch besser.

4. Seine Aussagen spiegeln

Wenn ein Mann seinem Kollegen im Büro mit leuchtenden Augen von der kleinen Rothaarigen erzählt, mit der er sich neulich so großartig unterhalten hat, dann war es wahrscheinlich so, dass er die ganze Zeit geredet und sie ihm die ganze Zeit zugehört und dabei bewundernde Blicke zugeworfen hat. Das verstehen die meisten Männer unter einem guten Gespräch.

Zu dieser strikten Rollenverteilung sollte es möglichst nicht kommen, sonst kann so ein gemeinsamer Abend schon mal unerträglich lang werden. Die richtige Strategie: Ich muss versuchen, im Gespräch mit einem Mann ein gewisses Vakuum zu schaffen, das er mit seinen Geschichten füllen kann. Ich gebe ihm die Möglichkeit zu glänzen. Ich bin nur der Spiegel seiner Attraktivität. Er kann sich von seiner besten Seite zeigen. Er ist unterhaltsam. Er ist charmant. Er bringt mich zum Lachen.

Sein Gehirn wird dabei jede Menge Serotonin ausschütten und ein berauschendes Glücksgefühl bei ihm hinterlassen. Und dieses Gefühl wird er unmittelbar mit mir in Verbindung bringen.

Ich kann bei einem Mann dieses Glücksgefühl noch steigern, indem ich ihm nicht nur aufmerksam zuhöre, sondern auch noch bestätige, was er sagt. Dazu wende ich einen kleinen Trick an: Eine leichte Übung besteht darin, das, was er sagt, umzuformulieren und an ihn zurückzugeben. Er sagt beispielsweise: »Ich liebe es, einfach nur mit dem Auto herumzufahren und dabei ganz laut Musik zu hören.« Daraufhin sage ich: »Das kenne ich gut. Ich dreh manchmal so auf, dass sich das regelrecht auf meinen Fahrstil auswirkt. So James-Bond-mäßig, du weißt schon. Aber ein richtig tolles Auto braucht natürlich auch eine anständige Anlage.« Ich nehme seine Worte, paraphrasiere sie und gebe ihm seine Meinung als meine Meinung zurück. Das ist die einfachste Form der Annäherung: einer Meinung sein. Zustimmen. Bestätigen.

Den Rest erledigen die Neurotransmitter in seinem Gehirn.

5. Sein Interesse ködern

Die Wirkung des Serotonins kann ich mir auch auf andere Weise zunutze machen. Ich rede über Dinge, für die er sich begeistern kann. Auch das wird Glücksgefühle in ihm auslösen und ihn in eine positive Stimmung versetzen. Wie ich herausfinde, was ihn interessiert? Ganz einfach, ich ködere sein Interesse.

Ich gehe folgendermaßen vor: Ich biete ihm ein Thema an. »Gehst du gerne auf Konzerte?« Er: »Und ob. Ich habe damals The Cure im Amphitheater von Orange gesehen. Großartige Musik. Sensationelle Kulisse. Das war mein erstes und bestes Konzert.« Dann gehe ich auf seine Antwort ein: »Ich war auch mal in Orange. Leider gab es dort gerade kein Konzert. Aber das römische Theater war wirklich beeindruckend. Warst du mal auf einem Konzert von …?«

Das ist die einfachste Struktur: Ich biete ein Thema an. Damit ködere ich ihn und achte darauf, wie er reagiert. Wenn er darauf einsteigt, dann versuche ich, mich ihm über das Thema zu nähern. Es ist also eigentlich nur die Frage, bei welchem Köder er anbeißt. Und den richtigen Köder auszuwählen erfordert natürlich das Geschick des Anglers. In diesem Fall der Anglerin.

Es gibt Themen, die bei Männern eigentlich immer Begeisterung hervorrufen: Beruf und Karriere, Hobbys, Sport, Musik, Reisen. Jeder sollte sich jedoch seinen eigenen Köder zurechtlegen. Mein Köder ist nicht zufällig gewählt, es sind Themen, mit denen ich mich auskenne oder die mich selbst begeistern. Beispielsweise Musik. Darüber kann ich mich stundenlang angeregt unterhalten. Diese Begeisterung ist ansteckend. Meinen Köder selbst zu wählen hat aber vor allem einen ganz anderen Vorteil: Ich kenne mich in einem bestimmten Bereich besonders gut aus. Und damit behalte ich die Kontrolle über das Gespräch.

Der andere Vorteil: Wenn der Mann meinen Köder schluckt und anfängt, zu einem bestimmten Thema etwas zu erzählen, wird er mir dabei eine ganze Menge an Informationen zu seinen ganz persönlichen Vorstellungen und Idealen mitliefern. Mit diesen Aussagen kann ich mir wiederum strategische Vorteile im Gespräch sichern und zu anderen Themen überleiten, die ihn ebenfalls interessieren. So erwecke ich schnell den Eindruck, eine außergewöhnlich interessante Gesprächspartnerin zu sein.

Fehler in der Gesprächsführung

1. Themen, die man meiden sollte

Es gibt Themen, über die Sie mit einem Mann besser nicht sprechen sollten. Zumindest nicht beim ersten Date. Weltschmerz und Trübsal führen bei Männern eher zu einem, wie Doris Langley Moore es nennt, »von jedem Begehren freies Mitgefühl«. Auch Krankheiten und Gewichtsprobleme sind nicht gerade förderlich. Ein Flirt muss immer eine gewisse Leichtigkeit und Unbeschwertheit ausstrahlen. Folgende Themen sind daher sorgfältig auszuklammern:

- *Probleme, Sorgen, lästern, schlecht drauf sein:* Wozu gibt es Schwestern, Freundinnen, langjährige Arbeitskollegen oder schwule Freunde? Wenn ich Stress mit dem Finanzamt oder der Orangenhaut an meinen Oberschenkeln habe oder wenn ich mir nicht ganz sicher bin, ob ich den kleinen Leberfleck in meinem Gesicht nicht doch mal besser weglasern lassen sollte, dann ist meine neue Flamme auf jeden Fall nicht der richtige Ansprechpartner für derlei Themen.
- *Schlecht über Exfreunde reden:* »Ständig lagen seine Schuhe im Gang herum«, »Wenn er sich schon durchfüttern lässt, kann er doch wenigstens den Müll runterbringen«, »Von Vorspiel hat der auch noch nie was gehört«. Unter Vertretern des männlichen Geschlechts herrscht eine Solidarität, die Sie in keinem Fall unterschätzen sollten. Wenn ein Mann nach derartigen Lästereien über Ihre Verflossenen nicht wieder anrufen sollte, muss ich Ihnen hoffentlich nicht erklären warum.
- *Torschlusspanik:* Sie schwärmen beim ersten Treffen von den entzückenden Töchtern ihrer besten Freundin. Sie reden schon

seit einer halben Stunde davon, wie niedlich diese kleinen Füßchen in den bezaubernden kleinen Schühchen ausgesehen haben, als Sie neulich mit den Dreien beim Eis essen waren. Sie haben sich überlegt, dass Sie ihrem eigenen Nachwuchs auf jeden Fall musikalische Früherziehung zukommen lassen wollen. Sie bevorzugen diese Wohngegend, weil es da in unmittelbarer Nähe eine hervorragende Montessori-Schule gibt. Sie könnten sich auch vorstellen, beruflich für einige Zeit kürzerzutreten. Ihr Chef wäre da sehr liberal. Die Großeltern wohnen auch ganz in der Nähe. »Und wo siehst du dich in zehn Jahren?« – Eigentlich wollte er Sie nur auf ein Glas Wein einladen. Aber irgendwie hat er jetzt keine so rechte Lust mehr.

- *Zu frühe Liebesgeständnisse:* Verkneifen Sie sich Formulierungen wie »Ich glaube, wir sind füreinander bestimmt« oder »Ich wusste schon immer, dass wir zusammengehören«. Sprechen Sie auch nicht von Seelenverwandtschaft und Schicksal, wenn Sie ihn gerade zum ersten Mal auf einen Kaffee getroffen haben. Derlei Gefühlsbekundungen setzen Männer nicht nur unnötig unter Druck, sondern sind für den Anfang auch ganz schön dick aufgetragen. Halten Sie sich in Sachen Liebeserklärung ganz einfach an die Empfehlung der amerikanischen Beziehungsexpertin Sherry Argov: »Lassen Sie die ›L-Bombe‹ nicht innerhalb der ersten zwei Monate platzen. Sie lieben ihn nicht. Sie lieben auch nicht den Sex mit ihm. Ihnen gefällt seine Freizeitjacke. Das reicht.«

2. Zu viel reden

Über die Tugend des aktiven Zuhörens, und welch wunderbares Instrument der Kontrolle und Manipulation sie ist, haben wir schon gesprochen. Außerdem sind wir uns bewusst, dass Männer eine gute Zuhörerin ungemein zu schätzen wissen.

Und dennoch gibt es immer wieder Frauen, die stundenlang von den Problemen ihrer alten Schulfreundin Charlotte erzählen, die, die mit dem anderen, also nicht mit dem aus dem Alpenverein, sondern dem, der ihr damals bei ihrer ersten Arbeitsstelle so hilfreich zur Seite stand und mit dem sie dann später zusammen den Volkshochschulkurs belegt hat und mit dem sie jetzt schon so lange zusammen ist, also der jedenfalls, der ja eigentlich schon immer ein bisschen seltsam war und jetzt auf einmal, nachdem sie sich wiederum dazu entschlossen hat …

Frauen versuchen mit einem derartigen Redeschwall oftmals ihre Nervosität zu verbergen. Und in einer Flirt-Situation sind wir immer ein bisschen nervös. Trotzdem hat die gute Charlotte für den Mann ihrer Träume wahrscheinlich so viel Unterhaltungswert wie für Sie die Bedienungsanleitung ihres altgedienten Handrührgeräts.

Bestellen Sie doch einfach noch ein Glas Wein und lehnen sich entspannt zurück. Überlassen Sie ihm getrost die ganze Arbeit. Schließlich hat er Sie um ein Date gebeten. Und wenn er die ganze Zeit schon verlegen und wortkarg auf seine Fußspitzen starrt, dann bestellen Sie ihm am besten gleich noch eins dazu.

Attraktivität aufbauen

Eine besondere Schwierigkeit im Gespräch besteht nun darin, mich selbst von meiner besten Seite zu zeigen, ohne dabei dem männlichen Ego gefährlich nahezukommen. Jede Frau will für einen Mann eine reizvolle Herausforderung darstellen. Wenn er mich jedoch als bedrohliche Konkurrenz wahrnimmt, dann wird das jegliche Lust an der Eroberung sofort im Keim ersticken. Die meisten Männer stehen zwar auf kluge Frauen – aber nicht unbedingt darauf, sich ihnen unterlegen zu fühlen.

Eine promovierte und beruflich überaus erfolgreiche Freundin hatte die Erfahrung gemacht, dass Männer immer wieder auf dem Absatz kehrt machten, sobald sie auf ihre Ausbildung und ihren Beruf zu sprechen kam. Irgendwann hat sie erstaunt festgestellt, dass es viel leichter war, Männer zu bezirzen, wenn sie sich als Sekretärin ausgab. Das ist zwar eine amüsante Geschichte, aber natürlich nicht der richtige Weg.

Doch erstaunlicherweise arbeiten viele Frauen unbewusst mit dieser Strategie. Die britische Psychoanalytikerin Joan Riviere hat schon in den 1920er Jahren die Beobachtung gemacht, dass selbst kompetente und selbstbewusste Frauen in Gegenwart von Männern instinktiv das Mädchen mit den weit aufgerissenen Augen mimen. Riviere wertete dieses ultraweibliche Verhalten als Versuch, Männer zu beschwichtigen und ihnen zu demonstrieren, dass sie keine Konkurrenz zu ihnen anstreben wollten. In Japan konnte es sogar passieren, dass eine gebildete Frau in Gegenwart eines Mannes plötzlich in eine Sprache verfiel, die man »Huriko« nannte, eine Art kichernder Singsang, der bewirken sollte, dem Mann seine Überlegenheit zu demonstrieren und seinen Beschützerinstinkt zu wecken.

Der Mann ist aus evolutionärer Sicht darauf programmiert, sein Erbgut möglichst breit zu streuen. Männer sind immer und in jeder Situation für einen Flirt zu haben – egal ob verheiratet, überarbeitet, ans Bett gefesselt oder 82-jährig (wie Hugh Hefner). Für die Arterhaltung hat die Natur in jedem Fall gesorgt. Es gibt wirklich wenig, was einen Mann davon abhält, zumindest den Versuch zu unternehmen, seinen biologischen Auftrag auch tatsächlich zu erfüllen. Wenn eine Frau jedoch von der ersten Sekunde an versucht, einen Mann in jeder Hinsicht zu übertrumpfen – sei es, dass sie sich beruflich erfolgreicher, finanziell überlegen, an Intelligenz weit erhaben oder aber rhetorisch unübertroffen zeigt –, ist das genau so ein Fall, in dem die Natur vermutlich nicht ihren Lauf nehmen wird.

Doch wie kann ich nun im Gespräch mit einem Mann genügend Attraktivität aufbauen, ohne gleich das naive Blondchen zu mimen? Folgende Strategien haben sich bestens bewährt:

1. Sich selbst disqualifizieren

Um das gleich vorwegzuschicken: Wer mit seinem beruflichen Erfolg, seinem Einkommen, seinem Wissen oder seinen rhetorischen

Fähigkeiten hausieren geht, ist unerträglich – egal ob Mann oder Frau. Angeben ist was für schlichte Gemüter. Wahre Größe muss ich nicht selbstgerecht zur Schau stellen. Vielmehr spricht es für die Intelligenz eines Menschen, wenn er frei ist von jeder lärmenden Selbstinszenierung. Und das mit dem Nobelpreis können Sie ihm ja hinterher immer noch erzählen.

Doch zurück zur Frage: Wie kann ich einen Mann beeindrucken, ohne dabei sein möglicherweise geringes Selbstwertgefühl anzukratzen? Eine erfolgreiche Strategie stammt aus dem Marketing – und funktioniert auch beim Flirten.

Werbung ist eine professionelle Form der Verführung. Welche Werbung merken wir uns, welche nicht? Was gibt uns den Impuls, etwas zu kaufen? Welches Konzept verfolgen die großen Werbestrategen? Die Antwort der Marketing-Psychologen ist einigermaßen überraschend: Wir werden von Sachen verführt, die wir unterschätzen. Werbeleute versuchen zunächst einmal die Abwehrhaltung des Käufers zu durchdringen. Erst muss ich den Käufer dazu bringen, sein Schutzschild herunterzulassen. Er muss sich überlegen fühlen. Erst dadurch wird er »angreifbar« und damit empfänglich für bestimmte Verführungsstrategien – so beschreibt es Wilson Bryan Key in seinem Buch *Subliminal Seduction.*

Dieser Mechanismus erklärt präzise, wie Werbung funktioniert. Menschen neigen dazu, allem zu vertrauen, worüber sie, ihrer Meinung nach, die Kontrolle haben. Vertrauen und ein Gefühl von Überlegenheit sind eng miteinander verwandt. Gerade Fernsehspots kommen daher absichtlich plump und einfältig daher. Doch mit den scheinbar schlechtesten Spots können Werbeleute oftmals die besten Verkaufserfolge erzielen. Ein effektiver Werbespot ist absichtlich darauf zugeschnitten, die Intelligenz des Betrachters zu beleidigen – und so sein Schutzschild zu durchdringen. Das erklärt etwa den beispiellosen Erfolg des Slogans »Geiz ist geil«.

Was bedeutet das nun für den Flirt? Wenn ich in einem Gespräch mit einem Mann versuche, mich als möglichst fehlerfreie und makellose Person darzustellen, sind die Männer meist ziemlich schnell wieder weg. Dasselbe von sich selbst eingenommene Verhalten eines Mannes ruft bei anderen in der Regel Neid, Missgunst und Eifersucht hervor. Die »perfekte« Frau wirkt jedoch zudem noch ehrgeizig und verbissen. Es ist eine traurige Wahrheit, dass ambitionierte Frauen in unserer Gesellschaft häufig als kalt und berechnend empfunden werden. Ich aber will nicht abschreckend wirken, sondern Aufmerksamkeit und Sympathie bei einem Mann hervorrufen. Also habe ich gelernt, nicht nur meine Stärken, sondern auch meine Schwächen auszuspielen.

Es gibt kaum eine sympathischere Charaktereigenschaft als eine selbstironische Grundhaltung. Also qualifiziere ich mich über meine Macken, besser über den humorvollen, liebevollen und ehrlichen Umgang mit meinen Schwächen. Wenn meine Bemerkungen und Geschichten von meinem eigenen Scheitern handeln, dann bezeugt das auch noch etwas anderes: Ich kann über mich selbst lachen. Das macht sympathisch. Außerdem disqualifiziere ich mich dabei selbst. Und das riecht nun wirklich nicht nach Anmache.

Ich kann nicht kochen. Selbst Fischstäbchen sind für mich eine echte Herausforderung. Beim Metzger um die Ecke kam es unlängst zu folgender Szene: Ich zeigte auf die Schaschlikspieße und fragte, was man da falsch machen könne. Der Fachmann, einigermaßen irritiert, erklärte: Nicht zu heiß. Nur kurz von allen Seiten. Eigentlich ganz einfach. Auf dem Weg zur Kasse konnte er sich ein Schmunzeln dann doch nicht verkneifen und fragte mich: »Was ist denn da schiefgelaufen?« Ich erzählte, wahrheitsgetreu, dass ich nun schon mit zwei Männern in Folge liiert gewesen sei, die eindeutig das größere Kochtalent besaßen. Ich hätte es nie wirklich gelernt. Er musste lachen und zeigte angesichts meines – wie ich ihm berichtete – alltäglichen Scheiterns echtes Mitgefühl.

Aber nicht nur das. Dadurch, dass ich mich selbst gründlich disqualifiziert habe, war der gute Fleischfachverkäufer wirklich nah dran, seinen Kittel an den Haken zu hängen und mich vor lauter

Mitleid zum Essen auszuführen. Hätte ich es auf einen Metzger abgesehen, wäre das mit Sicherheit die richtige Strategie gewesen.

Die Schaschlikspieße waren übrigens außen schwarz und innen nicht ganz durch. Ich hätte mal besser den Mann gleich dazugenommen.

2. Gekonnt necken

Das Gegenstück zum Disqualifizieren ist das Necken. Ich nehme mich selbst nicht so ernst, und gleichzeitig nehme ich den Mann nicht so wichtig, wie er es vielleicht gewohnt ist.

Necken, das sind kleine Spitzen und leicht unverschämte Kommentare, bei denen jedoch immer erkennbar bleibt, dass sie nicht wirklich negativ gemeint sind. Ich will nicht beleidigen, sondern ich will ein wenig irritieren. Ich könnte beispielsweise seine Grobmotorik bemängeln, nachdem sich ein Mann versehentlich sein Bier über den Ärmel gekippt hat. Das ist keine Beleidigung, sondern eine liebevolle, flirtende Provokation. Sie wird mit einem Lächeln vorgetragen. Und sie lässt immer ein wenig Übermut erkennen.

Ein paar schöne Beispiele finden sich in Phillip von Senftlebens Buch *Das Geheimnis des perfekten Flirts:* Im Restaurant sitzt ein Künstlertyp, ganz in Schwarz gekleidet, mit seinem Handy beschäftigt. Wenn er aufschaut, probieren Sie es mit einem Blick, in dem ein sanftes Lächeln ruht. Doch auch nach wiederholtem Blickkontakt passiert von seiner Seite absolut gar nichts? Gehen Sie hin und fragen ihn: »Schwul oder schüchtern?« Oder wem das zu forsch ist: »Schriftsteller oder Regisseur?« Derlei charmante Unverschämtheiten wird ein Mann als Aufforderung verstehen und auf den Flirt einsteigen.

Ein anderes Beispiel: Im Handy-Laden probiere ich ein neues Gerät aus. Den schnuckeligen Verkäufer frage ich: »Ist da Ihre Nummer einprogrammiert? Sonst nehme ich es nicht.«

Ebenfalls aus Senftlebens Flirt-Ratgeber: Ein Mann benutzt auffällig oft das Wort »brillant« in seinen Beschreibungen – die brillante Aussicht, die brillante Technik seines Mercedes usw. Es bietet sich also geradezu an, ihn damit liebevoll aufzuziehen und im Restaurant zu bemerken: »Jetzt lass uns doch mal diese brillante Bedienung rufen und bezahlen.« Er wird den liebevoll flirtenden Kommentar mit Sicherheit richtig verstehen.

Ein neckender Kommentar lässt immer durchblicken, dass meine Provokation und damit meine vermeintliche Abweisung nur gespielt sind. Und dennoch wird sich das Interesse des Mannes dadurch erhöhen. Männer sind vertraut mit der Sprache des Neckens. Frauen vermeiden im Gespräch möglichst alles, was einer harmonischen Atmosphäre abträglich ist. Männer hingegen gehen meist viel weniger behutsam miteinander um. Kleine Sticheleien sind im Gegenteil oftmals als Sympathiebekundungen zu werten. Mit dem Spruch »Na, im Urlaub wohl auch ein wenig zugelegt?« äußert sich ein Mann seinem Kumpel gegenüber anerkennend, dass er offenbar etwas davon versteht, es sich gutgehen zu lassen. Eine Frau wäre bei genau demselben Kommentar vermutlich den Tränen nahe.

Das Necken ist ein sehr wirkungsvolles Instrument und erfüllt im Flirt-Prozess gleich eine ganze Reihe von Funktionen:

- Ein frecher Kommentar ist eine wunderbare Vorlage, auf die ein Mann nur noch einsteigen muss. Das weckt seinen Sportsgeist.
- Neckende Kommentare bringen den Mann dazu, den Flirt als Herausforderung zu sehen. Männer lieben Herausforderungen.
- Gerade die coolen und abweisenden Männer kann ich damit wunderbar aus der Fassung bringen und ihr männliches Schutzschild leicht durchbrechen.
- Mit einem neckenden Kommentar kann ich mich hervorragend von all den humorlosen und eingebildeten Schnecken abheben, die verbissen jedem neuen Date hinterherjagen.
- Ich kann austeilen – und hoffentlich auch einstecken. Die verbale Gegenoffensive lässt vermutlich nicht lange auf sich warten. Wer gekonnt pariert, kann noch weitere Pluspunkte sammeln.

- Ein neckender Kommentar wirkt immer gutgelaunt und ein wenig übermütig – genau die richtige Tonart für den perfekten Flirt.

Das Necken funktioniert vor allem bei den besonders gutaussehenden Männern, die es gewohnt sind, von Frauen angeschmachtet zu werden. Grundsätzlich gilt: Je attraktiver der Mann, desto hemmungsloser darf ich necken. Den breitschultrigen Zwei-Meter-Mann kann ich getrost damit aufziehen, dass sein abgespreizter kleiner Finger beim Griff nach dem Weinglas doch etwas tuntig daherkommt. Ist der Mann gerade mal so groß wie ich und seine Statur von eher femininer Zartheit, wird er denselben Kommentar womöglich in den falschen Hals bekommen. Hier ist mal wieder das nötige Feingefühl gefragt.

Doch gerade bei Männern, die es gewohnt sind, dass ihnen die Frauen nur so zu Füßen liegen, ist das Necken in Kombination mit einer latenten Ignoranz ein sehr wirkungsvolles Instrument: Er ist mir gar nicht aufgefallen, der tolle Hecht. Ich bin in seiner Gegenwart kein bisschen nervös. Ich bin ganz entzückt von seinem schicken kleinen Feuerzeug, mit dem er mir gerade meine Zigarette anzünden durfte. Aber sein tolles Aussehen und seine Ausstrahlung lassen mich kalt. Ich unterhalte mich angeregt mit seinen Freunden. Er aber langweilt mich. Zwar bringe ich ihm eine gewisse Aufmerksamkeit entgegen, aber ich hänge nicht schmachtend an seinen Lippen, sobald er den Mund aufmacht. Ich gebe mich charmant, aber keineswegs interessiert. Und das unterscheidet mich von all den Groupies, die sich sonst so um ihn schaaren.

Im besten Fall wird ihn das ein bisschen verunsichern. Und in jedem Fall wird er sich denken: Die hat aber einen verdammt exklusiven Geschmack. Meine Ignoranz ist für einen Mann vor allem eines, eine große Herausforderung.

Grundsätzlich darf ich die entstehende Spannung niemals freigeben, etwa indem ich sage: »War nur ein Witz.«

Der Mann darf sich nie so ganz sicher sein, ob ich das, was ich gesagt habe, ernst meine oder nicht. Das macht mich interessant. Und geheimnisvoll.

3. Die richtigen Worte verwenden

Wenn ich mit einem Kind zum Zahnarzt gehe und versuche, es mit den Worten zu beschwichtigen »Es ist nicht schlimm und tut überhaupt nicht weh«, dann ist leider das Einzige, was ein Kind heraushören wird: »Es *ist* schlimm und es *tut* weh.« Was passiert? Ich signalisiere dem Kind mit dem, was ich sage, unbewusst, dass nun etwas Unangenehmes und Schmerzhaftes auf es zukommt – und das allein durch die Wahl meiner Worte. Denn das, was es als Erstes verstehen wird, sind die beiden Signalwörter »schlimm« und »weh tun«. Wenn dann beim Anblick des weißen Zahnarztkittels das Kind sofort in Tränen ausbricht, ist das nicht weiter verwunderlich.

Nur ein Bruchteil dessen, was wir sagen, wird über Inhalte und Worte vermittelt. Kommunikation spielt sich zu einem nicht unerheblichen Anteil unbewusst ab. Es ist nur schwer möglich, ein Kind auf der logischen Ebene davon zu überzeugen, dass der Zahnarztbesuch nicht weiter schlimm ist. Erst recht nicht, wenn man dabei selbst eine gewisse Unsicherheit ausstrahlt, wohlwissend, dass eine Spritze alles andere als angenehm ist. Wir müssen also immer im Kopf behalten, dass vieles von dem, was wir sagen, über unsere Körperhaltung, Gestik, Mimik, Tonlage, aber auch über bestimmte Hervorhebungen, den Satzbau und sogenannte Signal- und Prozesswörter vermittelt wird.

Auch einen Mann kann ich nicht auf einer logischen Ebene davon überzeugen, sich in mich zu verlieben. Also muss ich lernen, auch den unbewussten Teil meiner Kommunikation zu kontrollieren – und zwar auf den verschiedensten Ebenen: Meine Tonlage ist nicht unangenehm schrill. Meine Gestik und Mimik sind lebhaft und fröhlich. Mein Auftreten ist selbstbewusst, immer auch ein wenig kokett. Ich habe eine offene Körpersprache. Und ich wäge genau ab, welche Worte ich verwende. Der Mann wird all das – wenn auch unbewusst – registrieren.

Wenn ich im Gespräch mit einem Mann wiederholt die Worte »Problem«, »Ärger« und »Sorgen« verwende, obwohl ich mich eigentlich nur über den Tarifwechsel bei meinem Telekommunikationsanbieter auslasse, dann brauche ich mich hinterher nicht zu wundern, wenn er mich grundsätzlich für eine eher schwierige Person hält. Auch die Worte »vielleicht«, »eigentlich« und »man« habe ich aus meinem Wortschatz gestrichen. Damit schwächt man das Gesagte nur wieder ab. Und das wiederum wirkt äußerst unsicher.

Umgekehrt ist es so, dass ich durch den gezielten Einsatz bestimmter Signalwörter und allgemein positiv besetzter Begriffe jede Unterhaltung locker und unverbindlich halten kann. Und das ist genau der richtige Duktus für den perfekten Flirt.

Ich habe die Erfahrung gemacht, dass die beiden Wörter »Spaß« und »einfach« im Gespräch mit einem Mann immer eine positive Wirkung auf das Gesagte haben. Oberstes Prinzip des Flirts ist nun mal die Unverbindlichkeit. Und wenn ich einem Mann erzähle, dass ein Ausflug mit dem Rad in den Biergarten wahrscheinlich ein Mordsspaß wäre, dann steckt in meiner Formulierung bereits die Annahme, dass man mit mir vermutlich jede Menge Spaß haben kann – und diese Aussage wird bei ihm deutlich ankommen, auch wenn er sie nicht bewusst wahrnimmt. Ähnlich verhält es sich mit dem Wort »einfach«: »Ich gehe morgen auf eine Party. Wir können uns ja einfach da treffen.« Der Subtext, den ein Mann heraushören wird, lautet mit ziemlicher Sicherheit: Diese Frau ist unkompliziert. »Wir können einfach Spaß miteinander haben«, heißt für ihn übersetzt: kein Druck, keine Erwartungen, keine Forderungen. Mit beiden Formulierungen signalisiere ich die nötige Unverbindlichkeit, die in der ersten Phase des Flirts so wichtig ist.

Die Ober-Uschi Meike Rensch-Bergner schwört in diesem Zusammenhang auf das Wort »toll«. Seit ihrer Verwandlung zur echten Uschi, gebrauche sie dieses Wort beinahe schon inflationär – und zwar immer dann, wenn ihr einer der sie umgarnenden Männer mal wieder die Getränkekisten in den vierten Stock geschleppt hat, woraufhin sie jedes Mal einen überschwenglichen Lobgesang anstimmte. Ihrer Erfahrung nach ist der Ausruf »toll« immer noch das, was ein Mann in Bezug auf sein Aussehen, seine Eigenschaften oder eine konkrete Leistung am liebsten zu hören bekommt.

Abgesehen davon ist ein noch so zuckersüß dahingeflötetes »toll« wunderbar unverbindlich. Denn kleine Gefälligkeiten, wie etwa das Reparieren des Wasserhahns oder die Datensicherung auf einer externen Festplatte, sind eine reine Aufmerksamkeit und verpflichten mich zu überhaupt nichts – außer eben, dass ich die Bemühungen eines Mannes entsprechend zu würdigen weiß. Ein bewunderndes »toll« ist da eine saubere Sache. Wenn ich dann noch ein »Hätte ich ohne deine Hilfe niemals hinbekommen« hintendranhänge, ist es wahrscheinlich endgültig um ihn geschehen. Mögliche Variationen: »Du machst das immer so toll« oder »Bei dir sieht das viel fachmännischer aus«.

Ein anderes Wort, mit dem ich blitzschnell Vertrautheit schaffen kann, ist das Wörtchen »wir«: »Wir müssen uns beeilen, sonst ist das Beste vom Buffet gleich weg.« Wenn ich mich mit dem charmanten Lockenkopf auf der Party in dieser Art verbal verbinde, entsteht auch unterschwellig eine engere Bindung. Wenn ich ihn dann noch möglichst oft mit »du« oder, besser noch, mit seinem Vornamen anspreche, fühlt er sich umgarnt und geschmeichelt. Noch besser ist natürlich ein besonderer Spitzname, den ich mir für ihn einfallen lasse. So fühlt er sich geschmeichelt, weil ich vielleicht etwas Ungewöhnliches an ihm wahrgenommen habe. Damit sind wir sofort auf einer sehr persönlichen Ebene.

4. Erste flüchtige Berührungen

Unter weiblichen Bedienungen (nicht nur) in den USA ist es ein offenes Geheimnis, dass sich das Trinkgeld mit Leichtigkeit um ein Vielfaches erhöhen lässt, wenn sie den Gast scheinbar zufällig am

Arm oder an der Schulter berühren. Man stelle sich den, in jeder Hinsicht, ausgehungerten Trucker vor, der nach einer schier endlosen Fahrt durch die Ödnis des Mittleren Westens in einem am Highway gelegenen Diner nicht nur seinen Hunger, sondern auch sein Bedürfnis nach menschlicher Nähe zu stillen sucht. Genau der freut sich über die unerwartete Zuwendung, wenn ihm die Kellnerin mit dem bezaubernden Lächeln für einen kurzen Augenblick ihre Hand auf den Arm legt. Prompt rundet er die Rechnung für seinen Cheeseburger mit der doppelten Portion Pommes großzügig auf.

Wie kann ich nun einen Mann berühren, den ich noch nicht lange kenne? Und warum sollte ich das überhaupt tun?

Einen Mann, den ich verführen möchte, muss ich unter Umständen erst einmal »anfüttern«, sonst kommt er möglicherweise gar nicht auf die Idee, mir gegenüber ein romantisches Interesse zu entwickeln. Das ist allerdings äußerst unwahrscheinlich. Immerhin denken Männer angeblich alle zwei Minuten an Sex. Sobald ein Mann auf eine Frau trifft, malt er sich im Grunde schon aus, wie es mit der Dame eigentlich hinter vorgezogenen Vorhängen aussehen könnte. Das ist in der Regel der erste Gedanke, der einem Mann so durch den Kopf schießt. Jeder Mann tut das. Das kann man nun als chauvinistisch abtun oder aber als gesundes sexuelles Interesse auslegen – da halte ich mich jetzt mal raus. Tatsache ist, ein Mann denkt beim Zusammentreffen mit einer Frau fast immer spontan auch an Sex.

Was aber ist nun mit dem charmanten Businessstypen, der so in seine Zeitung vertieft ist, dass er mir zwar kurz sagt, wie spät es ist, aber auch schon wieder weiterliest, als ich mich eben noch bedanken will? Oder der verhuschte Bibliothekar mit dem niedlichen Kinngrübchen, der mir zwar in aller Ausführlichkeit das neue Ausleihsystem am Computer erklärt, aber offenbar nicht im Traum darauf kommt, mich als weibliches Wesen wahrzunehmen? Man kennt das aus der Werbung: Manchmal muss man ein Bedürfnis erst wecken, um es schließlich befriedigen zu können.

Die einfachste Möglichkeit, einen Mann zu berühren: Ich gebe ihm die Hand, wenn ich mich vorstelle. Ich halte seine Hand etwas länger als gewöhnlich, weil ich gleichzeitig eine charmante Bemerkung zu seinem ausnehmend schönen Hemd mache. Oder ich spreche ihn auf seinen seltenen Nachnamen an. Den habe ich noch nie zuvor gehört. Auf jeden Fall fällt mir irgendetwas ein, warum es eher unpassend wäre, seine Hand gleich wieder loszulassen. Berührungen und Hautkontakt setzen bestimmte Hormone im Gehirn frei. Und genau die will ich bei dem schüchternen Bibliothekar aktivieren.

Wenn es in einer Bar oder einem Club etwas voller ist, nutze ich gerne folgenden Trick der Flirt-Spezialistin Tracey Cox: Auf dem Weg zur Toilette oder an die Theke ist mir wie zufällig dieser hübsche Braungelockte im Weg. Also lege ich meine Hand auf seinen Lendenwirbel und schiebe ihn sanft zur Seite. Als er sich daraufhin umdreht, schenke ich ihm mein strahlendstes Lächeln. Als wir später (wieder völlig zufällig) nebeneinander an der Bar stehen, wird er ganz selbstverständlich ein Gespräch mit mir beginnen. Wir sind uns ja bereits nahegekommen. Nichts ist so wirkungsvoll wie eine Berührung, um eine sofortige Verbindung herzustellen.

Eine andere Möglichkeit: Ich zeige auf etwas. Dabei lehne ich mich leicht nach vorne und berühre seinen Arm. Oder ich reiche ihm etwas herüber – ein Glas auf einer Party oder ein Feuerzeug vor der Tür des Lokals. Dabei berühre ich seine Hand. Meine Fingerspitzen streifen ihn sanft. Die Haut der Männer ist zwar um einiges dicker als die der Frauen. Aber für den kleinen Gänsehauteffekt müssten auch seine Tastsensoren ausreichen.

Eine etwas intimere Situation könnte sich aus einem gemeinsamen Lacher ergeben. Er hat einen guten Witz erzählt. Wirklich brüllend komisch. Statt mir auf meine eigenen Schenkel zu klopfen, lege ich meine Hand auf seine Brust. Oder ich lasse meine Hand eine Sekunde zu lang auf seinem Oberschenkel. Das ist zwar nicht mehr ganz so unverfänglich wie Berührungen am Handrücken, am Arm oder an der Schulter. Aber wenn der Witz wirklich gut war und wir beide vor Lachen schon Tränen in den Augen haben, wird auch diese intimere Berührung nicht weiter auffallen. Grundsätzlich gilt: Frauen wird nicht so leicht ein sexuelles Interesse unterstellt. Ihre Annäherung an einen Mann gilt als eher »romantikgesteuert«. Daher wirken die Berührungen einer Frau meist vergleichsweise unschuldig.

Wirklich trickreich ist die Tatsache, dass Frauen, um ja nicht zu offensiv zu erscheinen, Männer unbewusst dazu ermutigen, sie anzufassen. Auch das ist eine geeignete Strategie und fällt im Grunde überhaupt nicht auf. Ich plaziere meine Hände oder meinen Körper also absichtlich so, dass es fast unmöglich ist, an mir vorbeizukommen. Oder ich stoße versehentlich mit ihm zusammen. Oder unsere Hände greifen gleichzeitig nach der Weinflasche. Purer Zufall. Mit gar nicht so zufälliger Wirkung.

Wenn Ihnen das ein bisschen zu geplant vorkommt oder Sie es geradezu anstrengend finden, all diese nonverbalen Flirt-Signale gezielt und auch noch zum richtigen Zeitpunkt einzusetzen, dann bedenken Sie bitte eines: Es geht mir lediglich darum, Ihre Aufmerksamkeit auf die Vielzahl subtiler Gesten zu lenken, die einer Frau zur Verfügung stehen. Versuchen Sie jetzt bitte nicht, im Gespräch mit einem Mann jedes einzelne Signal in der genannten Reihenfolge abzuarbeiten. Verlassen Sie sich einfach auf Ihren natürlichen Instinkt. Der wird Ihnen ohnehin viel detailliertere Anweisungen geben, als ich es je tun kann.

Desinteresse rechtzeitig erkennen

Erste Berührungen sind auch ein zuverlässiger Test, um herauszufinden, ob ein Mann interessiert ist oder nicht. Zieht er seine Hand bei der kleinsten Berührung gleich wieder zurück? Sitzt er neben mir auf einer Bank, rückt aber mehr und mehr von mir ab? Tritt er einen Schritt zurück, wenn ich mit ihm spreche? Das alles sind sehr deutliche Signale. Wenn ich meine Zeit nicht mit einem Mann vergeuden will, der mir nicht wirklich zugetan ist, sollte ich solche Signale nicht in den Wind schlagen. Es gibt genug Männer, die sich über derlei Avancen freuen.

Wenn ein Mann sich mir gegenüber betont unbeeindruckt gibt, gehe ich und suche mir einen anderen. Männer, die nicht von der ersten Minute an aufmerksam, charmant und höflich sind, genügen meinen Ansprüchen nicht. Verkniffene Typen oder Männer, die glauben, eine coole und schroffe Haltung mache sie so unwiderstehlich wie Clint Eastwood, interessieren mich nicht. Ich bin froh, dass manche Männer ihre emotionslose Coolness so demonstrativ vor sich her tragen, dass man es schon auf hundert Meter Entfernung sehen kann. Das erspart mir späteren Ärger.

Im Verlauf des Flirts muss irgendwann einmal der Moment kommen, an dem ich einem Mann mein weitergehendes Interesse signalisiere. Ein Mann findet es spannend, die Rätsel einer Frau zu entschlüsseln. Wenn er jedoch rätseln muss, ob die Dame auch nur das geringste Interesse an ihm hat, wird er schnell die Lust verlieren. Kann ein Mann keinerlei Anzeichen weiblichen Begehrens registrieren, gibt er lieber auf. Welcher Mann blamiert sich schon gerne. Hier sind die flüchtigen Berührungen ein geeignetes Mittel, das nötige Interesse zu signalisieren.

Wenn ich ein Gespräch immer wieder initiieren muss, von seiner Seite überhaupt nichts kommt oder sich unsere Unterhaltung mühsam in die Länge zieht, läuft irgendetwas falsch. Zeigt ein Mann sich derart abweisend und desinteressiert, komme ich ihm lieber zuvor und gehe. Ich bin auf seine Gesellschaft nicht angewiesen. Ich habe ihm die Chance gegeben, der Frau seines Lebens zu begegnen – aber er hat es vergeigt. Pech für ihn.

Flirt-Altmeister Ross Jefferies hat dazu die richtige Devise ausgegeben: Ein Angler will natürlich einen Fang machen. Aber dafür muss er ja nicht jedem einzelnen Fisch hinterherschwimmen.

Im Idealfall sollte es jedoch nicht zu einer ablehnenden Haltung kommen. Männer sind allein schon aufgrund ihrer biologischen Bestimmung grundsätzlich offen und flirtbereit. Doch selbst wenn ich auf keinerlei romantisches Interesse stoßen sollte, versuche ich, einen Mann zumindest als Freund für mich zu gewinnen. Schließlich kann er mich sonst nicht all seinen interessanten und gutaussehenden Freunden vorstellen, die vielleicht einen besseren Geschmack haben als er.

Was auch immer zu einer Abfuhr geführt haben mag – eine völlig unvermittelte Annäherung, ein niveauloser Spruch oder eine schlechte Gesprächsdynamik –, im Grunde kann ich daraus nur lernen. Jeder Korb hilft mir, beim nächsten Mal besser zu sein.

Phase III: Die Königsdisziplin – Verwirrung stiften und Begehrlichkeiten wecken

Ich habe seine Aufmerksamkeit auf mich gelenkt. Ich habe im Gespräch so viel Attraktivität und Nähe aufgebaut, dass ich damit auch das weitergehende Interesse eines Mannes geweckt habe. Nun geht es darum, sein Begehren so weit zu schüren, dass er auch romantische Gefühle für mich entwickelt. Hier gibt es eine ganze Reihe von Gesprächsstrategien und suggestiven Gesprächselementen, mit denen ich den spielerischen Flirt auf die nächste Ebene lenken kann.

Wenn mir ein Mann sein näheres Interesse signalisiert hat, muss ich sehr behutsam vorgehen, damit die zarte Flamme der Leidenschaft nicht gleich wieder erlischt. Zu frühe Liebesgeständnisse, eine fordernde Haltung, das besitzergreifende Wesen mancher Frauen – all das ist Gift für die aufkeimende Leidenschaft. Auch und gerade in dieser Phase des Flirts gilt nach wie vor das Prinzip Unverbindlichkeit.

Ein Spiel um Nähe und Distanz

Zu Zeiten von Molières Don Juan gehörte es zum Spiel dazu, dass sich die Angebetete zierte und erst durch intensive Verführungskünste den Galan erhörte. Eine Frau, die beim ersten Ansprechen nicht einen amtlichen Korb verteilte, galt als Luder.

Heute halten wir uns für besonders aufgeklärt und emanzipiert, wenn wir solche Spielchen nicht mehr nötig haben. Leider jedoch warten die meisten Männer unsere redlichen Offerten gar nicht erst ab. Noch bevor wir die Gelegenheit erhalten, ihn davon zu überzeugen, was für wunderbare Geschöpfe wir bei näherem Hinsehen doch eigentlich sind, umgarnt er schon längst eine andere – und zwar ausgerechnet das kleine durchtriebene Miststück, bei der wir uns schon immer gefragt haben, was Männer ausgerechnet an der finden. Vielleicht sieht sie nicht einmal sonderlich gut aus. Aber offenbar ist sie eine Frau, die es sehr wohl versteht, das Interesse eines potenziellen Liebhabers anzustacheln. Und zwar durch ein ganz bestimmtes Verhalten – etwa dadurch, dass sie sich ihm immer wieder entzieht.

Solche Frauen haben ihren Geschlechtsgenossinnen vor allem eines voraus: Sie beherrschen das kommunikative Spiel zwischen Nähe und Distanz. Sie haben beim Flirten genau die richtige Balance zwischen Anziehungskraft und Unverbindlichkeit gefunden. Sie bauen scheinbare Hindernisse um sich herum auf, so dass sie für einen Mann nur noch begehrenswerter erscheinen. Sie haben die Fähigkeit, Männer dazu zu bringen, sie zu wollen, indem sie ihnen suggerieren, dass sie kein Interesse haben.

Das klingt wie ein dummes Spiel. Doch genau darin liegt die hohe Kunst.

Das Prinzip Unberechenbarkeit

Eine Ratte lernt im Labor, einen Hebel zu betätigen, wenn sie hungrig ist, um an Futter heranzukommen. Wenn sie jedoch nicht jedes Mal, sondern nur in unregelmäßigen Abständen Futter erhält, wird sich das Tier gezwungen fühlen, immer wieder und immer häufiger auf den Hebel zu drücken.

Es ist wie beim Glücksspiel: Die Wahrscheinlichkeit, sich wieder und wieder auf ein neues Spiel einzulassen, steigt, wenn das Ergebnis für uns völlig unberechenbar ist. Das Zufallsprinzip nimmt zwar jede Gewissheit, ersetzt diese aber durch eine (wenn auch äußerst vage) Hoffnung auf den Hauptgewinn. Und genau diese Unvorhersehbarkeit schafft die nötige Spannung und den Nervenkitzel, den viele beim Glücksspiel suchen.

So ist das auch bei der Partnersuche. Eine Frau, die eindeutiges Interesse signalisiert, sich jedoch andererseits beständig ziert, wird einen Mann zu einem ganz bestimmten Verhalten herausfordern. Ihre Unberechenbarkeit wirkt einerseits frustrierend, andererseits jedoch ungeheuer anziehend – zumindest solange sie den Bogen dabei nicht überspannt. Sie muss also, neben all den abweisenden Gesten, ihre *mögliche* Kapitulation immer wieder andeuten, damit ein Mann nicht den Mut verliert und trotz aller Frustration zwischendrin die nötige Hochstimmung empfindet.

Die perfekte Verführerin weiß, dass ein Gefühl von Verliebtheit auf die berauschenden und ein Glücksgefühl auslösenden Neurotransmitter wie Dopamin, Noradrenalin und Serotonin zurückzuführen ist, deren Produktion sie bereits im Gespräch erfolgreich angekurbelt hat. Nun muss sie alles dafür tun, diese Hormonausschüttung auch über einen längeren Zeitraum aufrechtzuerhalten.

Für den Flirt heißt das: Wenn ich einem Mann meine Aufmerksamkeit nur unregelmäßig zuteile, dann kann ich genau jenen Zustand von Spannung und Nervenkitzel erzeugen, der nötig ist, um sein Begehren zu wecken. Ein Beispiel: Auf einer Party flirte ich angeregt mit meinem charmanten Tischnachbarn. Auf dem Weg an die Bar beginne ich ein Gespräch mit einem anderen. Mann Nr. 1 werfe ich gelegentlich ein Lächeln zu. Zurück am Tisch flirte ich natürlich weiter mit meinem Nachbarn – nur nicht mehr ganz so offensiv. Diese gemischten Signale werden ihm zu denken geben. Vielleicht war der andere Mann unterhaltsamer? Oder amüsanter? Oder gar interessanter? Daraufhin wird er sich noch mehr ins Zeug legen, um an den anfänglichen Flirt wieder anzuknüpfen – denn hormonell gesehen ist er bereits auf Entzug.

Nun gibt es jede Menge Flirt-Ratgeber, die aus dem Prinzip Unberechenbarkeit ein absolutes Gebot machen. Angeblich darf ich als Frau unter keinen Umständen den ersten Schritt wagen. Wenn er anruft, auf keinen Fall zurückrufen. Sonst ist der Mann weg, noch bevor es richtig angefangen hat.

Das Problem an derlei starren Regeln: Es wird im Grunde nie erklärt, was wirklich dahintersteckt. Jede halbwegs emanzipierte Frau wird sich denken: Warum sollte ich einen Mann nicht um ein Date bitten, wenn ich doch genau weiß, dass er sich im Grunde nur nicht traut, mich zu fragen? Warum darf ich nicht einfach bei ihm anrufen, wenn ich im Augenblick doch so gerne seine Stimme hören würde? Warum soll ich nicht die Initiative ergreifen dürfen, wenn er es offensichtlich nicht auf die Reihe bringt, mich um ein weiteres Date zu bitten?

Also fangen wir noch einmal von vorne an und überlegen uns, was im Kern hinter einem solchen Regelwerk stecken könnte.

Was ist Begierde?

Begehren hat immer etwas mit einem vermeintlichen Mangel zu tun. Zufriedenheit ist der Feind der Verführung. Die richtige Strategie ist also, die Unzufriedenheit eines Mannes zu schüren, genauer: seinen Impuls, dieses eher unbestimmte Gefühl eines Mangels zu beheben.

Das Mangelerlebnis entspringt natürlich nicht der Vernunft, sondern seinen Emotionen, seinen Wünschen und seinen Träumen. »Der kostbarste Besitz der Frau ist die Phantasie des Mannes«, behauptet Beate Uhse. Also muss ich die Bedürfnisse eines Mannes antizipieren und versuchen, ein entsprechendes Set-Up zu generieren, in dem er sich seinem Ideal von einer Partnerschaft so nahe glaubt wie nie zuvor. Wie ein guter Verkäufer, der seinem Kunden lange und breit darlegen kann, warum der Kauf eines bestimmten Produkts – etwa eines BMW Cabrios oder eines iPhones – sein Leben in jeder Hinsicht schöner und besser machen wird. Erst muss ich bestimmte Gedanken und Wünsche bei einem Mann erzeugen und mich dann als Antwort auf seine imaginären Träume präsentieren. Wenn ich schließlich den Eindruck erschaffen kann, dass der Mann mit mir seine Träume ausleben kann, habe ich ihn bereits für mich gewonnen. Das ist die grundlegende Idee.

Doch der Reihe nach: Begehrlichkeiten zu wecken ist ein Spiel mit Aufforderung und Verweigerung. Ideal ist natürlich der Doppelschritt: Ich signalisiere Interesse und dirigiere damit die Emotionen eines Mannes. Doch gleichzeitig entziehe ich mich seiner Annäherung und fordere ihn damit auf, noch mehr Engagement zu zeigen. Warum das so ist? »Begehren weckt Jagdinstinkt, und der hält so lange an, bis jede Hoffnung auf Erfüllung verbraucht oder das Ziel vollständig erreicht ist«, weiß Doris Langley Moore.

Das ahnten wohl auch die errötenden Heldinnen in den Jane-Austen-Romanen, die Offerten stets abwehrten und damit zu immer neuen Offerten einluden, die nichts gaben, bis sie sicher waren, dass sie alles bekommen würden. Doch ihr Verhalten hatte weniger mit List und Kalkül zu tun, sondern in erster Linie mit Kunstfertigkeit und strategischem Denken. Und genau solche Talente sind in dieser Phase des Flirts gefragt.

»Eine junge Frau mit natürlichem Charme und aparter Schönheit kann den ein oder anderen gewiss ohne Wissen um die Kunst der Verführung becircen«, schreibt Doris Langley Moore, »aber um das Begehren warm und wach zu halten, das sie geweckt hat, braucht sie eine Technik.« Warum ist das so? Warum sollte sich jede halbwegs intelligente Frau auf irgendwelche dummen Katz-und-Maus-Spielchen einlassen? Warum muss ich mich erst zum Affen machen, bevor ich einen Mann erobern kann?

Eine Antwort auf diese Fragen liefert die Verführungskünstlerin Moore gleich mit – und hebt sich damit angenehm ab von all den unbeholfenen Erklärungsversuchen im Sinne von »Männer wollen halt jagen«. Ihre Erklärung ist verblüffend einfach: »Eine Frau hat keine Eroberung gemacht, solange ihr nicht der Hof gemacht wird.« So gesehen ist das weibliche Spiel mit Aufforderung und Verweigerung nichts anderes als eine Einladung an den Mann, ihr den Hof zu machen – eine Einladung, die kein Mann ausschlagen wird.

Wohin die Begierde der Männer führen kann …

Nun ist es aber mit der männlichen Begierde so, dass Männer höchst selten dazu neigen, das haben zu wollen, was niemand sonst hat. Im Gegenteil behauptet Doris Langley Moore: »Sie neigen eher dazu, das zu begehren, was auch andere begehren, erst recht, wenn es sich um Frauen handelt.« Die logische Konsequenz: Je mehr Beweise ein Mann sammeln kann, dass ich eine umschwärmte Frau bin, desto überzeugter wird er sein, dass ich es auch wert bin, umschwärmt zu werden.

Sie geraten stets an den Falschen? Sie haben den Eindruck, dass Sie immer nur die Aufmerksamkeit der Kleinen und Unansehnlichen auf sich lenken? All die Verlierer und brotlosen Künstler ziehen Sie irgendwie magisch an? Sie sind der Meinung, Sie haben Besseres verdient? Kein Problem. Es gibt eine einfache, aber sehr zuverlässige Strategie, dieses Problem ein für alle Mal in den Griff zu bekommen: Lassen Sie sich umwerben.

Sobald erkennbar wird, dass ein Mann sich für mich interessiert, ist es ein Leichtes, auch das Interesse anderer Männer zu wecken. »Verehrung erzeugt Verehrung«, schreibt Doris Langley Moore und fordert dazu auf, grundsätzlich keinen Verehrer achtlos zu verschmähen. Der Grund: Jede Eroberung bringt mich im Prinzip meinem Traummann ein Stückchen näher. Denn mit dem einen Mann kann ich mühelos die Begierde eines zweiten wecken. Und mit der Begierde des zweiten kann ich wiederum auch die Begierde eines dritten entfachen und so weiter. »Und nun schau dir an«, so Moore, »in was für großartige Gefilde dich deine Sprungbretter nun geführt haben!«

Den Mann fürs Leben zu finden erfordert das nötige Geschick und das nötige Selbstvertrauen, das die Expertin auszeichnet. Wer auf eine ganze Reihe an Bewunderern und Verehrern zurückblicken kann, so die Verführungskünstlerin, dem werde es fortan »mühelos und elegant« gelingen, das Herz eines *jeden* Mannes zu erobern.

Natürlich sollte sich jetzt keine Frau unbedacht in das nächstbeste Abenteuer oder den haltlosen Flirt stürzen. Auch hier rät die Verführungskünstlerin zu größter Zurückhaltung und kluger Auswahl. Doch warnt sie auch vor den Folgen eines allzu rigiden Auswahlverfahrens: »Die Frauen, die den fatalen Fehler begehen, jeden Verehrer abzuwehren, nehmen sich selbst einen Teil von dem Glanz, den das Begehren anderer ihr in den Augen desjenigen verleiht, den sie will.« Der sicherste Weg, den Mann fürs Leben zu finden, ist ihrer Meinung nach der, von Verehrern umringt zu sein. Denn, um Erfolg bei Männern zu haben, so Moore, gibt es nun mal »kein erfolgreicheres Rezept als den Erfolg«.

Die amouröse Laufbahn gleichsam als Sprungbrett in die Oberliga? Was ist dran an Moores Verehrer-Theorie? Die amerikanische Beziehungsberaterin und Erfolgsautorin Laura Doyle weiß: Eine Frau, die von einem Mann umworben wird, strahlt Attraktivität und Selbstbewusstsein aus. Selbstschutz- und Abwehrmechanismen werden heruntergefahren. Aufgeschlossenheit und Selbstvertrauen wachsen. Weibliche Energien werden aktiviert. Der Gang einer Frau wird aufrechter. Ihr Lächeln strahlender. Ihre ganze Körpersprache signalisiert plötzlich Offenheit. Allein das Wissen, dass sich ein Mann für sie interessiert, macht eine Frau auch für alle anderen Männer reizvoll, denen sie begegnet. Jedes Rendezvous erhöht automatisch die weibliche Anziehungskraft. Denn was, so Laura Doyle, könne für die Attraktivität einer Frau zuträglicher sein als das Gefühl, begehrt zu werden.

Sie sehen, Moores Theorien aus dem vergangenen Jahrhundert sind durchaus nicht von der Hand zu weisen. Und bevor Sie nun lange über das Für und Wider einer allzu pragmatischen Herangehensweise an das Thema Liebe nachdenken … probieren Sie es einfach aus! Und halten Sie sich dabei an die Losung der Sängerin Cher, die der Meinung ist, dass eine Frau auf der Suche nach dem Richtigen auch jede Menge Spaß mit dem Falschen haben könne.

Fortgeschrittene Gesprächsstrategien

»In der Liebesbeziehung kann sich, wie in der Bildhauerei, der Poesie oder jeder anderen schönen Kunst, kein dauerhafter Erfolg einstellen, wenn man sich nicht ein gewisses Handwerkszeug angeeignet hat«, schreibt Doris Langley Moore in *Die Kunst der Verführung*. Zunächst einmal brauchen wir also ein geeignetes Werkzeug an der Hand, mit dem wir das Begehren eines Mannes wecken können, um es dann auch über einen längeren Zeitraum, »warm und wach« zu halten. Dann erst benötigen wir eine erfolgreiche Strategie, um die Emotionen des Mannes genau dahin zu lenken, wo wir sie haben wollen. Der perfekten Verführerin steht dazu ein vielfältiges Instrumentarium zur Verfügung.

1. Bedürfnisse und Ideale erkennen

Jeder Mann hat eine Idealvorstellung davon, wie seine Partnerin sein soll. Leider definieren die meisten Männer ihre Vorstellungen von einer idealen Frau erst einmal negativ: Ein Frau darf auf keinen Fall launisch, zickig, kompliziert oder sonst wie anstrengend sein. Oft stammt das Frauenbild der Männer noch aus ihrer Kindheit – die eigene Mutter war in der Regel liebevoll, fürsorglich, aufmerksam, hilfsbereit und zupackend. Viele der damals schon berufstätigen Hausfrauen und Mütter waren außerdem auch noch aufopfernd, selbstlos und schier unbegrenzt belastbar. Das zusammengenommen ergibt heute ein etwas verqueres Frauenbild: Männer erwarten dieselbe Fürsorglichkeit und Selbstlosigkeit, die sie von weiblicher Zuwendung gewohnt sind – allerdings gepaart mit dem nötigen Sexappeal.

Das Gespräch mit einem Mann gibt mir die Möglichkeit, mehr über seine individuellen Bedürfnisse und Ideale in Erfahrung zu bringen. So gewinne ich eine Vorstellung davon, was er sich von seiner Traumfrau erwartet. Erst im Gespräch kann ich herausfinden, ob ich seinen Bedürfnissen und Erwartungen überhaupt entsprechen kann oder will.

Die Kunst der Verführung besteht jedoch nicht darin, in die Rolle der Traumfrau zu schlüpfen. Es geht zunächst einmal darum, herauszufinden, was sich hinter seiner Idealvorstellung verbirgt. Will ein Mann in erster Linie eine attraktive Frau, dann sucht er in der Regel eine Frau, deren Schönheit auch auf ihn abstrahlt. Vielleicht hat er schon einiges in seinem Leben erreicht – Karriere, Erfolg, gesichertes Einkommen. Und dennoch hat er mit seinem Selbstbewusstsein zu kämpfen. Vielleicht hält er sich selbst für eher durchschnittlich und unscheinbar und sehnt sich daher nach dem Gefühl, mehr im Rampenlicht zu stehen.

Kein Problem. Dieses Bedürfnis kann ich befriedigen. Ich bringe Charakter und Persönlichkeit mit. Und ich habe die Fähigkeit, auch seine Persönlichkeit zum Strahlen zu bringen. Es kommt also nicht unbedingt darauf an, ob ich eine schöne Frau bin oder nicht, sondern allein darauf, ob ich in der Lage bin, ihm die lang ersehnte Anerkennung und Bestätigung entgegenzubringen.

Wenn ich weiß, welche Vorstellungen der Mann von einer idealen Partnerin hat, kann ich die Facetten meiner Persönlichkeit im Gespräch hervorheben, die mit diesen Vorstellungen übereinstimmen. Ich erfinde meine Identität nicht neu oder passe mich seinen Erwartungen an, sondern ich betone nur bestimmte Eigenschaften. Das sind keine Lügen und auch keine billigen Tricks. Das ist gutes Marketing. Und warum sollte ich mich unter Wert verkaufen?

2. Seine Emotionen lenken

In der vielfach preisgekrönten TV-Serie *The Sopranos* muss sich Tony Soprano, ein Mafiaboss aus New Jersey, neben seinen beruflichen und privaten Problemen auf einmal mit plötzlich auftauchenden Panikattacken herumschlagen. Also nimmt er die Hilfe einer Therapeutin in Anspruch.

Im Verlauf der Therapie passiert nun etwas Unerwartetes: Der skrupellose Mafiaboss, dessen Frauengeschmack eher von dem illustren Kreis seiner Gespielinnen und Prostituierten geprägt ist, fühlt sich ausgerechnet zu der gebildeten, wortgewandten, insgesamt aber doch eher spröden Ärztin hingezogen. Der Grund: Sie ist die erste Frau, die dem berufsmäßigen Killer wirklich zuhört.

Mit ihr redet er über die intensivsten Momente seines Lebens. Sie hält ihn dazu an, sich an seine Kindheit und Jugend zu erinnern. Dieser Rückgriff in die Vergangenheit löst bestimmte Gefühle bei ihm aus. Sie redet mit ihm über Dinge, die ihn emotional bewegen – ein Gefühl von Geborgenheit, das er in seiner Kindheit verspürt hat, oder die enge Bindung zu anderen Menschen. Dabei kommt es nicht so sehr darauf an, was ihn tatsächlich bewegt hat, sondern dass er dabei in eine ganz bestimmte Gefühlslage versetzt wird. Und nachdem es seine Therapeutin war, die diese Gefühle in ihm hervorgebracht hat, ist auch sie diejenige, die er mit derlei positiven Emotionen in Verbindung bringt.

Nun gut, wir sprechen hier von einer amerikanischen Fernsehserie. Doch die dargestellte Konstellation ist keineswegs aus der Luft gegriffen. Schon Sigmund Freud hat während seiner langjährigen Praxiserfahrung eine interessante Beobachtung gemacht: Die meisten seiner Patientinnen hatten sich in ihn verliebt. Warum? Weil auch sie während der Therapiegespräche in ihre Kindheit eintauchten, über ihre ersten Bezugspersonen sprachen, über ihre frühesten Erinnerungen an Liebe, Wut und Verlorenheit. Der Vorgang löste bei den Frauen sehr starke Gefühle aus. Und genau diese Emotionen kann ich auch bei einem Mann aktivieren.

Nun gibt es meiner Meinung nach kein zuverlässigeres Mittel, einen Mann schnellstmöglich wieder loszuwerden, als ihn mit sozialpädagogischem oder hobbypsychologischem Gequatsche zu nerven. Kein Mann spricht gerne über Emotionen. Und schon gar nicht über seine Mutter. Ich werde mich also hüten, über derartige Themen eine emotionale Nähe zu einem mir im Grunde noch unbekannten Menschen aufzubauen. Und dennoch kann ich mir die Kraft der Emotionen im Gespräch zunutze machen.

Ich frage einen Mann, ob er als Kind gerne BMX-Rad gefahren

ist, wann er seine erste Carrerabahn bekommen hat und wie oft er in *Star Wars* gewesen ist. Das sind zweifelsohne harmlose Fragen. Doch die Erinnerung daran, wie er an Weihnachten mit strahlenden Augen vor seiner Carrerabahn stand und anschließend die ganzen Weihnachtsferien damit verbracht hat, sich mit seinem Bruder ein Rennen nach dem anderen zu liefern, wird mit Sicherheit angenehme Gefühle in ihm hervorrufen. Vielleicht hatte er in seiner Kindheit einen besten Freund, mit dem er tage- und wochenlang an einem Baumhaus gewerkelt hat. Am Ende hat sogar der Vater noch mitgeholfen. Schließlich war das Baumhaus so stabil und sicher, dass sie darin sogar übernachten durften. Im Rückblick betrachtet, war es vielleicht einer der schönsten Momente in seiner Kindheit, als er morgens in seinem selbstgezimmerten Baumhaus aufgewacht ist, weil ihn ein Sonnenstrahl in der Nase gekitzelt hat.

Die Intensität der Gefühle, die die Erinnerung daran hervorzurufen vermag, schafft automatisch eine große Nähe. Wenn ein Mann mir von solchen Erlebnissen erzählt, hat er etwas sehr Persönliches mit mir geteilt. Er hat damit eine Bindung zu mir aufgebaut. Und genau das will ich erreichen.

Allerdings muss ich mich auch wirklich für den jeweiligen Mann und seine persönlichen Geschichten interessieren, sonst wirkt eine solche Annäherung falsch und anbiedernd.

Ein Mann hat mir mal erzählt, wie er als Kind in *Star Wars* gewesen ist und von der Sci-Fi-Ästhetik des Films derart beeindruckt war, dass er daraufhin in einem ersten, etwas unbeholfenen Versuch ein Raumschiff zu zeichnen, kurzerhand den Staubsauger seiner Mutter abgemalt hat. Heute ist er Comiczeichner und verdient sein Geld als Grafikdesigner. *Star Wars* hat ihn in vielerlei Hinsicht geprägt. Das ist keine emotional sonderlich tiefgehende Geschichte, aber es ist etwas, das sehr viel mit ihm zu tun hat und das er gerne mit mir geteilt hat. Heute sind wir seit vielen Jahren miteinander befreundet.

3. Sexuelle Spannung aufbauen

Ist es mir bisher gelungen, die Aufmerksamkeit eines Mannes auf mich zu lenken und faszinierend zu wirken, dann geht es in der nächsten Stufe darum, diese Faszination auch mit einem sexuellen Reiz zu kombinieren. Eine der leichtesten Übungen für eine Frau.

Grundsätzlich gilt: Es ist nicht gerade schwierig, als halbwegs attraktive Frau das sexuelle Interesse eines Mannes zu wecken. Männer denken gerne und viel an Sex. Auch im Gespräch mit einer unbekannten Frau ist für jeden Mann Sex immer ein naheliegendes Thema. Doch wie bringe ich nun das Gespräch auf eine sexuelle Ebene, ohne mich gleich als Boxenluder präsentieren zu müssen?

Die Antwort ist überraschend einfach: Ich rede über Sex. Aber eben auch wieder nicht. Ich erzähle, dass ich Charlotte Roche letztens bei *Schmidt & Pocher* gesehen habe. Sie erzählte, sie habe versucht, mit ihrem Bestseller *Feuchtgebiete* thematisch beide Herren unter einen Hut zu bringen – das Thema »Muschi« für Jungs wie Oliver Pocher und das Thema »Hämorrhoiden« für die etwas ältere Generation. Ich denke laut darüber nach, dass mir Frau Roche zwar nicht sonderlich sympathisch ist. Aber der Witz war gar nicht schlecht. Oder ich erzähle von der amerikanischen Grand Dame der sexuellen Aufklärung, Lou Paget, die in Berliner Nobelhotels parallel zu irgendwelchen Managerseminaren Fellatiokurse für deren Ehefrauen anbietet. Eine interessante Geschäftsidee, findest du nicht? Oder ich rede über den Altersunterschied zwischen Ashton Kutcher und Demi Moore. Zumindest sehen beide so aus, als ob sie jede Menge Spaß hätten.

Ich rede nicht wirklich über Sex. Aber eigentlich doch. Ich rede über ganz alltägliche Dinge … doch in seinem Kopf ist das Sexkino schon längst angelaufen.

Die amerikanische Sex-Ikone Jean Harlow war dafür bekannt, dass sie mit ihren Filmauftritten den Männern reihenweise Schauer über den Rücken jagen konnte – und zwar in Szenen mit einem so lapidaren Text wie »Was hältst du davon, wenn ich mir etwas Bequemeres anziehe?«. Das Wort »Sex« kommt darin jedenfalls nicht vor.

Ich liebe die Kunst der Andeutungen. Ein sexuelles Statement, gefolgt von einem Dementi. (»Was für eine tiefe, sinnliche Stimme. Aber so schnell bin ich nun auch wieder nicht rumzukriegen.«) Ein belangloser Satz mit einem verführerischen Blick. Ein verführerischer Satz mitten in einer belanglosen Unterhaltung. So kann ich die Richtung vorgeben, in der nicht nur das Gespräch, sondern auch die Stimmung eines Mannes verlaufen soll.

Die eigentliche Verführung muss im Kopf passieren. Das ausladende Dekolleté ist mir zu primitiv. Im besten Fall ist die Andeutung so subtil, dass der Mann sie gar nicht bewusst wahrnimmt. Ich erzähle von meiner kaputten Waschmaschine. Das sündhaft teure Ding, vollgestopft mit Elektronik, funktioniert nun ausgerechnet deshalb nicht mehr, weil ein falsches Signal an den Aqua-Stopp gesendet wird. Mittendrin in meiner Geschichte komme ich kurz näher und sage: »Der Klang deiner Stimme ist sehr erregend.« Dann rede ich völlig unbekümmert weiter: Also rein mechanisch gesehen, müsste das Gerät eigentlich noch funktionieren. Was meinst du? Kundendienst lohnt sich wahrscheinlich nicht. Die Maschine ist immerhin schon über zehn Jahre alt.

Nach diesem ausführlichen Monolog über defekte Haushaltsgeräte, hat er meine Bemerkung zu seiner männlichen Stimme vermutlich schon längst wieder vergessen. Aber dennoch entfaltet es seine Wirkung. Ich signalisiere ihm, dass ich mich zu ihm hingezogen fühle – allerdings ohne das direkt in Worte zu packen. Doch sein Gehirn wird meine Botschaft sehr genau registrieren. Wohingegen die Elektronik der Waschmaschine auf dem Nachhauseweg vermutlich keine Bedeutung mehr für ihn haben wird.

Ein einfacher Trick, um aufs subtilste die eigene Weiblichkeit zum Tragen zu bringen, besteht darin, in jeder Sekunde, die Sie mit einem Mann verbringen, sich Ihr Geschlecht und Ihre körperlichen Reize bewusst zu machen. Sobald Sie Ihre Qualitäten als Frau ins Spiel bringen, wird dieses Bewusstsein Ihre Äußerungen, Ihre Gesten und Ihr Auftreten ganz unmittelbar und ohne bewusstes Zutun beeinflussen. Sie können sogar noch einen Schritt weitergehen und Ihr Gehirn selbst austricksen. Stellen Sie sich den Mann Ihrer Träume ganz einfach nackt vor. Stellen Sie sich vor, wie er Sie im Bett erwartet. Geben Sie sich ganz und gar dieser Phantasie hin. Wer Lust auf Sex hat, dessen Gesicht und Haltung verändert sich. Der Körper schüttet Pheromone aus, und die lassen uns attraktiv und sexy wirken. Das ist das ganze Geheimnis einer sexuellen Ausstrahlung.

Auch herzhaftes Lachen hat eine eindeutige Wirkung. Die amerikanische Flirt-Expertin Tracey Cox weiß: Ein Lachen, das aus dem Bauch kommt, entspannt den Körper und setzt Botenstoffe im Gehirn frei, die uns glücklich machen. Wenn wir lauthals lachen, bekommen wir mehr Selbstvertrauen, fühlen uns optimistischer und attraktiver. Der Hintergrund: Unser Körper befindet sich in einem ähnlichen Zustand wie bei sexueller Erregung. Der Kreislauf wird angekurbelt. Die Atmung geht schneller. Die Röte steigt uns ins Gesicht. Gemeinsames Lachen kann uns also schneller einander näherbringen, als wir denken.

4. Körperliche Spiegelung

Forscher haben bei Flirt-Gesprächen beobachtet, wie sich das flirtende Paar einander zuwendet. Die Abfolge ist letztlich immer gleich: Erst wendet jeder den Kopf, dann die Schultern und schließlich den Rumpf, bis beide Körper einander zugewandt sind. Im Laufe des Flirts stimmen Mann und Frau dann die Bewegungen immer harmonischer aufeinander ab – es findet eine Art körperliche Spiegelung statt.

Während des Gesprächs mit einem Mann achte ich darauf, ob der Flirt in Richtung Synchronizität verläuft. So erhalte ich genaue Informationen darüber, wie erfolgreich ich mit meiner Annäherung tatsächlich bin. Natürlich kann ich diese Spiegelung auch bewusst einsetzen, um die bisherige Annäherung zu intensivieren.

Bei der körperlichen Spiegelung geht es nicht darum, den anderen zu kopieren. Es geht um eine körperliche und letztlich emotionale Annäherung. Das Spiegeln funktioniert, weil wir unbewusst nach dem suchen, was wir kennen. Wenn jemand unser Verhalten spiegelt, fühlen wir uns automatisch akzeptiert und geschmeichelt.

Lehnt sich ein Mann im Gespräch genüsslich zurück, tue ich das auch. Schlägt er die Beine übereinander, werde ich das auch machen. Greift er zum Weinglas, tue ich es ihm gleich. Die ideale Zeitspanne, um einen Menschen zu spiegeln, liegt zwischen fünf und 50 Sekunden, nachdem der andere die Position gewechselt hat.

Unbewusst habe ich diese Art der Spiegelung schon immer gemacht. Als ich sie dann jedoch bewusst eingesetzt habe, dachte ich immer, der Mann müsse das doch merken. Aber es wird ihm nicht auffallen. Das ist wirklich erstaunlich: Es fällt dem anderen nicht auf. Er nimmt mich nur positiv wahr. Er findet mich sympathisch. Er wird niemals bemerken, dass ein Teil dieser Sympathie lediglich auf der Nachahmung seiner eigenen Bewegungen beruht. Wir mögen nun mal das, was uns ähnlich ist. So einfach ist das.

Wenn ich solche körpersprachlichen Gesten und die dahinterliegenden Mechanismen ignoriere, kann es zu einem empfindlichen Ungleichgewicht kommen: Einer ist in so einer Situation schnell der Dominierende und der andere nimmt so automatisch die Rolle des Bittstellers ein. Oft sind es die Männer, erklärt Flirt-Profi Phillip von Senftleben, die sich zurücklehnen und von einer sich nach vorne lehnenden Frau hofiert werden. Das wirkt schnell bedürftig und alles andere als begehrenswert. Ein einfacher Trick: Ich spiegle die dominante Körperhaltung des Mannes, indem ich mich ebenfalls im Gespräch zurücklehne und damit das so entstandene Machtgefüge wieder aufbreche.

Beim Spiegeln lohnt es sich außerdem, auf folgende Details zu achten:

- *Tempo und Rhythmus:* Ist er hektisch? Oder sind seine Bewegungen eher bedächtig? In welchem Rhythmus bewegt er sich? Hat er eine hohe Atemfrequenz?
- *Körperhaltung:* Hat er eine starke Körperspannung? Oder sitzt er lässig und entspannt da?

- *Gestikulation:* Ist er in seiner Gestik eher ruhig und zurückhaltend? Oder unterstreicht er das, was er sagt, mit lebhaften Gesten?
- *Stimme*: Wie verhält es sich mit Höhe, Rhythmus und Tonalität?
- *Wortwahl:* Benutzt er bestimmte Schlüsselwörter wie »eigentlich« oder »vielleicht« und lässt damit eine gewisse Unsicherheit erkennen? Nennt er häufiger meinen Namen und zeigt damit besondere Aufmerksamkeit?
- *Gesichtsausdruck:* Ist er offen und fröhlich oder eher verschlossen und nachdenklich?

Jede dieser Einzelheiten sollten Sie beachten. Im Gespräch können Sie dann leicht herausfinden, welche seiner Besonderheiten zum Spiegeln geeignet sind.

5. Sich in die Augen schauen

Klingt banal, ist aber eine ungemein wirksame Strategie. Der Grund: Wenn wir uns zu einem Menschen hingezogen fühlen, weiten sich unsere Pupillen. Gleichzeitig bewerten wir diejenigen als besonders attraktiv und sympathisch, die uns mit geweiteten Pupillen anblicken. Wissenschaftler konnten das nachweisen, indem sie auf identischen Fotos die Pupillen der abgebildeten Person retuschiert und vergrößert dargestellt haben. Auch bei einer von den Erfolgsautoren Allan und Barbara Pease initiierten Mailing-Aktion für Revlon-Lippenstifte ließen sich mit derart retuschierten Fotos die Katalogverkäufe um 45 Prozent steigern.

Wir alle reagieren instinktiv und überaus stark auf dieses Attraktivitätssignal – und zwar mit derselben Aufmerksamkeit, nämlich geweiteten Pupillen.

In früheren Jahrhunderten träufelten sich Prostituierte Tollkirschenextrakt in die Augen, weil das darin enthaltene Atropin die Pupillen weitet. Nicht umsonst heißt die Substanz im Volksmund Belladonna. Romantische Treffen bei schummrigem Licht sind genau deshalb so erfolgversprechend, weil sich die Pupillen bei schlechten Lichtverhältnissen automatisch weiten, um die geringe Helligkeit auszugleichen. Damit erwecken wir den Eindruck, dass wir interessiert sind. Unsere Blicke sind also ein Schlüsselsignal bei der Werbung um das andere Geschlecht.

Ein Tipp von Tracey Cox, wie Sie auch ohne das Gift der Tollkirsche einem Mann schöne Augen machen können: Reißen Sie ihre Augen extraweit auf und versuchen Sie, nicht zu blinzeln, bis Ihnen Tränen in die Augen kommen. Schließen Sie dann für einige Sekunden die Augen, so dass sich, abgeschirmt vom Licht, die Pupillen weiten. Das Ergebnis: feucht schimmernde Augen mit extra großen Pupillen.

Allan und Barbara Pease haben sich zum Thema Flirt mit Blicken einen sehr interessanten Versuchsaufbau überlegt. Sie wollten nachweisen, dass ein intensiver Blickkontakt tatsächlich ein Gefühl von Zuneigung und Sympathie erzeugen kann.

Mit Hilfe einer Partnervermittlungsagentur organisierten sie ein Blind Date zwischen Männern und Frauen. Beiden Seiten wurde vorher erzählt, dass ihr Gegenüber sich als Kind am Auge verletzt hätte. Das eine Auge wäre daher sehr empfindlich und fokussiere nur langsam. Man wüsste allerdings nicht genau, welches das verletzte sei, wenn man jedoch genau hinsehe, könne man es vielleicht erkennen.

Während des Rendezvous schauten sich nun beide Partner besonders lang und intensiv in die Augen – und zwar, um das »Problemauge« zu finden. Das Ergebnis: Die Teilnehmer berichteten hinterher, dass sie eine unerwartete Intimität und Romantik bei ihrem Treffen empfunden hätten. Das eigentlich Erstaunliche aber war, dass die Bereitschaft, sich erneut zu treffen, bei den Probanden um etwa 200 Prozent höher lag als bei den Blind-Date-Teilnehmern, denen man diese Geschichte nicht erzählt hatte. Der tiefe Blick in die Augen des anderen hatte also bei diesem Versuch tatsächlich einen Grad an Intimität erzeugt, der weit über dem Durchschnitt vergleichbarer Paartreffen lag.

Wir können demnach die Wirkung eines intensiven Blickkontakts gar nicht hoch genug einschätzen.

Der amerikanische Psychologe Zick Rubin hat festgestellt, dass sich verliebte Paare während eines Gespräches etwa 75 Prozent der Zeit ansehen und außerdem deutlich langsamer den Blick abwenden, sobald ein Dritter hinzukommt. In einer normalen Unterhaltung sehen wir uns dagegen nur etwa 40 bis 60 Prozent der Zeit an.

Wenn ich nun einen Mann, an dem ich interessiert bin, mehr als 75 Prozent der Zeit in die Augen schaue, kann ich damit sein Gehirn überlisten. Der intensive Blickkontakt wird ihn daran erinnern, dass er das letzte Mal, als ihn jemand so lange angeschaut hat, verliebt war. Und sein Gehirn wird automatisch anfangen, Phenylethylamin auszuschütten. Dieses Hormon löst bestimmte Körperreaktionen wie Herzklopfen und ein Kribbeln im Magen aus – Reaktionen, die sein Gehirn wiederum mit einem Gefühl von Verliebtheit in Verbindung bringen wird. Ich kann also allein mit meinem Blick die Phenylethylamin-Ausschüttung derart anregen, dass ein Mann tatsächlich romantische Gefühle empfindet.

Emotionale und körperliche Synchronizität

Wenn ich im Gespräch einen gewissen Grad an Nähe und Übereinstimmung mit einem Mann erreicht habe, passiert plötzlich etwas sehr Faszinierendes: Der Mann folgt meinen Bewegungen. Wenn ich zum Glas greife, wird er ebenfalls zum Glas greifen. Wenn ich mir eine Zigarette anzünde, wird er das ebenfalls tun.

Aber das ist noch nicht alles. Für eine Studie der Boston University School of Medicine wurden Hunderte Flirtpaare gefilmt und mit Elektroden verkabelt. Das Ergebnis: Nicht nur die Körpersprache wurde zunehmend synchroner, sondern auch die Hirnwellen, die plötzlich in den gleichen Momenten relevante Ausschläge verzeichneten. Positive (aber leider auch negative) Gefühle werden dabei wie Infektionen von Mensch zu Mensch weitergegeben.

Wenn ich schlechte Laune habe, wird sich mein Gesprächspartner in kürzester Zeit ebenfalls schlechter fühlen. »Emotionale Ansteckung erfolgt innerhalb von Millisekunden«, sagt Elaine Hatfield von der Universität in Hawaii. Das ist auch genau der Grund, warum wir Menschen sympathischer finden, die fröhlich sind und gerne lachen. Im Prinzip bevorzugen wir solche Gesprächspartner aus einem Selbstschutz heraus – jede negative Stimmung wird nämlich über kurz oder lang auf uns abfärben.

Der unsichtbare Gefühlsaustausch beruht auf einem Urprinzip der Kommunikation. Menschen neigen während eines Gesprächs dazu, die Haltung, den Ausdruck und die Körpersprache des anderen zu imitieren. Je ausdrucksstärker und aufrichtiger ein Gesprächspartner ist, umso eher imitieren wir ihn. Erfolgreiches Flirten kann also wissenschaftlich auf folgendes Ergebnis reduziert werden: Im Gespräch muss es darum gehen, einen möglichst hohen Grad an emotionaler, empathischer und körperlicher Synchronizität mit einem anderen Menschen herzustellen. Erst dann ist ein Gespräch wirklich intensiv.

Komplexere psychologische Strategien

Bisher habe ich die Aufmerksamkeit eines Mannes auf mich gelenkt, jede Menge Attraktivität aufgebaut und emotionale Nähe hergestellt. Doch wie kann ich nun dieses vage Gefühl der Verbundenheit noch weiter festigen? Wie kann ich die nötige Intensität herstellen, um den Flirt auf die nächste Ebene zu lenken?

Viele Verführungskünstler greifen in dieser Phase des Flirts auf die Methoden des Neurolinguistischen Programmierens (NLP) und der Gesprächshypnose zurück. Einiges davon ist zu Recht sehr umstritten. Tatsächlich bietet es sich jedoch an, bestimmte Erkenntnisse auf dem Gebiet der Psychologie über das menschliche Verhalten zu berücksichtigen, um auch das letzte Geheimnis des Mysteriums Liebe zu entschlüsseln.

Im Wesentlichen geht es bei NLP-basierten Verführungsstrategien darum, auf den Gefühlszustand eines anderen Menschen Einfluss zu nehmen. Harmloses Beispiel: Manche Lieder, die man im Moment größter Verliebtheit gehört hat, lösen oft Jahre später noch ein Gefühl tiefer Verbundenheit aus. Wenn ich das Lied höre, werde ich automatisch in eine positive Stimmung versetzt. Solche neugeknüpften emotionalen Verbindungen, sogenannte Verankerungen, können das Fühlen, Denken und Handeln eines Menschen wesentlich beeinflussen.

Sie können sich sicher vorstellen, welchen unschätzbaren Vorteil es bedeutet, wenn ich die subjektiven emotionalen Verknüpfungen meines Gegenübers kenne. Je mehr ich über die Bedeutungen, Vorlieben und Empfindungen eines Mannes weiß, desto einfacher wird es sein, ihn für mich zu begeistern – ganz einfach, weil ich ihn zu deuten verstehe. Und das ist der Schlüssel zu seinem Herzen.

1. Auf den Wahrnehmungstyp eingehen

Über unsere Sinnesorgane nehmen wir die Welt um uns herum wahr. Wir erleben von außen kommende Reize mit all unseren Sinnen: Sehen, Hören, Fühlen, Riechen und Schmecken. Die Anhänger des Neurolinguistischen Programmierens (NLP) glauben, dass die meisten Menschen sich einem bestimmten Wahrnehmungstyp zuordnen lassen. Demnach bevorzugt jeder Mensch einen der drei wichtigsten Sinneskanäle – das Sehen, das Hören oder das Fühlen: Ein visueller Wahrnehmungstyp nimmt die Welt mehr als andere durch seine Augen wahr, ein auditiver Typ reagiert stärker auf Worte, Klänge, Stimmen und Geräusche, und der kinästhetische Typ kommuniziert am liebsten über das, was er fühlt und berührt.

Die unterschiedlichen Sinneseindrücke werden im Gehirn verarbeitet. Der Mensch kleidet seine Gedanken und Sinneserfahrungen in Worte. Mit der Sprache erschaffen wir unsere subjektive Wirklichkeit, unsere persönliche Sicht der Welt.

Wenn ich lerne, in der ganz eigenen Sprache eines Menschen mit ihm zu sprechen, wird er sich besonders zu mir hingezogen fühlen.

Ich kann einem Mann jederzeit das Gefühl geben, dass zwischen uns von Anfang an eine starke Seelenverwandtschaft besteht. Ich werde die einzige Frau sein, die ihn wirklich versteht. Und er wird sich unwiderstehlich in meinen Bann gezogen fühlen. Das ist die Grundidee. Wenn ich also will, dass sich ein bestimmter Mann in mich verliebt, muss ich zuerst dahinterkommen, wie er die Welt sieht.

- Den Augenmenschen erkenne ich daran, dass er verstärkt visuelle Worte verwendet: Er hat den »Durchblick«, spricht von einer »glänzenden Idee« oder »sieht schwarz«. Wenn ich den visuellen Typen nach seinem letzten Urlaub frage, wird er mir vielleicht von dem Designerhotel vorschwärmen oder den phantastischen Blick aufs Meer rühmen.
- Für den auditiven Typ muss eine Idee »gut klingen«, er »schlägt den richtigen Ton an«, oder er »hört die Zwischentöne«. Seine Kindheitserinnerung ist vielleicht der kleine Bach im Garten des Elternhauses, dessen Plätschern ihn jeden Morgen geweckt hat.
- Für den Gefühlstyp muss sich dagegen etwas »gut anfühlen«, er will die Probleme »in den Griff bekommen« und eine Idee »begreifen«. Der Gefühlsmensch vertraut seinem Gefühl und erzählt, dass er gerne »aus dem Bauch heraus« handelt. Er erzählt mir möglicherweise, dass er nur ungern reist, weil er sich in fremden Hotelbetten manchmal unwohl fühlt.

Visuelle Typen machen etwa 55 Prozent der Bevölkerung aus, Kinästheten etwa 30 Prozent und auditive Typen etwa 15 Prozent. Unter den Männern gibt es meist deutlich mehr Augenmenschen als unter den Frauen. Die Einteilung in verschiedene Kategorien ist niemals absolut zu sehen. Natürlich gibt es Mischformen. Aber es hilft bei der Annäherung an einen Menschen, wenn ich erkenne, zu welchem Typ er mehrheitlich gehört und wie ich mich auf welcher Sinnesebene mit ihm verbinden und synchronisieren kann. Dieses »Mir-ist-als-würde-ich-dich-schon-ewig-kennen«-Gefühl, das wir beim ersten Kennenlernen manchmal haben, kommt meist daher, dass wir auf einen Menschen treffen, der die Welt genauso wahrnimmt wie wir.

Im Grunde geht es um eine besondere Form der Sensibilität. Ich achte im Gespräch mit einem Mann zunächst einmal darauf, welcher Wahrnehmungstyp er ist. Ich muss in seiner Welt anklopfen und seine Sprache sprechen, wenn ich ihn für mich gewinnen möchte. Den visuellen Typ darf ich nicht gleich am ersten Abend mit stundenlangen Gesprächen konfrontieren, die ich auf dem Nachhauseweg noch per Handy unbedingt fortsetzen muss. Bei diesem Typ Mann kann ich unter Umständen viel besser punkten, wenn ich ihm einfach nur tief in die Augen schaue. Den auditiven Typen wiederum kann ich unter Umständen in die Flucht schlagen, wenn ich zu schnell auf Tuchfühlung gehe – worüber sich Männer ja sonst eher selten beschweren.

Ich habe mal einen Cellisten kennengelernt. Im direkten Gegenüber gab er sich stets reserviert. Am Telefon aber hatte ich jedes Mal den Eindruck, dass er gar nicht mehr auflegen wollte und dabei auch sehr persönliche Dinge erzählte. Ich konnte in der Tat nicht sagen, ob er nun interessiert war oder nicht. Wie gesagt, der Mann war Musiker. Ich hätte es ahnen können. Die richtige Strategie wäre gewesen, sich diesem Typ Mann über Worte und den Klang meiner Stimme zu nähern. Doch erst als ich mich mit den unterschiedlichen Wahrnehmungstypen beschäftigt habe, bin ich dahintergekommen, warum es mit dem Streicher von Anfang an nicht funktioniert hat.

Es gibt Flirt-Ratgeber, die behaupten, man müsse nur eine gemeinsame »Liebessprache« finden, dann wäre es ein Leichtes, mit einem Mann »auf gleicher Wellenlänge« zu kommunizieren. Und wenn die »Chemie« erst einmal stimme, so heißt es, wird er sich schließlich auch in mich verlieben. Das sei im Grunde alles. Ich muss also dem visuellen Menschen nur erzählen, dass ihm sein Hemd besonders gut steht oder die Aussicht von der Terrasse des von ihm gewählten Restaurants phantastisch ist. Mit dem auditiven Typ könnte ich über Musik reden und ihm sagen, dass ich den Klang seiner Stimme so gerne höre. Dem Gefühlsmenschen hauche ich am besten ein »Deine Haut fühlt sich so wunderbar an« ins Ohr.

Ich glaube, ich müsste plötzlich schrecklich anfangen zu lachen, wenn ich so vorgehen würde.

Ich habe jedoch begonnen, auf Dinge zu achten, die einer harmonischen Stimmung abträglich sein könnten. In das schrabbelige kleine Restaurant um die Ecke, wo sie zwar großartig kochen, aber in dem die Plastiktischdecke und die grelle Neonbeleuchtung auch für mein Empfinden nahe an der Schmerzgrenze liegen, werde ich mich wohl kaum mit dem visuellen Typ zu einem ersten Date verabreden. Mit meinen Freundinnen habe ich vielleicht in der Karaoke-Bar einen Riesenspaß. Für den auditiven Typ ist dagegen laute und vor allem schlechte Musik eine Beleidigung für seine Ohren usw.

Sobald ich auf diese individuellen Besonderheiten achte, wird sich der Mann in meiner Gesellschaft auf einmal unendlich wohl fühlen. Und genau das möchte ich erreichen. Er wird sich zu mir hingezogen fühlen, ohne dass er den eigentlichen Grund dafür kennt.

Die Berücksichtigung der verschiedenen Sinnestypen verstehe ich eher als eine besondere Form der Empathie. Und Empathie ist der Schlüssel zu seiner Seele.

2. Mit Konditionierungen arbeiten

Die Grundidee des NLP hilft aber nicht nur bei der Einschätzung der verschiedenen Männertypen. Wir können auch besser erkennen, wie die Muster und Prägungen, die wir im Laufe des Lebens erlernt haben, unsere Verhaltensweisen wesentlich bestimmen. Jeder Mensch hat Denk- und Verhaltensgewohnheiten, die ihn dazu bringen, so und nicht anders zu handeln. Manchmal stehen wir uns mit diesen »Programmen« selbst im Weg.

Mit Hilfe von NLP können wir allerdings lernen, diese Muster zu ändern. Eine einfache Übung dazu ist die Ankertechnik: Positive Gefühle sind fest in unserem Gehirn verankert. Ich kann mich jederzeit in einen guten Zustand versetzen, indem ich mir beispielsweise ein schönes Urlaubsfoto anschaue. Was passiert? Meine Stimmung ändert sich. Oder ich höre mir meine Lieblingsmusik an. Oder ich denke an einen besonders schönen Moment in meinem Leben.

Die meisten Gefühle sind mit Erlebnissen verbunden. Wer einmal von einem Hund gebissen wurde, wird für immer schreckhaft sein, wenn er einem Hund begegnet. Manche Gerüche aus der Kindheit lösen noch Jahre später ein wohliges Gefühl in uns aus.

Ich nutze diese Verbindung von Gefühlen mit bestimmten Situationen. Auch bei einem fremden Menschen kann ich ein positives Gefühl verankern. Gleich beim ersten Ansprechen geht es mir darum, positive Emotionen hervorzurufen und diese guten Gefühle mit mir in Verbindung zu bringen. Das ist das Grundprinzip.

Die einfachste Form der Ankertechnik: Ich schenke einem Mann ein Lächeln. Mitten auf der Straße. Oder ich mache ihm ein Kompliment. Völlig unvermittelt. Ich reiße ihn für einen Moment aus seinem Alltag und versüße ihm damit den Tag. Meine Ausstrahlung ist offen und fröhlich, und die unverhoffte Begegnung wird ihn in eine positive Stimmung versetzen. Bei einem nächsten Treffen wird sein Gehirn dieses Gefühl automatisch wieder abrufen. Eine andere Möglichkeit: Ich frage einen Mann nach einem guten Restaurant in der Nähe, eines, in dem sie besonderen Wert auf exzellente Weine legen. Damit lenke ich seine Vorstellung in Richtung Genuss und Lebensfreude. Auch das ist bereits eine Form der Konditionierung. Der gewünschte Effekt: die Verknüpfung positiver Gefühle mit meiner Person.

Wie schnell diese Verknüpfungen im Gehirn verankert werden können, zeigt ein Experiment des amerikanischen Sozialpsychologen John Bargh. Er stellte einer Gruppe von Testpersonen Fragen zu ihrem besten Jugendfreund und einer weiteren Gruppe solche zu einem unliebsamen Arbeitskollegen. Daraufhin bat er die Teilnehmer beider Gruppen, an einem weiteren Test teilzunehmen. Doch Zusagen kamen ausschließlich aus jener Gruppe, die nach ihrem besten Freund befragt wurden. Die anderen lehnten allesamt ab. Warum? Die Teilnehmer der zweiten Gruppe hatten die Erfahrung gemacht, dass der psychologische Test bei ihnen unangenehme Gedanken hervorrief. Daher lehnten sie intuitiv jeden weiteren Test ab, um damit auch die negativen Gedanken von sich zu weisen. Ganz anders die Teilnehmer der ersten Gruppe: Die verbanden mit dem Psychotest etwas Angenehmes und waren daher bereit, sich auf weitere Tests einzulassen.

Die Erkenntnis des psychologischen Experiments ist für den Flirt von großer Bedeutung: Wenn wir es schaffen, positive Momente bei einem Mann auszulösen, und seien sie auch noch so kurz, dann können wir diese Momente in seinem Gehirn positiv verankern. Das heißt: Ich frage einen Mann, den ich erobern möchte, möglichst nicht nach seinem Fahrradunfall, der ihm einen komplizierten Bruch am Unterschenkel und zehn mühsame Wochen auf Krücken eingebracht hat, sondern ich frage ihn am besten nach seinem letzten Urlaub. Was war dein schönstes Erlebnis in diesem Jahr? Was ist dein Lieblingsfilm? Mit welchen Menschen umgibst du dich gerne? Gibt es einen Traum, den du dir gerne erfüllen würdest?

Mit solchen Fragen lenke ich nicht nur seine Gedanken, sondern auch seine Emotionen.

3. Aufmerksamkeit lenken

Menschen, die im Dienstleistungssektor beschäftigt sind, haben die Aufgabe, sich stets freundlich und aufmerksam zu zeigen. Doch was für den Geschäftsreisenden nichts weiter als eine selbstverständliche Geste ist, bedeutet für die Stewardess auf einem Langstreckenflug oftmals Dauerstress: Sie muss lächeln, lächeln, lächeln. »Emotionsarbeit« nennt man das, und zur Ausbildung eines jeden Flugbegleiters gehört es, aktives Emotionsmanagement zu erlernen.

Um die nötige Emotionsarbeit zu bewältigen, wird der Crew eines Flugzeugs empfohlen, sich die Passagiere als Gäste in ihrem eigenen Wohnzimmer vorzustellen. So wird es viel einfacher, einem völlig Fremden positive Gefühle entgegenzubringen. Benimmt sich der eine oder andere Gast daneben oder nörgelt am Service herum, hilft es, sich diesen als quengeliges Kind vorzustellen. So lassen sich negative Gefühle besser abfangen, weil man einem Kind gegenüber grundsätzlich nachsichtiger ist. Flippt ein Fluggast aus, weil vielleicht der Martini schlecht eingeschenkt war, hilft die gedankliche Reise in den letzten Sommerurlaub, um auch diesem Fluggast mit einem Lächeln zu begegnen.

Die einen nennen es Autosuggestion, im Fachjargon der Dienstleistungsbranche spricht man in der Regel von Aufmerksamkeitssteuerung: Die Stewardess lenkt ihre Aufmerksamkeit von äußeren Reizen weg auf bestimmte Erinnerungsbilder – und schon kann sie der Mann mit dem Martini nicht mehr auf die Palme bringen.

Diese Art der Aufmerksamkeitssteuerung kann ich mir auch beim Flirten zunutze machen. Nur geht es jetzt nicht um die eigene Aufmerksamkeit, sondern darum, die des Mannes zu lenken. Mit bestimmten Bildern und Assoziationen kann ich auch meinen Gesprächspartner in eine gewünschte Gefühlslage versetzen. Ich beschreibe einfach ein besonders schönes Erlebnis (z. B. barfuß im taufrischen Gras spazieren gehen), etwas, das vermutlich bei vielen Menschen positive Gefühle hervorrufen wird. Auch bei meinem Gegenüber. So erstelle ich ein Bild im Kopf eines Mannes, mit dem er unterschiedliche Emotionen verbindet. Ich leite damit seine Emotionen, so dass er genau das fühlt, was ich möchte.

Die Verführungstechnik besteht nun darin, die mit positiven Erlebnissen verbundenen Gefühle im Gespräch jederzeit abrufen zu können. Typisches Beispiele für ein solches Gesprächsmuster sind Fragen wie: »Kennst du das Gefühl, wenn plötzlich dein Lieblingssong im Radio läuft?« oder »Kannst du dich erinnern, wie das war, als du das erste Mal in deinem eigenen Auto gesessen hast?«. Ziel solcher Fragen ist es, den anderen emotional zu berühren und somit auf sein Unterbewusstsein einzuwirken. Durch den Einsatz bestimmter Fragen zaubere ich meinem Gesprächspartner gleichsam ein positives Gefühl – indem ich einfach nur beschreibe, während der Mann die damit assoziierten Gefühle rekapituliert.

Was steckt dahinter? Warum ist uns jemand sympathisch, der

im Gespräch positive Gefühle in uns auslöst? Die solchen Verführungsstrategien zugrundeliegende Idee entspricht einer einfachen menschlichen Neigung: Wir unterscheiden oftmals nicht, *wer* oder *was* bestimmte Emotionen in uns auslöst. Das Phänomen, den Überbringer einer schlechten Nachricht stellvertretend für deren Ursache zur Verantwortung zu ziehen, ist aus der Geschichte hinlänglich bekannt: Im Mittelalter etwa wurde der Überbringer einer schlechten Nachricht kurzerhand geköpft. Andersherum ist uns derjenige sympathisch, der uns zur Rekapitulation positiver Erlebnisse einlädt. Dieses typisch menschliche Verhaltensmuster steckt hinter solchen Verführungsstrategien.

Im besten Fall kann ich bestimmte Bilder und Assoziationen, mit denen ich die Aufmerksamkeit eines Mannes lenke, aus dem Gespräch selbst generieren. Er erzählt vielleicht begeistert von einer zweiwöchigen Fahrradtour entlang der Loire. Ich erwidere daraufhin, dass ich im letzten Sommer ebenfalls mit dem Fahrrad unterwegs war. Ich beschreibe sehr ausführlich und sehr detailliert, wie großartig es sich angefühlt hat, wenn einem der Wind so um die Nase wehte, welches Gefühl von Freiheit ich unterwegs empfunden habe und wie wunderbar es geschmeckt hat, wenn ich mir in einem kleinen Dorfladen ein bisschen Käse und ein frisches Baguette besorgt und auf einer Bank am Dorfbrunnen ein Picknick in der Sonne gemacht habe.

Ziel solcher Beschreibungen ist es, die damit verbundenen positiven Gefühle im Gespräch hervorzuholen. Es geht um das Rekapitulieren positiver Erinnerungen im Kopf eines Mannes, die geeignet sind, ihn in die gewünschte Stimmung zu versetzen.

Die Eskalation der Berührungen

Neben den verschiedenen Gesprächsstrategien, die geeignet sind, Nähe aufzubauen und ein Gefühl der Verbundenheit herzustellen, versuche ich immer auch, die körperliche Annäherung zu intensivieren.

Es ist wichtig, den Mann schon in den ersten Minuten unseres Gesprächs zu berühren. Ich gebe ihm zur Begrüßung die Hand. Ich berühre ihn am Arm, wenn ich ihn etwas frage. Ich halte seine Hand etwas länger, wenn ich ihn sanft zu mir herüberziehe, weil ich ihm etwas Vertrauliches erzählen möchte. Durch die Berührungen werden im Gehirn des Mannes Hormone ausgeschüttet. Und genau das will ich erreichen.

Die ersten Berührungen sind ein entscheidender Test. Ich gehe sehr behutsam vor. Ich versuche herauszufinden, ob der Mann bereits offen für mehr ist. Zieht er seine Hand wieder zurück, wenn ich sie scheinbar zufällig berühre? Berührt er mich, wenn ich ihn berühre? Wenn ich seine Hand nehme und wieder loslasse, greift er dann danach? Ein weiterer zuverlässiger Test: Ich komme einem Mann im Gespräch ein Stück näher und trete gleich darauf wieder einen Schritt zurück. Ist er interessiert, wird er die entstandene Lücke so schnell wie möglich wieder füllen wollen und kommt mir seinerseits einen Schritt entgegen. Das ist ein untrügliches Zeichen.

Begehren aufrechterhalten

Auch wenn wir jetzt wissen, wie wir uns einem Mann am besten nähern und die nötige Intimität entstehen lassen, dürfen wir das Grundprinzip der Begierde nicht außer Acht lassen: Begierde ist ein Spiel mit Aufforderung und Verweigerung. Und daher ist es wichtig, auch in dieser Phase des Flirts die richtige Balance zwischen Nähe und Distanz zu wahren. Denn jetzt beginnt die eigentliche Königsdisziplin.

Die perfekte Verführerin weiß, dass keine Strategie wirkungsvoller ist als die, jenen Zustand von Spannung und Ungewissheit, in der sich ein Mann anfangs befindet, so lange aufrechtzuerhalten wie möglich. Die amerikanische Bestsellerautorin Sherry Argov vergleicht das mit folgender Situation: »Ein Mann, der sich auf eine neue Beziehung einlässt, ist wie ein Junge, der zum ersten Mal ein Puzzle auspackt.

Wenn er die Schachtel öffnet und das Puzzle ist schon zusammengesetzt, sind Spaß und Aufregung dahin.«

Am zuverlässigsten werde ich eine lang ersehnte Liebe wieder los, wenn ich die Beziehung zu schnell vorantreibe. Warum? Das Zusammenspiel von Mann und Frau gerät unversehens in eine Schieflage. Die Frau ist in so einer Konstellation plötzlich die Verletzlichere, und der Mann verliert schließlich sein Interesse.

Männern hat man beigebracht, dass sie sich alles schwer erarbeiten müssen. Und es erfüllt einen Mann mit Stolz, wenn er sein Ziel erreicht hat. Bekommt er gleich alles, ohne allzu große Anstrengung, dann hat er nichts mehr, was er sich erkämpfen muss – ihm fehlt schlichtweg die nötige Herausforderung. Es ist ein bisschen so, wie wenn ich einem Fußballspieler nicht nur den Ball, sondern auch noch das leere Spielfeld überlasse. Welchen Anreiz sollte er dann noch verspüren, den Ball ins Tor zu schießen?

Schon Oscar Wilde wusste: »Ungewissheit ist die Essenz der romantischen Liebe.« Wenn ein Mann nicht genau weiß, woran er ist, wird ihn diese Ungewissheit dazu veranlassen, seine Bemühungen zu verstärken. Auf einmal ist er derjenige, der alles daransetzen wird, eine Frau für sich zu gewinnen. Je weniger Bedeutung ich dem Flirt also beimesse, desto mehr wird ein Mann sich anstrengen, mein Interesse wachzuhalten. Das ist ein einfacher, aber sehr wirkungsvoller Mechanismus.

Es muss also im Folgenden darum gehen, die Ungewissheit eines Mannes ganz bewusst zu schüren.

Verwirrtaktik Nr. 1: Sich widersprüchlich verhalten

Wie ich die Ungewissheit eines Mannes schüre? Ganz einfach, ich verhalte mich überraschend und unvorhersehbar. Ich verändere plötzlich mein Verhalten. Oder ich ziehe mich im entscheidenden Moment wieder zurück. Ich verhalte mich im Grunde so, wie er es eigentlich nicht erwartet. Ich rufe beispielsweise an, wenn er nicht damit rechnet. Aber ich habe gerade keine Zeit für ihn, wenn er sich bei mir meldet. Ich tauche überraschend bei ihm auf. Aber ich gehe, wenn es gerade am schönsten ist. Das wird ihm zu denken geben.

Ich achte außerdem sehr genau darauf, was ich sage und was ich tue. Hier gibt es im Prinzip zwei Möglichkeiten, die nötige Spannung und Ungewissheit weiter aufrechtzuerhalten: Entweder sind meine Gesten kontrolliert und meine Körpersprache drückt relative Gleichgültigkeit aus, gleichzeitig gebe ich aber einem Mann mit Worten zu verstehen, dass ich durchaus interessiert bin – oder eben umgekehrt. Für Doris Langley Moore sieht die perfekte Technik folgendermaßen aus: »Sei schmeichelhafter in deiner Rede als in deiner Haltung.« Ich habe jedoch festgestellt, dass die so entstehende Kluft zwischen Worten und Taten genauso umgekehrt funktioniert: Ich baue körperliche Nähe auf, gebe mich jedoch im Gespräch betont unbeeindruckt. Beides hat seinen besonderen Reiz – zumindest für einen Mann.

Bei Variante A geht es darum, einem Mann etwa durch Komplimente so viel Aufmerksamkeit entgegenzubringen, dass er sich ermutigt fühlt, auf mich zuzugehen. Gleichzeitig vermeide ich jedoch jegliche körperliche Annäherung. Bei Variante B stelle ich dagegen schnell physische Intimität her, zeige mich jedoch ansonsten neutral und desinteressiert. Variante B ist vielleicht etwas schwieriger umzusetzen, aber nicht minder wirkungsvoll.

Wenn ich, sowohl in meiner Haltung als auch in dem, was ich sage, zu eindeutig auftrete, wird ein Mann zwar genau wissen, woran er ist, aber er wird aufhören, um mich zu werben – weil ihm nun jegliche Motivation fehlt. Wenn ich wiederum weder in meiner Haltung noch durch Worte irgendein Interesse signalisiere, wird er ebenfalls aufgeben. Vorsicht: Männer sind auch in Liebesdingen durchaus erfolgsorientiert. Ihre Frustrationstoleranz ist gering. Wenn von meiner Seite absolut nichts kommt, wird er sich irgendwann denken: Warum sollte ich in etwas investieren, was aussichtslos erscheint?

Einmal mehr kommt es auch bei dieser Technik auf die richtige

Balance von Nähe und Distanz an. »Darum ist es notwendig, zu einem Verhalten zu finden«, so Doris Langley Moore, »bei dem er hinreichend Huldigung erfährt, um sich ermutigt zu fühlen, das aber auch so viel Unsicherheit über deine Gefühlslage in ihm weckt, dass du für ihn schwer fassbar bleibst.« Fingerspitzengefühl ist also gefragt.

Verwirrtaktik Nr. 2: Sich ausweichend verhalten

»Zeige deine Freude, wenn du ihn siehst, aber demonstriere bei euren Unternehmungen kein allzu großes Interesse an seiner Begleitung.« Auch in diesem Punkt orientiere ich mich an dem Rat der Verführungskünstlerin Doris Langley Moore. Ich bin offen und interessiert, aber ich zeige mich einem Mann gegenüber nie sonderlich engagiert. Ich bin höflich und aufmerksam, aber ich lasse stets eine gewisse selbstbewusste Distanz erkennen. Ich mache ihm Komplimente, aber ich wiege ihn immer ein bisschen in Unsicherheit, was ich von ihm halte.

Die Kunst der Verführung beinhaltet ein leicht ausweichendes Verhalten. Wenn ich einen Mann erfolgreich erobern möchte, muss ich ihn weitestgehend im Unklaren darüber lassen, was ich eigentlich von ihm will. Im Grunde darf er nie so genau wissen, woran er bei mir ist. Ich gebe ihm lediglich das Gefühl, dass es *möglich* wäre, alles zu bekommen – aber genau das enthalte ich ihm so lange wie möglich vor. Männer reagieren darauf mit Neugier und Sehnsucht. Alle Männer tun das.

Alles, was ein Mann nicht genau kontrollieren kann, wird ihn herausfordern. Alles, was er sich nicht genau erklären kann, wird sein Nachdenken über mich anregen. Alles, was er nicht konkret weiß, wird er mit seinem Wunschbild ausfüllen. Ich muss also nur ein Vakuum generieren, in das er seine Gedanken und seine Phantasien projizieren kann. Wenn er sich meiner nicht ganz sicher sein kann, wird sein ganzes Denken und Handeln weiter um mich kreisen. Und genau das möchte ich erreichen.

Doch wie weit darf ich dabei gehen? Als Faustregel gilt: Immer etwas weniger von sich geben, als er es gerne hätte – oder genauer: immer weniger als das, was zufrieden macht. Ich signalisiere deutlich mein Interesse. Doch wenn er sich wünscht, dass ich meine Zuneigung in Worte oder Zärtlichkeiten kleide, dann tue ich am besten so, als würde mich irgendwas daran hindern, mich ihm ganz zu öffnen. Die Beweggründe für mein ausweichendes Verhalten können durchaus vielfältig sein – Bescheidenheit, Schüchternheit, Launen, Konventionen. Ganz egal, was. Jedes Hindernis erfüllt seinen Zweck. Denn mein ausweichendes Verhalten macht mich in den Augen eines Mannes nur noch begehrenswerter.

Verwirrtaktik Nr. 3: Sich rar machen

Einer der wichtigsten Leitsätze des amerikanischen Flirt-Meisters Mystery lautet: »Give her the gift of missing you.« Was damit gemeint ist? Aus seiner langjährigen Erfahrung weiß er: Es ist das unverhoffte Gefühl des Vermissens, das bei einer Frau ganz plötzlich ein tiefes Gefühl der Verbundenheit auslösen kann. Aus taktischen Gründen zieht sich der Verführungskünstler daher immer wieder für kurze Zeit zurück oder wendet sich unvermittelt ab. Nur so – davon ist Mystery überzeugt – verspüre die Dame seiner Wahl überhaupt das Gefühl, ihn zu vermissen.

Genau dann, wenn ich überzeugt bin, einen Mann für mich gewonnen zu haben, mache ich mich rar. Aber nicht, indem ich mich nicht mehr melde, seinen Anruf ignoriere oder Verabredungen ausschlage. Nein, ich gehe sehr viel subtiler vor.

Schon beim ersten Aufeinandertreffen kann ich mich immer wieder ein wenig zurückziehen. Nur für kurze Zeit. Ich schenke ihm ein Lächeln, drehe mich aber im nächsten Augenblick um und wende mich einem anderen zu. Oder ich unterhalte mich angeregt mit ihm. Plötzlich aber lässt mein Interesse nach. Gerade noch habe ich mit großen Augen seinen Erzählungen gelauscht. Doch auf einmal wirke ich für kurze Zeit abwesend und lächle in mich hinein. Ein Moment der Selbstvergessenheit. Kein Abwenden, mehr ein versehentliches Abdriften. Ich bin weiterhin freundlich, aber ich wirke ein kleines bisschen weniger bei der Sache als noch Minuten zuvor. Der Mann wird anfangen, sich zu fragen, ob er mein Verhalten falsch gedeutet hat und ich vielleicht doch nicht so interessiert bin, wie er anfangs dachte. Er wird jedes Anzeichen eines möglichen Rückzugs genau registrieren.

Ich wende mich niemals ganz ab. Ich gebe mich nur von Zeit zu Zeit etwas reserviert. Ich ziehe mich für einen Augenblick zurück. Ich halte weiter Blickkontakt. Aber ich mache mich hin und wieder rar. Es sind nur sehr subtile Gesten. Doch genau damit generiere ich bei ihm das nötige Gefühl des Vermissens.

Jeder Mensch will immer genau das, was er im Augenblick nicht kriegen kann. Männer besonders. Und je mehr Zeit er schon mit mir verbracht hat, desto stärker wird er das Gefühl verspüren, mich zu vermissen.

Verwirrtaktik Nr. 4: Seine Eifersucht schüren

Eine noch subtilere Form des Kokettierens ist das Erzeugen von Eifersucht. Und damit meine ich nicht, dass Sie nun ausgerechnet mit seinem besten Freund durchbrennen müssen.

Eifersucht entsteht immer aus einem Zuwenig an Aufmerksamkeit. An Anerkennung. An Respekt. An Zuneigung. Eifersucht kann auch dann auftreten, wenn ich meine Aufmerksamkeit nur für kurze Zeit einem anderen schenke. Nehmen wir an, ein Mann hat sich den ganzen Abend über so richtig ins Zeug gelegt. Er hat alles gegeben. Er hat mich stundenlang unterhalten. Er war amüsant und hat seinen ganzen Charme sprühen lassen. Er hat mich zum Lachen gebracht. Er hat seine besten Geschichten erzählt. Doch auf einmal lache ich nicht nur über seine Witze, sondern auch über die Bemerkung eines anderen. Meine Aufmerksamkeit ist nicht mehr allein auf ihn konzentriert. Es gibt offenbar noch andere, deren Charme und Esprit es mir durchaus angetan haben.

Eifersucht tritt immer dann auf, wenn die mangelnde Aufmerksamkeit als Verlust wahrgenommen wird. Davor muss also immer eine gewisse Erwartung, ein erstes Besitzdenken stehen – sonst hat der Mann ja nicht das Gefühl, etwas zu verlieren. Und sein Verlustgefühl wird natürlich umso stärker sein, je näher wir uns bereits gekommen sind. Wenn er auf einmal das Gefühl hat, ein anderer könnte mich womöglich genauso gut unterhalten, wird das bei ihm sehr reale Verlustängste auslösen.

Ich kann demnach die Eifersucht eines Mannes bereits anstacheln, wenn er den Eindruck gewinnt, auf irgendeinem Gebiet mit anderen konkurrieren zu müssen. Und genau das will ich erreichen. Doris Langley Moore hat das Spiel mit der männlichen Eifersucht auf eine sehr einfache Formel gebracht: »Er muss immer glauben, dass du ihn durch einen anderen ersetzen kannst, wenn dir danach ist – und zwar mit Leichtigkeit.« Das ist die einfachste Form, um Eifersucht zu erzeugen.

Natürlich gibt es immer auch die Möglichkeit, einem Mann deutlich zu machen, dass er auch auf einer romantischen Ebene mit anderen konkurrieren muss. Auch dazu gibt es einen passenden Rat der Verführungskünstlerin: »Deine Liebesbeziehung sollte von Flirts flankiert sein und dein Liebhaber sollte glauben – wenn möglich zu Recht –, dass eine Menge andere gern um deine Gunst und Zärtlichkeit buhlen würden, wenn er die Zügel nur etwas locker ließe.«

Das wird nicht nur seine Eifersucht schüren, sondern auch sein Engagement deutlich erhöhen.

9 Phase IV: Auf der Zielgeraden

Die Begegnung mit einem Mann sollte niemals mit den Worten enden: »War nett, dich kennenzulernen.« Wenn ich einfach nur einen »netten« Eindruck hinterlassen habe, dann ist irgendetwas verdammt schiefgelaufen. Ich bin hinreißend. Ich bin faszinierend. Ich bin verführerisch. Wenn mich der Postbote »nett« findet, geht das in Ordnung. Aber ein erstes gemeinsames Aufeinandertreffen mit einem Mann, der mich ernsthaft interessieren könnte, darf auf gar keinen Fall so enden. Und das wird es auch nicht, wenn Sie sich an die Regeln der Verführungskunst gehalten haben.

Die erste Begegnung mit einem Mann sollte immer mit einem konkreten Ergebnis enden – entweder hat er nach meiner Telefonnummer gefragt, wir haben ein Wiedersehen vereinbart oder er hat mich geküsst. Oder noch besser: alles zusammen.

Das Gespräch nähert sich dem Ende – und nun?

Wenn ich mich als Kind von einem ausgiebigen Spieltag bei meinen Freunden nicht loseisen konnte, hat meine Mutter immer gesagt: »Man soll gehen, wenn es am schönsten ist.« Das fand ich in dem Augenblick natürlich blöd – und vor allem wenig überzeugend. Noch heute möchte ich am liebsten jeden schönen Moment so lange wie möglich auskosten. Auch ein gutes Gespräch. Aber wenn es um die Kunst der Verführung geht, sollten wir aus rein taktischen Erwägungen den richtigen Zeitpunkt für die Beendigung eines Gesprächs fest im Auge behalten.
Wenn ich mich völlig überraschend verabschiede, und zwar gerade dann, wenn es eigentlich am schönsten ist, dann wird auch der Mann das unweigerliche Bedürfnis verspüren, unser Gespräch fortzuführen – wenn nicht jetzt, dann eben zu einem anderen Zeitpunkt. Und genau darauf will ich hinaus.

Auch für die Schlussphase des Flirts gilt: die unbefriedigte Begierde des Mannes ist mein größter Trumpf. Die bloße Andeutung, ein letztes Zögern, die fehlende Gewissheit – all das spielt mir in die Hände, wenn ich seine Begierde weiter aufrecherhalten will. Auch dafür eignet sich das überraschende Ende eines Gesprächs.

»Ein Flirt ist so etwas wie eine Fortsetzungsgeschichte«, behauptet Doris Langley Moore. Jede Folge sollte an einem vielversprechenden Punkt enden und den Mann darüber im Unklaren lassen, ob mein Interesse an ihm im nächsten Kapitel erlischt oder nicht. Wir alle kennen den sogenannten Cliffhanger aus Fernsehserien wie *Dallas* oder *Lindenstraße:* Immer dann, wenn es gerade am spannendsten ist, dudelt im Hintergrund schon die Titelmelodie und der Abspann wird kurz darauf eingeblendet. Der Suchtfaktor solcher Serien ist deshalb so hoch, weil jeder natürlich wissen möchte, wie es weitergeht – und genau aus diesem Grund ist der Cliffhanger für den Flirt so hervorragend geeignet.

Ein neues Treffen vereinbaren

Es wird im Gespräch also irgendwann einmal der Zeitpunkt kommen, an dem ich dringend noch etwas zu erledigen habe. Ich muss zum Zahnarzt. Oder mir fällt ein, dass ich mich später mit meiner besten Freundin verabredet habe. Oder ich muss unbedingt noch ein paar Unterlagen für den morgigen Tag raussuchen. Auf jeden Fall muss ich sehr plötzlich gehen.

Die Dringlichkeit meines Weggangs ist natürlich beabsichtigt. Das verleiht der Situation einen gewissen Spannungsfaktor. Der Mann – ein Problemlöser als solcher – wird nun gezwungen sein, zu handeln. Ist er an einem Wiedersehen interessiert, liegt es an ihm, nach meiner Nummer zu fragen oder ein neues Treffen zu vereinbaren.

Wenn Sie bislang alles richtig gemacht haben, wird genau das passieren. Denn, so weiß auch Flirt-Profi Phillip von Senftleben, »das Stimmungsgemisch aus sanfter Hetze, Kennenlernspannung und hektischer Sympathie« ist die ideale Steilvorlage für einen Mann, ein mögliches Wiedersehen einzufädeln.

Wer sich jedoch nicht sicher ist, ob ein Mann nicht einfach nur zu schüchtern ist, die Initiative zu ergreifen, und dennoch auf ein Widersehen hofft, der sollte sein eigentliches Ansinnen zumindest so gut wie möglich tarnen: Ich muss ihm einen möglichst plausiblen Grund liefern, mich wiederzutreffen. Ich könnte beispielsweise etwas vergessen. Die Kopfhörer von meinem iPod. Meinen Schal. Oder ich könnte mir etwas von ihm ausleihen. Seinen Pulli. Mir war auf einmal fürchterlich kalt. Seinen Schirm. Es hat plötzlich angefangen zu regnen. Ein ganz alter Trick, keine Frage. Doch das Problem mit zurückhaltenden Männern, denen man ein wenig auf die Sprünge helfen muss, gibt es ja auch seit eh und je.

Im besten Fall bittet er mich um ein neues Treffen – oder ich helfe eben ein bisschen nach. Nur was mache ich, wenn beide Optionen bisher nicht zum Ziel geführt haben, ich mir aber trotzdem ganz sicher bin, dass er durchaus interessiert ist und nur seine Schüchternheit ihn davon abhält, die Initiative zu ergreifen? Ein unwahrscheinlicher Fall. Ein Mann, der etwas von einer Frau will, wird alles daransetzen, das auch zu bekommen. Da gibt es so gut wie keine Ausnahmen. Und dennoch, nehmen wir einmal an, es gibt einen triftigen Grund, dass ich selbst ein neues Treffen arrangieren muss. Wie stelle ich es an, ohne gleich die Rollen völlig neu zu verteilen?

Ich verrate Ihnen einen Trick. Aber nur, wenn Sie mir versprechen, dass Sie wirklich eingehend geprüft haben, ob der Mann, auf den Sie es abgesehen haben, tatsächlich zu dieser absolut seltenen Spezies von Männern gehört, die absolut kein Durchsetzungsvermögen und keinerlei Willenskraft haben – nicht mal so viel, eine Frau um ein Rendezvous zu bitten. Wenn Sie sich also absolut sicher sind, dass dieser Mann es wert ist, Sie in die Rolle der Bittstellerin zu drängen, dann regeln Sie die Situation wenigstens so souverän wie möglich, und wenden Sie folgenden Trick an: Stellen Sie ihm eine sogenannte Alternativfrage. Fragen Sie ihn beispielsweise, ob er heute noch wahnsinnig viel zu tun hat oder ob Sie ihn nicht später auf ein Glas Wein treffen könnten? Damit liefern Sie ihm zumindest gleich eine geeignete Ausrede, so dass weder er noch Sie das Gesicht verlieren müssen.

Wenn ein Mann auf diese wenig subtile Aufforderung, die nun wirklich auch der Schüchternste als solche erkennen müsste, wenn ein Mann also nicht mal auf diese Offerte anspringt, dann tun Sie mir den Gefallen und vergessen Sie ihn. Dann nämlich ist er ganz einfach nicht interessiert.

Eine Alternativfrage bietet sich übrigens auch an, um den Versuch, einen Mann um ein Date zu bitten, zumindest halbwegs zu verschleiern. Wenn Sie zu einem Mann sagen: »Lass uns doch die Woche auf ein Glas Wein treffen. Was passt dir besser, Donnerstag oder Freitag?«, dann können Sie wenigstens darauf hoffen, dass er nicht allzu gründlich darüber nachdenkt, ob er sich überhaupt mit Ihnen treffen möchte – sondern nur noch an welchem Tag.

Doch wie gesagt, das sind die Tricks für den Notfall. Wenn Sie Schritt für Schritt nach diesem Buch vorgegangen sind, wird er derjenige sein, der Sie um ein neues Treffen bittet. Als Frau die Initiative zu ergreifen ist oftmals nicht mehr als ein Pyrrhussieg. Der Grund: Er ist unter Umständen nur höflich. Er kann ganz einfach nicht nein sagen. Er hat an diesem Abend womöglich nichts Besseres zu tun. Egal was, auf jeden Fall will er Sie nicht deshalb wiedersehen, weil er Sie für unwiderstehlich hält. Ein halbherziges »Ja« ist im Grunde nichts wert, oder um noch einmal die Worte Doris Langley Moores zu zitieren: »Eine Frau hat keine Eroberung gemacht, solange ihr nicht der Hof gemacht wird.«

Doch wenn Sie alles so gemacht haben, wie es in diesem Buch steht, dann ruft er Sie an, verabredet ein Date, gibt Ihnen einen Kuss und noch viel mehr. Garantiert.

Der erste Kuss

Ein Kuss ist ein selbstverständlicher weiterer Schritt in der Eskalation der Berührungen – doch es ist ein Schritt, den ich bewusst ihm überlassen werde. Es ist wichtig, dass ein Mann hinterher denkt, dass er derjenige war, der schließlich die Initiative ergriffen und mich geküsst hat. Und genau das wird er tun, wenn ich vom ersten Moment unseres Treffens ganz behutsam darauf hingearbeitet habe.

Ich gehe ganz systematisch vor. Nach und nach werden meine flüchtigen und scheinbar zufälligen Berührungen immer häufiger und immer selbstverständlicher. Ich baue dadurch Schritt für Schritt eine Intimität auf, in der auch ein Kuss ganz selbstverständlich ist.

Wenn ich alles richtig gemacht habe, ist der Kuss ganz einfach: Ich komme seinem Gesicht so nahe wie möglich und schaue ihm dabei direkt in die Augen. Etwa, wenn wir uns gerade verabschieden. Ich widerstehe der Versuchung, die entstehende Spannung durch Reden zu überspielen. Ich sage überhaupt nichts und überlasse die Situation seiner Führung.

Es gibt kaum einen Mann, der sich diese Chance entgehen lässt. Und wenn doch, dann ist bei ihm ohnehin Hopfen und Malz verloren.

Der Mann muss dazu allerdings die nötige Gewissheit haben, dass ich grundsätzlich nicht abgeneigt wäre. Wenn ich einen Mann mit einem freundschaftlichen Handschlag oder einem Küsschen auf die Wange verabschiede oder ihn am Hauseingang stehen lasse und mit einem »Also dann, gute Nacht!« eilig in meiner Wohnungstür verschwinde, signalisiere ich damit, dass ich an einer romantischen Beziehung schlichtweg nicht interessiert bin. Wie gesagt, der Mann an sich ist auch in der Liebe durchaus erfolgsorientiert, und seine Frustrationstoleranz ist gering. Wenn ich keinerlei romantisches Interesse erkennen lasse, dann wird es auch nicht zu einem Kuss kommen.

Die meisten Menschen küssen übrigens so, wie sie selbst gerne geküsst werden wollen. Sobald er angefangen hat, Sie zu küssen, können Sie also ganz einfach herausfinden, wie Sie diesen ersten Kuss zu einem unvergesslichen Erlebnis machen.

Dem ersten Kuss kommt aber noch eine ganz andere Funktion zu. Nehmen wir an, ich messe diesem ersten Kuss nicht die Bedeutung bei, die er möglicherweise erwartet hat. Für mich ist der Kuss ein Beweis seiner Zuneigung. Nicht mehr und nicht weniger. Ich werfe mich ihm deshalb nicht gleich an den Hals. Ich verkünde nicht triumphierend in meinem Freundeskreis, dass wir nun ein Paar sind. Ich plane nicht unsere gemeinsame Zukunft und suche in Gedanken bereits die Tapete für das Kinderzimmer aus.

Mein Vorgehen: Ich zeige mich durchaus angetan, aber ich gebe mich weiterhin zurückhaltend und ein wenig reserviert. Damit kann ich mich nicht nur vor möglichen Enttäuschungen schützen, sondern das ist auch die beste Strategie, einen Mann für mich zu gewinnen.

Sein Anruf

Mein Handy klingelt. Der schmucke Kerl von neulich ist dran. Wir haben uns auf Anhieb prima verstanden. Wir haben viel zusammen gelacht. Wir haben bis spät in die Nacht miteinander gequatscht. Am nächsten Morgen habe ich sofort meine Freundin Ines angerufen und ihr von ihm vorgeschwärmt. Das ja. Aber ich habe nicht tagelang neben dem Telefon ausgeharrt, um seinen Anruf ja nicht zu verpassen. Ich bin wie gewohnt meiner Arbeit nachgegangen und abends mit Freunden unterwegs gewesen. Ich habe mir sogar ganz bewusst etwas vorgenommen, weil ich genau weiß, dass ich schrecklich ungeduldig sein kann.

Zwei Tage später ruft er an.

Ich bin freudig überrascht, aber ich hyperventiliere nicht gleich.

1. Die richtige Haltung und der richtige Tonfall

Bei all der freudigen Überraschung ist noch immer eine gewisse Zurückhaltung angebracht. Auch diesmal kommt es wieder auf das nötige Fingerspitzengefühl an. Ich gebe mich am Telefon niemals abweisend. Im Gegenteil, ich bin angenehm überrascht. Aber ich klinge immer ganz selbstverständlich. Schließlich sind die Rollen nun klar verteilt: Er hat die Initiative ergriffen, und mein Part besteht allein darin, ihm die Gelegenheit zu geben, mir seine Aufwartung zu machen.

Ich lehne mich also entspannt zurück und höre mir an, was er zu sagen hat. Das bedeutet nicht, dass ich ihm nicht zeigen sollte, dass ich interessiert und durchaus von ihm angetan bin. Nur: Er wirbt um mich und ich wähle aus. Das ist das Grundprinzip des Flirts. Und dieses Grundprinzip gilt auch und gerade für das erste Telefongespräch. Denn am Telefon wird nicht nur geplaudert, sondern da werden auch die Weichen gestellt für das weitere Miteinander.

Alles, was wir bisher gelernt haben, gilt auch für das Telefongespräch. Ich ermuntere ihn, gebe mich aber vorsichtig zurückhaltend. Ich zeige mich interessiert, mache aber gleichzeitig deutlich, dass ich hohe Ansprüche stelle. Ich bin charmant und aufmerksam, lasse ihn aber immer etwas im Unklaren darüber, woran er bei mir ist. Doch das Wichtigste: Alles, was den Eindruck einer Fixierung auf den Mann erwecken könnte, ist tabu.

Was meinen Tonfall angeht, so halte ich mich wieder an die Vorgaben von Doris Langley Moore (die diese für den Briefkontakt formuliert hat): »Um allerdings auch nicht unattraktiv kalt oder gleichgültig zu klingen (…) musst du dich bemühen, ihm eine gewisse Wärme zu vermitteln (…) Am besten wäre es, du fändest einen leichten spielerischen Tonfall.«

Er: »Hallo, ich bin der Mann von der Bar bei dir um die Ecke. Wir haben uns dort vorgestern zufällig getroffen.«
Ich: »Ich weiß … Stimmt, ich wollte gerade gehen … Doch plötzlich hatte ich es gar nicht mehr eilig …«
Er: »Vielleicht weil wir uns so gut unterhalten haben?«
Ich: »Unterhalten? So kann man das auch nennen. Eigentlich hast

du die ganze Zeit nur von dir erzählt … Aber das hast du ganz gut gemacht.«
Er: »Ach? Echt? Ich dachte immer, ich rede gar nicht so viel … Darf ich das vielleicht wiedergutmachen? Wie wäre es mit Freitagabend?«
Ich: »Freitagabend. Mal sehen. Also, nächste Woche …«
Er: »Ich dachte eigentlich an morgen …?«

Was ich genau sage, ist im Grunde egal. Hauptsache, mein Ton ist locker, selbstsicher und spielerisch. Wenn er anruft, gibt es auf jeden Fall keinen Grund, in Panik zu geraten. Für die Unterhaltung ist immerhin er zuständig. Wer hat denn schließlich bei wem angerufen?

2. Weitere Richtlinien fürs Telefonieren

Ellen Fein und Sherrie Schneider haben in ihrem Bestseller *Die Kunst, den Mann fürs Leben zu finden* noch weitere Regeln zum Thema Telefonieren aufgestellt: Grundsätzlich sollte eine Frau niemals bei einem Mann anrufen. So könne sie nämlich demonstrieren, dass sie wahnsinnig beschäftigt sei und bisher einfach nicht dazu gekommen sei, sich zu melden. Ruft er schließlich bei ihr an, solle eine Frau in jedem Fall den Standardspruch »Ich würde mich zu gern mit dir treffen, aber ich bin gerade wahnsinnig beschäftigt« in die Unterhaltung einfließen lassen. Auch das, so die Autorinnen, demonstriere die nötige Eigenständigkeit und Unabhängigkeit, die sein Interesse wecken und sein Engagement herausfordern wird. Die beiden Flirt-Profis gehen sogar so weit, einer Frau nahezulegen, das Telefonat in jedem Fall von sich aus zu beenden – und zwar nach exakt zehn Minuten (zur Not den Wecker stellen). Nur durch Distanz und Reserviertheit, so ihre Erfahrung, lerne ein Mann, was Sehnsucht ist.

John Gray wiederum erklärt, warum Männer nach einem ersten Zusammentreffen oft so lange nicht anrufen (während Frauen verzweifelt neben dem Telefon sitzen und auf seinen Anruf warten): Männer empfinden ein Date als eine Art Bewerbungsgespräch –

da würde man sich auch lächerlich machen, wenn man gleich am nächsten Tag anruft und fragt, ob man die Stelle bekommen hat. Ein Mann hat schlichtweg Angst, seine Position zu schwächen und an Attraktivität zu verlieren, wenn er Ungeduld zeigt. Also wartet er lieber eine gewisse Zeit ab, bis er nicht mehr allzu ungeduldig wirkt. Und ruft dann an.

Was aber, wenn ich das Klingeln nicht gehört habe? Oder ich komme nach Hause und er ist bereits auf dem Anrufbeantworter? Soll ich nun so schnell wie möglich zurückrufen oder nicht? Manche Flirt-Ratgeber geben die Devise aus: Lass ihn zappeln. Aber darum geht es nicht. Es geht darum, einem Mann deutlich zu machen, dass ich ein Mensch bin, der ein eigenständiges und ausgefülltes Leben führt.

Ich freue mich über seinen Anruf. Aber wenn ich noch am selben Abend zurückrufe, weil ich, seit wir uns das erste Mal getroffen haben, nicht mehr aus dem Haus gegangen bin, aus Angst, seinen Anruf zu verpassen, dann ist das möglicherweise das falsche Signal. Etwas völlig anderes ist es jedoch, wenn ich mit Freunden in einer Bar sitze und mich amüsiere. Wenn ich in so einer Situation zurückrufe und ihn frage, ob er noch dazukommen möchte, dann wird sich das für einen Mann auch völlig anders anhören.

Die leidige Frage nach dem richtigen Zeitpunkt hat auch Flirt-Profi Phillip von Senftleben in seinem Buch behandelt – und zwar unter dem Kapitel »Unaufdringlichkeit«. Das Schlimmste, so Senftleben, was uns beim Flirten passieren kann, ist, dass wir als aufdringlich wahrgenommen werden. »Zu viel zu sprechen ist ebenso aufdringlich, wie nach einer Verabredung zu schnell anzurufen.« Alles, was den Eindruck erweckt, vorschnell, verzweifelt oder bedürftig zu sein, gilt es in jedem Fall zu vermeiden. Und dazu gehört auch die nötige Gelassenheit beim Thema Rückruf.

Das erste Wiedersehen

Ich habe die Aufmerksamkeit eines Mannes auf mich gelenkt. Wir haben uns gut unterhalten. Er findet mich attraktiv. Ich habe nicht nur sein Interesse, sondern auch sein Begehren wecken können. Er hat mich angerufen und um ein neues Treffen gebeten. So weit, so gut. Jetzt treffe ich den Mann meiner Träume zum Date. Was tun?

Im Grunde genommen bleiben die Regeln für ein Wiedersehen die gleichen. Alles, was wir bisher gelernt haben, sollten wir auch beim ersten Date beherzigen. Wichtig ist, dass ich die Grundsätze der perfekten Verführung wirklich verinnerlicht habe und mich nicht plötzlich völlig anders verhalte: Ich zeige mich interessiert, aber ich schmeiße mich ihm nicht an den Hals. Das ist die wichtigste Verhaltensregel für das erste Treffen. Ich biete ihm die Möglichkeit, meine unvergleichliche Gesellschaft zu genießen. Das ist zunächst einmal alles.

Auch hier gilt: Die bloße Andeutung, ein Rest an Zurückhaltung, ein letztes Zögern – all das sind typisch weibliche Verhaltensweisen, die sich auch beim ersten Date sehr wirkungsvoll einsetzen lassen. Auch in diesem Punkt halte ich mich an die strengen Vorgaben der Verführungskünstlerin Doris Langley Moore: »Sag charmante Dinge, aber unterdrücke den Impuls, sie in die Tat umzusetzen.«

Ich darf jedoch keinesfalls auf einmal den verständnisvollen Kumpeltyp mimen. Beziehungen entwickeln schnell eine gewisse Eigendynamik. Wenn ich erst einmal auf der platonischen, freundschaftlichen Ebene angelangt bin, wird es sehr schwierig, davon wieder wegzukommen. Es ist überaus wichtig, in jeder Sekunde, die ich mit einem Mann verbringe, meine Qualitäten als Frau ins Spiel zu bringen. Ich freue mich über jedes seiner Komplimente und weiß seine Aufmerksamkeiten auch zu würdigen. Ich genieße seine Blicke. Ich lasse mich hofieren. Ich übertrage ihm die Verantwortung für den Abend. Ich lasse mich von zu Hause abholen. Ich zeige mich angenehm überrascht, was die Auswahl des Restaurants (des Films, des Theaterstücks usw.) angeht. Ich lasse mich gerne einladen. Ich sehe mit Wohlgefallen, wie er sich ins Zeug legt, um mich zu beeindrucken. Und ich gebe ihm damit die Möglichkeit, sich in seiner Männlichkeit bestärkt zu fühlen.

Das gelungene Date

In einer Untersuchung erklärte eine große Mehrheit der über 1000 befragten Männer, was sie sich unter einer perfekten Verabredung vorstellen: Ein Date soll der Dame in erster Linie Spaß machen. Ein Mann möchte eine Frau zum Lachen bringen. Das ist seine erste Erwartung an ein gelungenes Date.

Wenn er also am Ende des Abends mit erwartungsvollen Augen vor Ihrer Tür steht, können Sie ihm das größte Kompliment machen, wenn Sie einfach nur sagen: »Lange schon nicht mehr so gelacht.« Oder: »Ich bin selten einem Mann begegnet, der mich so zum Lachen bringt.« Das allein wird ihn schon glücklich machen.

Grundsätzlich gilt: Ein Mann verliebt sich in eine Frau, die ihm die Möglichkeit gibt, im besten Licht dazustehen. In dem Film *Glauben ist Alles!* gesteht Edward Norton der bezaubernden Jenna Elfman seine heimliche Liebe mit den Worten: »Ich komme mir in deiner Nähe wie die beste Version von mir vor.« Und genau darum geht es.

Ein Mann möchte beim ersten Date eine Frau verwöhnen. Es wird ihn stolz und glücklich machen, sich von seiner besten Seite zu zeigen. Er will die Möglichkeit haben, sie mit seiner Großzügigkeit und seiner Fürsorglichkeit zu überraschen. Er möchte die Chance haben, ihr Herz zu erobern. Und er wird dankbar sein, ihre Aufmerksamkeit, ihr Lächeln und die unvergleichliche Gesellschaft einer Frau genießen zu dürfen. Wenn Sie ihn dann noch wissen lassen, dass er sein Ziel – nämlich eine Frau glücklich zu machen – auch tatsächlich erreicht hat, dann haben Sie eigentlich schon gewonnen.

Weil ein Mann unter einem gelungenen Date eine Verabredung versteht, die einer Frau Spaß macht, wird er verstärkt nach Anzeichen für meine Stimmung suchen. Ich muss also nichts weiter tun, als mich entspannt zurückzulehnen und die gemeinsamen Stunden zu genießen. Wenn ich dann noch seine charmante Unterhaltung mit einem Lächeln quittiere, ist der Mann bereits im siebten Himmel.

Am besten bringe ich die richtige Stimmung gleich mit: Laut einer Umfrage des Gewis-Instituts ist es 71 Prozent der Männer am wichtigsten, dass eine Frau gerne lacht. Ich habe viel Sinn für Humor und gehe das Leben spielerisch an. Ich bin weder langweilig noch ein Trauerkloß. Ich habe ein bezauberndes Lächeln und eine ansteckende Fröhlichkeit. Selbst wenn ich tagsüber im Büro nichts als Ärger und Stress hatte, bin ich in der Lage, abzuschalten und den Abend zu genießen. Ich weiß, dass ich niemandem etwas beweisen muss. Ich versuche nicht bemüht witzig und unterhaltsam zu sein. Ich muss auch nicht auf den Tischen tanzen. Ich zerbreche mir nicht den Kopf darüber, wie ich ihn beeindrucken oder was ich als Nächstes sagen könnte. Ich habe genug Charme und Esprit. Und ich strahle jede Menge Gelassenheit aus.

Ich weiß, dass mein Begleiter sich auf unser gemeinsames Date freut und alles in seiner Macht Stehende unternehmen wird, mir einen unvergesslichen Abend zu bereiten. Ich genieße die guten Seiten des Lebens und nehme sie mit all meinen Sinnen wahr – der Wein, das Essen, die Musik, der Fahrtwind, der mir im Cabrio um die Nase weht. Auch ich suche vielleicht den Mann fürs Leben, aber bei einem Rendezvous geht es zunächst nur darum, den Augenblick gemeinsam zu erleben. Ich fühle mich wie eine Prinzessin – und er wie ein Held.

1. Wer zahlt?

Die perfekte Verführerin verwechselt die Frage, wer am Ende eines solchen Abends die Rechnung übernimmt, niemals mit der Frage der Emanzipiertheit oder finanziellen Unabhängigkeit einer Frau. Diese Sichtweise kommt einer perfekten Verführerin überhaupt nicht in den Sinn.

Beim ersten Date geht es nicht darum, seine Eigenständigkeit unter Beweis zu stellen. Ein Mann genießt die süße Last, eine Frau zu verwöhnen. Sie mit Aufmerksamkeiten zu überschütten, darin liegt für einen Mann der besondere Reiz einer solchen Verabredung. Und diesen Reiz wird er ganz konkret an eine von ihm beglichene Rechnung knüpfen. Männer sind in der Regel mindestens ebenso eitel wie großzügig. Mit falscher Bescheidenheit kommen Sie hier nicht weiter. Das einzig wirkliche Erfolgsrezept einer gelungenen Verabredung lautet: »Fordern Sie viel.«

Natürlich genießt ein Mann dabei auch ein Stück weit die (finanzielle) Abhängigkeit, die ihm seine Großzügigkeit suggeriert. Und natürlich könnte man sich angesichts solcher Rollenklischees empören. Doch wie so oft steckt noch etwas ganz anderes dahinter – in dem Fall der Wunsch, etwas besonders Kostbares zu umsorgen: »Selbst wenn er wie Wachs in deinen Händen ist«, so Doris Langley Moore, »hat er *oberflächlich* doch den absurd unlogischen Wunsch, dich als sein Spielzeug zu betrachten, ein exquisites, kostbares Spielzeug, um das man sich aufmerksam kümmern muss und das seinen Preis wert ist«.

Wenn ein Mann mich zum Essen einlädt, fühlt er sich hinterher doppelt gut: Er ist zufrieden mit sich *und* hegt danach erst recht positive Gefühle mir gegenüber. Warum das so ist? Wieder kommt hier eine typisch menschliche Neigung ins Spiel: Denn um den »Aufwand«, in dem Fall die teure Essenseinladung, zu rechtfertigen, idealisieren wir automatisch das Bild des anderen – mit dem Ergebnis, dass uns derjenige noch wertvoller erscheint als vorher. Es spricht also einiges dafür, beim Thema Bezahlen an einer klassischen Rollenverteilung festzuhalten.

Männer lieben es, Frauen zum Essen einzuladen. Das ist so archaisch wie das erlegte Wild, das er nach erfolgreicher Jagd seiner Familie vor die Höhle gelegt hat. Genauso wie ich gelernt habe, mich für die aufgehaltene Tür oder das charmante Kompliment aufrichtig zu bedanken, genauso kann ich heute auch die Essenseinladung eines Mannes dankend annehmen – weil ich genau weiß, dass er mir damit nur seine Großzügigkeit unter Beweis stellen möchte.

Natürlich habe ich gelernt, seine aufmerksamen Gesten auch entsprechend zu würdigen. Eine Frau sollte niemals die Geschmacklosigkeit besitzen, die Aufmerksamkeiten und Zuwendungen eines Mannes als selbstverständlich hinzunehmen. Inzwischen habe ich verstanden, wie wichtig es ist, ohne Wenn und Aber zu akzeptieren, dass ein Mann mir etwas Gutes tun möchte. Darum nehme ich seine Aufmerksamkeiten am besten so an, wie sie gemeint sind: als wohlwollende Geste. Wenn ich ihm dann noch das Gefühl gebe, ein ausgesprochen aufmerksamer und großzügiger Mensch zu sein, habe ich ihn schon für mich gewonnen.

2. Die Kunst des Annehmens

Natürlich bin ich in der Lage – emanzipiert und unabhängig, wie ich bin –, mein Essen selbst zu bezahlen, die Tür aufzumachen oder in den Mantel zu schlüpfen. Aber darum geht es nicht. Ein Mann möchte das Gefühl haben, dass seine Bemühungen auch geschätzt werden. Er möchte mich beschützt und umsorgt wissen. Seine Aufmerksamkeit zeigt sich darin, dass er mich zum Essen ausführt. Seine Fürsorglichkeit drückt sich darin aus, dass er mich von zu Hause abholt. Sein Beschützerinstinkt veranlasst ihn, mir seine Jacke anzubieten, damit ich nicht friere. All das sind Gesten, mit denen er Männlichkeit demonstrieren möchte. Seine Aufmerksamkeiten anzunehmen ist das größte Kompliment, das ich einem Mann machen kann.

Und eines darf ich dabei nie vergessen: Wenn ich die Aufmerksamkeiten eines Mannes zurückweise, weise ich damit immer auch den Mann zurück. Falsche Bescheidenheit ist hier in jeder Hinsicht fehl am Platz. Ein Geschenk abzulehnen heißt, den Schenkenden selbst abzulehnen. Das haben viele Frauen vergessen, die eigenhändig die schweren Einkaufstüten ins Auto wuchten oder im Restaurant darauf bestehen, die Rechnung zu teilen – und damit den Mann vor den Kopf stoßen.

Frauen wollen in jeder Situation ihre Emanzipiertheit und Unabhängigkeit unter Beweis stellen. Doch mit einer Einladung zum Essen will kein Mann einer Frau ihre Eigenständigkeit absprechen. Es ist eine wohlwollende Geste. Sonst nichts. »Das wäre doch nicht nötig gewesen« ist so ein Spruch, mit dem meine Mutter meinen Vater jedes Weihnachten wieder vor den Kopf gestoßen hat, weil sie damit nicht nur sein Geschenk, sondern auch seine freundliche Geste abgewertet hat. Das ist für einen Mann enttäuschend und verletzend. Und am Ende ist keiner glücklich damit.

Gleiches gilt für ein Kompliment. Nicht nur Männer, auch viele Frauen bringt so manches Lob in Verlegenheit. Viele reagieren daher sofort mit einem Gegenkompliment. Komplimente sind jedoch keine Tischtennisbälle, die man sich gegenseitig zuspielen muss. Ein einfaches »Danke, das war sehr aufmerksam von dir« oder »Danke, freut mich, dass dir das aufgefallen ist« genügt.

Frauen haben außerdem die seltsame Angewohnheit, ihre Verlegenheit zu überspielen, indem sie ein wohlmeinendes Kompliment bagatellisieren. Ein Mann äußert sich etwa bewundernd über ihr schönes, langes Haar. Die Frau entgegnet verlegen, dass sie eigentlich schon längst mal wieder zum Friseur müsste. Oder heute Morgen nicht dazugekommen sei, die Haare zu waschen. Oder eigentlich lieber Locken hätte. Statt einfach nur das Kompliment dankend anzunehmen, gehen viele Frauen unsicher darüber hinweg, tun es leichthin ab oder weisen es rigoros zurück – und brüskieren damit den, der sich zu einem Kompliment veranlasst fühlt. Das ist nicht nur falsche Bescheidenheit, sondern vor allem eines: strategisch dumm – denn die unbedachte Abwehrreaktion schafft Distanz und nimmt dem Mann die Freude, eine Frau glücklich zu machen.

Als perfekte Verführerin lasse ich natürlich schon beim ersten Rendezvous erkennen, dass ich mich durch die Aufmerksamkeiten eines Mannes geschmeichelt fühle. Ich zeige ihm deutlich, dass ich es sehr wohl zu schätzen weiß, umsorgt und umworben zu werden.

Ich bin jedoch keine Diva, die sich rundum hofieren lässt. Ich bin genauso höflich wie er. Ich reiche ihm den Kugelschreiber, wenn er etwas notieren möchte. Ich halte den Regenschirm, wenn er den Schlüssel in seinen Taschen sucht. Ich nehme ihm seine Jacke ab, während er die Picknicksachen im Kofferraum verstaut. Ich assistiere einem Mann in gewisser Weise bei der Entfaltung seiner Höflichkeit und unterstütze damit gleichsam sein Bemühen, mir einen unvergesslichen Abend zu bereiten.

Aber ich vergesse natürlich nie, wer beim Flirten wem den Hof zu machen hat.

Das aufregende Date

Schon Ovid wusste, es kommt beim Verführen nicht allein auf das Aussehen und das Gespräch an, sondern vor allem auf die äußeren Umstände: »Die Leidenschaft erwacht vor allem an Orten der Aufregung, im Theater, bei Wettrennen rassiger Pferde, simulierten Seeschlachten oder Gladiatorenspielen. Schaut die Arena euch an, die vom warmen Blute befleckt ist, und den Wendepunkt, den glühende Räder umfahren.«

Auch hier hatte Ovid bereits die richtige Ahnung. Denn Frauen wie Männer verlieben sich leichter, wenn sie emotional erregt sind. Ob Freude, Traurigkeit, Angst, Furcht oder Neugier – entscheidend ist, dass das Gehirn ausreichend Dopamin ausschüttet. Denn Dopamin ist der Neurotransmitter der Liebe, und meine Chancen steigen beträchtlich, wenn es mir gelingt, den Dopaminspiegel eines Mannes zu erhöhen.

1. Die Bedeutung der Begleitumstände

Zwei Psychologen aus Kanada haben einen spannenden Versuchsaufbau entwickelt, um folgende These zu prüfen: Ein Date ist umso erfolgreicher, je aufregender die äußeren Begleitumstände sind.

Das sogenannte Brückenexperiment gilt unter Flirt-Forschern längst als Klassiker. Die Hauptrolle dabei spielt die größte Fußgängerhängebrücke der Welt; sie führt über den Capilano Canyon in der Nähe von Vancouver, Kanada. Die Brücke ist nur einen Meter breit, 140 Meter lang und führt in 70 Metern Höhe über einen schäumenden Fluss. Das Geländer ist niedrig, die Hängebrücke schaukelt. Die Brücke ist ein aufregender Ort.

Der Versuchsaufbau: Eine hübsche Mitarbeiterin stellt sich mit einem belanglosen Fragebogen einmal auf eine harmlose Holzbrücke und ein anderes Mal auf die nervenaufreibende Capilano-Brücke. Auf beiden Brücken bittet sie jeweils die männlichen Passanten, den Fragebogen auszufüllen, was die meisten Männer auch tun. Sobald die Männer mit dem Bogen durch sind, bietet sie ihnen ihre Telefonnummer an und bittet mit den Worten »Wenn mal mehr Zeit dazu ist« um einen Anruf. Das Resultat: 50 Prozent der Männer von der Hängebrücke rufen an, aber nur knapp zehn Prozent von der langweiligen Holzbrücke. Die Anziehungskraft eines Menschen hängt also nicht nur von uns ab, sondern auch von den Begleitumständen.

Dem Brückenphänomen liegt eine interessante physiologische Besonderheit zugrunde: Frauen wie Männer können nicht zwischen Aufregung und Erregung unterscheiden. Das Gehirn reagiert auf eine mögliche Gefahr (etwa die schwankende Brücke), indem es den Körper in Alarmbereitschaft versetzt. Der Adrenalinausstoß kann aber auch durch einen attraktiven Partner ausgelöst werden. Demnach kann das Verliebtsein eines Mannes auch das Ergebnis einer Fehlinterpretation des Gehirns sein.

2. Hormone anregen, Emotionen ernten

Ein ähnliches physiologisches Phänomen zeigte sich auch bei einem anderen Experiment. Ein Psychologe präsentierte den teilnehmenden Männern eine Ausgabe des *Playboy*. Zuvor hatte er den Probanden ein Mikrofon auf die Brust geklebt. So konnten die Männer ihren eigenen Herzschlag hören, zumindest glaubten sie das. In Wahrheit handelte es sich um Tonbandaufnahmen, die ihnen bei bestimmten Bildern einen erhöhten Herzschlag einspielten. Im Anschluss daran bewerteten die Männer genau diese Frauen als besonders attraktiv. Und sie blieben auch noch Monate später bei dieser Meinung. Wir haben also kein Herzklopfen, weil wir uns verliebt haben, sondern wir verlieben uns, weil wir Herzklopfen haben. Unsere Körper und damit auch der Prozess des Verliebens lassen sich offenbar unterbewusst beeinflussen.

Diese Erkenntnisse sind überaus wichtig für die Strategie der perfekten Verführerin. Denn sie zeugen davon, dass es bei der Wahl des Partners wesentlich weniger romantisch und selbstbestimmt zugeht, als die meisten Menschen glauben. Flirten ist ein evolutionärer Selektionsprozess mit präzisen, wissenschaftlich nachvollziehbaren Regeln und Prinzipien.

Das erfolgreiche Date ist ein Treffen mit dem Ziel, dass sich der Mann in mich verliebt. Ich muss also seine Hormonausschüttung anregen. Ich muss die für Gefühle zuständige Hälfte in seinem Hirn stimulieren, nicht seine logische Seite. Es führt kein logischer Weg in das Herz eines Mannes.

Die Erkenntnisse der Flirt-Forschung besagen vor allem Folgendes: Je mehr Aufregung beim Date, umso höher ist die Hormonausschüttung. Ein Date sollte daher schön sein *und* aufregend, abenteuerlich *und* romantisch, auf jeden Fall aber höchst ungewöhnlich. Es sollte überraschende Wendungen haben. Und große Emotionen wachrufen.

3. Vorschläge für ein perfektes Date

Nun besteht aber für eine Frau die Schwierigkeit darin, einem Mann beim Date die Gestaltung des Abends zu überlassen und dennoch für überraschende Wendungen zu sorgen. Natürlich kann ich mich mit einem Mann zum Bungeejumping verabreden oder im Aufzug versehentlich auf den Alarmknopf drücken. Das sorgt zwar für den nötigen Nervenkitzel, ist aber nicht gerade ein gelungenes Rendezvous-Konzept – zumindest nicht aus der Sicht einer Frau.

Die bessere Strategie: Ich überlasse ihm die Planung des Abends, aber ich konfrontiere ihn immer wieder mit überraschenden Situationen und fordere so ein ungewohntes Verhalten heraus. Ein Beispiel: Er schlägt vor, am See spazieren zu gehen. Ich entscheide spontan, dass wir ein Ruderboot mieten und auf den See hinaus fahren. Ich weiß genau, dass er den lieben langen Tag im Büro sitzt und wahrscheinlich als Kind das letzte Mal in einem Ruderboot saß. Also bestehe ich genau darauf. Der Grund: Gefühle sind immer dann besonders stark, wenn sie den Reiz des Neuen (oder Ungewohnten) haben. Und genau das mache ich mir zunutze.

Ich überlasse ihm ganz klar die Führung. Aber ich schlage spontan immer wieder Dinge vor, von denen ich vermute, dass er sie noch nie zuvor getan hat. Ich mache große Kinderaugen, wenn wir bei der Feuerwehr ein Schild »Tag der offenen Tür« erspähen. Eigentlich wollte er mir beim Spaziergang die Überreste der alten Stadtmauer zeigen und mit seinem historischen Wissen glänzen. Und nun schwanken wir in 50 Meter Höhe über den Dächern der Stadt, auf der winzigen Plattform einer ausgefahrenen Feuerwehrleiter, auf der sonst nur Kinder (und deren Mütter) Platz genommen haben. Oder wir sind auf dem Weg in ein todschickes Restaurant und kommen an einem Haus vorbei, von dem ich weiß, dass dort der einzige noch funktionierende Paternosteraufzug der ganzen Stadt in Betrieb ist. Das mit dem Essen können wir ja immer noch machen, aber den Aufzug muss er sich vorher unbedingt noch mal ansehen.

Eine andere wirkungsvolle Strategie: Ich reiße den Mann nicht nur aus seinem Alltag, sondern auch aus seinem Milieu, aus seinem bekannten Umfeld. Mit dem Topmanager gehe ich auf improvisierte Partys in Abrisshäusern. Dem stolzen Autobesitzer schlage ich vor, zu Fuß zum Restaurant zu gehen und unterwegs die verborgenen Winkel der Großstadt zu entdecken. Mit dem Gourmet komme ich wie zufällig an einer kleinen türkischen Bäckerei vorbei, in der in einem winzigen Nebenraum auf geblümten Plastiktischdecken original kurdische Spezialitäten serviert werden. Diese Spinat-Pide muss er unbedingt probiert haben.

Dann kann er ja immer noch die Kinokarten bestellen, das Restaurant auswählen oder mir diese großartige Vinothek zeigen, wo er mit seinen Weinkenntnissen auftrumpfen kann – was Männer eben gerne so machen, Hauptsache, er hat das Gefühl, die Initiative ergriffen zu haben.

Der Abschied

Wir hatten einen sehr netten Abend. Wir haben uns lange und angeregt unterhalten. Er hat meine Telefonnummer. Er hat bereits deutlich gemacht, dass er mich gerne ein zweites Mal treffen würde. Er küsst mich zum Abschied. Es gibt demnach keinen vernünftigen Grund, an einem Wiedersehen zu zweifeln.

Also widerstehe ich der Versuchung, ihn auf ein neues Treffen festzunageln. Es gibt keine wirkungsvollere Abschiedsstrategie als ein fröhliches, aber unverbindliches »Tschüs« am Ende eines solchen Abends. Kein unsicheres Vergewissern, ob ihm der Abend gefallen habe. Keine bohrenden Fragen, wann er denn in den nächsten Tagen Zeit habe. Kein überschwengliches Gerede, wie phantastisch doch der gemeinsame Abend war. Ein schlichtes »Dankeschön« oder ein einfaches »Auf Wiedersehen« ist jetzt angebracht – ohne den hoffnungsvollen Blick, der verrät, dass ich ihn am liebsten gar nicht gehen lassen möchte. Auch in diesem Punkt halte ich mich an das strenge Reglement der Verführungskünstlerin Doris Langley Moore: »›Wann sehe ich dich wieder?‹ ist eine schmeichelhafte Frage – kommt sie von dir, ist sie zu schmeichelhaft.«

Im Idealfall lässt sich mit der nötigen Gelassenheit und Unverbindlichkeit beim Abschied das Interesse eines Mannes nur noch steigern. So schaffe ich Neugier und sanftes Verlangen. Abschiede sind meist sehr sensible Situationen, in denen keine großen Worte, sondern am besten Zurückhaltung angesagt ist. Ein überlegener Rückzug in einer nicht ganz eindeutigen Situation ist immer die bessere Option. Ich habe ihm bereits genügend Aufmerksamkeit und

Interesse entgegengebracht. Das ist Kompliment genug. Jetzt geht es darum, zu beweisen, dass ich weder von ihm etwas einfordere, noch dass ich es unbedingt nötig hätte.

Es sind die subtilen Gesten, die uns zum Objekt der Begierde machen, nicht die verfrühten Liebesgeständnisse, die einem Mann Zuneigung, Sicherheit und Engagement abverlangen.

Und dennoch: Ich bin hin und weg. Ich will ihn auf jeden Fall wiedersehen. Am besten gleich morgen. Darf ich denn nicht wenigstens einmal alle Warnungen in den Wind schlagen und ihn um ein erneutes Date bitten?

Die Antwort lautet »nein«. Die bessere Option: Ich frage ihn beiläufig, was er für die nächsten Tage so geplant hat. Wenn er zurückfragt, was ich unternehme, kann ich ruhig etwas übertreiben. Ich erzähle, dass ich am Wochenende mit meinen Freunden um die Häuser ziehen werde, dass ich eine interessante Ausstellung besuchen und mit einem alten Freund zum Schwimmen gehen wollte. Ist er interessiert, wird er aufhorchen und mich bitten, doch auch wieder etwas mit ihm zu unternehmen. Wichtig: Er kann sich ja bei mir melden, wenn er Lust hat. Danach sehen wir weiter.

Sex beim ersten Date?

Mal ganz ehrlich, emanzipiert und aufgeklärt, wie wir heute sind, musste ich erst ein Dutzend Flirt-Ratgeber lesen, bis ich überhaupt verstanden habe, worum es bei dieser Frage eigentlich geht. Bislang hatte ich mir nie Gedanken über den richtigen Zeitpunkt gemacht und mich ganz nach Lust und Laune augenblicklichen Stimmungen hingegeben.

Wirklich überzeugt hat mich erst eine Freundin, die eines Tages auf dem Küchentisch die Pläne ihres neuen Hauses ausbreitete – ich meine nicht irgendein Haus, sondern eines mit einer 200 Quadratmeter großen Dachterrasse mitten in der Münchener Innenstadt, versteht sich. Auf die Frage, wie sie sich damals eigentlich diesen

Mann geangelt hätte, der all das heute finanziert, antwortete sie: »Ich hab ihn hingehalten. Wie alle Männer.«

Was ist also dran an der strategischen Zurückhaltung? Argumente wie »Männer wollen halt jagen« oder »So bringt man sich doch um die ganze Vorfreude« waren mir immer zu banal, um mich im entscheidenden Moment zurückzuhalten. Moralische Bedenken in unserer heutigen Zeit erschienen mir ohnehin lächerlich. Was ist also dran? Warum ergreifen manche Männer die Flucht, wenn sie endlich am Ziel ihrer Wünsche angekommen sind?

Nun, um es einmal ganz deutlich zu sagen: Landet ein Mann mit einer Frau im Bett, hat sich damit in gewisser Weise das Thema für ihn erledigt. Zumindest, wenn er nur auf eine Eroberung aus war. Ist ein Mann an einer dauerhaften Beziehung interessiert, dann muss ich versuchen, für ihn mehr zu sein als nur Sexobjekt. Und die Chancen dafür steigen ganz einfach, wenn ein Mann genügend Zeit hat, mich näher kennenzulernen. Das muss man zumindest im Hinterkopf behalten.

Das Thema Sex beim ersten Date ist im Grunde keine Frage der Moral, sondern des taktischen Kalküls.

Eine strategische Zurückhaltung hat also nichts mit verstaubten Anstandsregeln zu tun. Eine Frau muss jedoch erkennen, dass physische Intimität noch lange keine emotionale Nähe schafft. Wer glaubt, Sex als Bindemittel einer dauerhaften Beziehung nutzen zu können, liegt leider völlig falsch.

Wieder sind es Liebesschnulzen und Groschenromane, die so manchen glauben lassen, bei einem One-Night-Stand handle es sich um romantische Liebe. Der gängige Plot solcher Filme und Bücher bedient natürlich diese Haltung: Sexualität wird bevorzugt vor exotischer oder historischer Kulisse inszeniert. Halbnackte, bebende Körper und begierige Lippen werden darin mit wahrer Liebe zwischen zwei Seelenverwandten gleichgesetzt. Doch wenn ich einem Mann, mit dem ich Sex habe, nicht auch seelisch nahegekommen bin, hat eine Beziehung keine echte Chance.

Meiner Meinung nach gibt es keine Faustregel, was den richtigen Zeitpunkt anbelangt. Aber es gibt mal wieder einen durchaus brauchbaren Tipp von Doris Langley Moore: »Der Sinn für den passenden Zeitpunkt darf bei der Ausübung der Liebeskunst keine Sekunde fehlen. Eine Frau erregt über ihr Aussehen, ihren Ruhm oder eine andere Art von Prestige Aufmerksamkeit, aber sie wird sie sich nicht sichern, wenn sie nicht für alles den richtigen Moment wählt – und der richtige Moment ist in den seltensten Fällen der, den der Mann dafür hält.«

Laut einer Forsa-Umfrage werden 48 Prozent der Männer skeptisch, wenn eine Frau sie sofort mit zu sich nach Hause nehmen würde. Jeder Mann wäre jedoch gleichermaßen irritiert, wenn sein beständiges Werben auch nach wochen- und monatelangem geduldigem Warten nicht irgendwann erhört wird. Entscheidend ist offenbar eine angemessene Wartefrist. Doch die ist nicht mit Tagen, Wochen oder Monaten zu beziffern, sondern richtet sich in erster Linie danach, ob ein gewisses Zögern von weiblicher Seite bis zuletzt erkennbar bleibt.

Ich habe gelernt, nichts zu überstürzen. Ich behalte mir stets einen Rest von Zurückhaltung vor. Kein grundsätzliches Zweifeln, sondern eher ein letztes, gespanntes Abwarten. Auch das gehört zum begehrlichen Spiel um Nähe und Distanz, zur nötigen Balance zwischen Aufforderung und Verweigerung. Meine strategische Zurückhaltung erhöht ganz einfach mein weibliches Prestige. Ein Mann braucht das Gefühl, dass seine Liebe bis zu einem gewissen Grad – doch eben nicht in vollem Maße – erwidert wird. Er muss bis zuletzt hoffen dürfen, dass seine Liebe irgendwann einmal voll und ganz Erfüllung findet.

Nimmt man ihm die Spannung zu früh, wird er schnell sein Interesse verlieren. »Was er aber leicht gewinnt oder glaubt zu gewinnen«, so Doris Langley Moore, »wird er nicht schätzen. Deine Mauern sollten, was immer sie auch schützen wollen – deine Tugenden, deine Freiheit, deine Leidenschaft oder deine Liebe – sehr langsam und allmählich bröckeln.«

Einen Mann halten

Dies ist kein Beziehungsratgeber. Dennoch glaube ich, dass vieles aus diesem Buch durchaus nützlich sein kann für eine glückliche und zufriedene Beziehung.

Beziehungen scheitern, weil einer oder beide Partner ihre Bedürfnisse nicht ausreichend befriedigen können oder sich nicht richtig verstanden fühlen. Oft sind es die Frauen, die ihren Partnern mangelndes Verständnis vorwerfen. Doch die wenigsten Männer können uns betören, beschenken, verwöhnen und gleichzeitig noch die Rolle der besten Freundin einnehmen. Viele Frauen erwarten von ihrem Partner etwas, was der im Grunde nicht leisten kann.

Männer brauchen ihre ganz eigenen Domänen, um Aufmerksamkeit auszudrücken. Männer lieben es, Frauen zu verwöhnen. Männer wollen gebraucht werden. Ein Mann, der niemals die Möglichkeit erhält, zu zeigen, dass er ein aufmerksamer und fürsorglicher Partner ist, wird seine Bedürfnisse nicht befriedigt wissen und sich falsch verstanden fühlen.

Viele Frauen gehen jedoch mit folgender Haltung durchs Leben: *Ich bin eine moderne und unabhängige Frau. Ich bin es beispielsweise gewohnt, die Gestaltung des gemeinsamen Abends zu übernehmen. Ich schlage meinem Partner vor, sich in meinem Lieblingsrestaurant zu treffen. Vorher bestelle ich noch Kinokarten für die Spätvorstellung. Ich organisiere alles. Und ich habe auch schon eine genaue Vorstellung davon, dass wir am nächsten Tag zusammen in die Stadt gehen und gemeinsam den Stoff für die neue Sitzgarnitur aussuchen.*

Aber nicht nur das: Zu Hause organisiere ich den Haushalt. Ich treffe Verabredungen mit Freunden. Ich besorge Geschenke für die Geburtstage seiner Kollegen. Ich motiviere ihn zu gemeinsamen Unternehmungen. Kurzum, ich bin Dreh- und Angelpunkt nicht nur meines, sondern auch seines emotionalen und gesellschaftlichen Lebens.

Ich mache alles selbst. Ich mache alles schneller. Und eigentlich mache ich alles auch viel besser. Ich ergreife die Initiative. Ich reiße mitunter Dinge an mich. Ich bin immer in Bewegung. Ich verbreite stets einen gewissen Aktionismus – und dränge ihn damit in die Passivität.

Am Abend stelle ich erschöpft, gestresst und genervt fest, dass alles, was ich tue und mache, von ihm als selbstverständlich angesehen wird. Und ich fange an, mit mürrischen Worten sein Lob und seine Anerkennung einzufordern. Ich fühle meinen Einsatz nicht entsprechend gewürdigt. Ich ringe um seine Dankbarkeit. Ich buhle um seine Aufmerksamkeit. Doch wenn ich mich lautstark beschweren will, stelle ich fest, dass er mal wieder auf dem Sofa eingeschlafen ist. Wie so oft.

Viele Frauen schützen sich vor Enttäuschung und dem Gefühl von Verletzlichkeit, indem sie sich besonders unabhängig geben. »Das schaff ich schon alleine« ist ein solcher Spruch, mit dem sich so manche Frau tagtäglich durchs Leben boxt. Dabei steckt in jeder von uns auch eine Frau, die zum Essen ausgeführt, nach Hause gebracht, umworben, verwöhnt und umsorgt werden will.

Wer es gewohnt ist, Durchsetzungsvermögen und Ellbogen zu zeigen, der vergisst, dass gerade das Sanfte, Zärtliche, Verletzliche und Empfindsame das ist, das Männer anziehend finden. »Wir haben die Macht«, so die amerikanische Beziehungsberaterin Laura Doyle, »Männer allein mit unserem Wesen, unserem Duft, unserem Körper und unserer Stimme magisch anzuziehen.« Das sind die Waffen einer Frau, die auch in einer Beziehung für die richtige Balance sorgen. Mit Ehrgeiz, Konkurrenzdenken und Führungsanspruch sind wir dagegen meist schlecht beraten.

»Wenn ein Mann nicht mehr daran glauben kann, dass wir empfindsamere Geschöpfe sind als er«, so Doris Langley Moore, »woher soll dann die Ritterlichkeit kommen, die wir von ihm abverlangen und auch abverlangen müssen?« Daher gilt: Wer neben all der Eigenständigkeit und Unabhängigkeit auch gelernt hat, sich von seiner zarten und femininen Seite zu zeigen, gestattet dem Mann, seine männliche Rolle auszuleben. Und jeder Mann wird diese Rolle dankbar annehmen.

Im Zweifel können Sie sich auch einfach an den Rat der amerikanischen Bestsellerautorin Sherry Argov halten: »Es ist gar nicht so schwer, einen Mann zufriedenzustellen. Wenn er keine Lust auf Sex hat, machen Sie ihm ein Sandwich.« Mit dieser Erkenntnis liegen Sie mit Sicherheit immer richtig.

Schlusswort

Erstaunlicherweise ist der Schlüssel zu einer stabilen und harmonischen Beziehung genau derselbe wie der für den erfolgreichen Flirt – ich tue das, was ich schon immer getan habe, bevor ich dem Mann meiner Träume begegnet bin: Ich richte mein Augenmerk auf mich selbst. Ich beschäftige mich mit Dingen, die mir Spaß machen. Ich umgebe mich mit Menschen, die ich gerne mag. Ich habe ein eigenes Leben und kann mich für alles Mögliche begeistern.

Doch das Wichtigste: Was auch immer ich tue, ich tue es für mich – um Spaß zu haben, um mich wohl zu fühlen, oder einfach nur, um glücklich zu sein. Und genau das macht mich für andere attraktiv. Wir alle finden Menschen anziehend, die glücklich und zufrieden sind. Ein nicht unbedeutender Nebeneffekt: Wer sich auf sich selbst konzentriert, strahlt nicht nur Unabhängigkeit aus, sondern wirkt auch im besten Sinne unberechenbar. Auch das erhöht meine Attraktivität. Die Verführungskünstlerin weiß: Männer fühlen sich zu Frauen hingezogen, die Souveränität ausstrahlen und ihren eigenen Kopf haben. Das macht Frauen unwiderstehlich.

Warum noch am Erfolg in Sachen Männer zweifeln? Das Einzige, was uns bisher von der perfekten Verführerin unterschieden hat, ist die falsche Software, die auf unserem weiblichen Betriebssystem läuft – gemeint sind die übertriebene Selbstkritik der Frauen in Bezug auf ihr Äußeres und die passive Erwartung der romantischen Liebe. Doch diese Software lässt sich neu installieren. Alles andere bringen wir ohnehin mit – Attraktivität, Kommunikationstalent, emotionale Intelligenz, all die notwendigen Voraussetzungen für den perfekten Flirt. Wir müssen nur unsere weiblichen Qualitäten kultivieren und lernen, sie gezielt einzusetzen. Dann trennt uns nichts mehr vom gewünschten Erfolg.

Und was das Verführen selbst angeht? Das ist nun wirklich das geringste Problem: In der Regel reicht der bloße Hinweis auf baldigen Sex, einen Mann derart zu berauschen, dass er die kleinen Lachfältchen (oder was Sie sonst gerade vorhin im Spiegel entdeckt haben sollten) sowieso nicht bemerken wird. Testosteron ist ein sehr starker Stoff, und Männer geben sich gerne seinem Rausch hin.

Oh ja! Wir haben alle Möglichkeiten der Welt. Es gibt absolut nichts, was uns davon abhalten könnte, eine perfekte Verführerin zu sein. Jede von uns kann es lernen – so wie wir damals, in der Schulzeit, das Tanzen gelernt haben.

Literatur

Ich habe vieles gelesen, kann aber nur wenig empfehlen. Und doch kommt man an so manchem Klassiker nicht vorbei, wenn man sich mit dem Thema »Männer und Frauen« beschäftigt. In folgenden Büchern habe ich dennoch Erhellendes gefunden, einige haben mir sogar in mancherlei Hinsicht die Augen geöffnet.

Argov, Sherry: *Warum die nettesten Männer die schrecklichsten Frauen haben …* (2004)

Argov, Sherry: *Warum die nettesten Männer bei den schrecklichsten Frauen bleiben …* (2007)

Baron-Cohen, Simon: *Vom ersten Tag an anders. Das weibliche und das männliche Gehirn* (2004)

Behrendt, Greg, und Liz Tuccillo: *Er steht einfach nicht auf Dich!* (2006)

Bongertz, Christiane: *Das Flirtbuch für Frauen* (2004)

Brizendine, Louann: *Das weibliche Gehirn. Warum Frauen anders sind als Männer* (2007)

Brost, Hauke: *Wie Männer ticken* (2007)

Brost, Hauke, und Marie Theres Kroetz-Relin: *Wie Frauen ticken* (2008)

Cabot, Tracy: *Wie bringe ich einen Mann dazu, sich in mich zu verlieben?* (1986)

Cox, Tracey: *Superflirt* (2004)

Cox, Tracey: *Perfekt Verführen* (2005)

Deissler, Nina: *Flirten. Wie wirke ich? Was kann ich sagen? Wie spiele ich meine Stärken aus?* (2008)

Doyle, Laura: *Gib nach und er ist dein* (2003)

FEIN, ELLEN, UND SHERRIE SCHNEIDER: *Die Kunst den Mann fürs Leben zu finden (The Rules)* (1997)

GRAMMER, KARL: *Signale der Liebe. Die biologischen Gesetze der Partnerschaft* (2004)

GRAY, JOHN: *Männer sind anders. Frauen auch.* (1998)

KAST, BAS: *Die Liebe und wie sich Leidenschaft erklärt* (2004)

KUHN, OLIVER: *Der perfekte Verführer* (2007)

LÜCKEMEIER, PETER: *Männer verstehen* (2007)

MARKOVIK, ERIK VON: *The Mystery Method* (2007) (englische Originalausgabe besorgen!)

MOORE, DORIS LANGLEY: *Die Kunst der Verführung* (1928, 2004)

OVID: *Ars Amatoria* (ca. 1 v. Chr.; 1992)

PEASE, ALLAN UND BARBARA: *Warum Männer nicht zuhören und Frauen nicht einparken können* (2000)

PEASE, ALLAN UND BARBARA: *Warum Männer lügen und Frauen immer Schuhe kaufen* (2004)

PEASE, ALLAN UND BARBARA: *Die kalte Schulter und der warme Händedruck* (2006)

RENSCH-BERGNER, MEIKE: *Das Uschi-Prinzip. Von allem nur das Beste* (2004)

RENZ, ULRICH: *Schönheit. Eine Wissenschaft für sich* (2007)

SENFTLEBEN, PHILLIP VON: *Das Geheimnis des perfekten Flirts* (2008)

STRAUSS, NEIL: *The Game* (2005) (englische Originalausgabe besorgen!)